इक्कीसवीं सदी का पहला दशक और हिंदी कहानी

इक्कीसवीं सदी का पहला दशक और हिंदी कहानी

सूरज पालीवाल

वाणी प्रकाशन

वाणी प्रकाशन

4695, 21-ए, दरियागंज, नयी दिल्ली 110 002

शाखा

अशोक राजपथ, पटना 800 004

फ़ोन : +91 11 23273167 फ़ैक्स : +91 11 23275710

www.vaniprakashan.in
vaniprakashan@gmail.com
sales@vaniprakashan.in

EKKISVIN SADI KA PAHLA DASHAK AUR HINDI KAHANI
by Suraj Paliwal

ISBN : 978-93-5000-902-4

Criticism

प्रथम संस्करण 2012
आवृत्ति 2017
मूल्य : 395

सिटी प्रेस, दिल्ली-110 095 में मुद्रित

वाणी प्रकाशन का लोगो मक़बूल फ़िदा हुसेन की कूची से

महात्मा गांधी अंतरराष्ट्रीय हिंदी विश्वविद्यालय, वर्धा
के विवादों को जिन्होंने मुझे रचनात्मक
ऊर्जा प्रदान की

अनुक्रम

भूमिका

जून, 2007 से इक्कीसवीं सदी के पहले दशक की हिंदी कहानियों पर आलेखों का प्रकाशन 'वर्तमान साहित्य' पत्रिका में आरंभ हुआ था। तब सोचा भी नहीं था कि इन आलेखों से युवा पीढ़ी के कहानीकारों के मूल्यांकन की प्रक्रिया का प्रारंभ होने जा रहा है। एक विचार मन में जरूर आया था कि युवा पीढ़ी जो अपनी तरह से कहानी में प्रयोग कर रही है, भाषा को नयी अर्थवत्ता दे रही है तथा अपने समकाल को जो इक्कीसवीं सदी का आगाज भी है, को अपने अनुभव के साथ रच रही है - को समग्रता में समझा जाये। इस पीढ़ी की जिम्मेदारी यह थी कि वह हिंदी कहानी को आरंभ के सौ साल बाद नये सिरे से आगे बढ़ा रही थी। उसकी यह भी जिम्मेदारी थी कि बीसवीं शताब्दी के अंतिम दशक में सोवियत संघ के विघटन, उदारीकरण के आगमन तथा सांप्रदायिक ताकतों के सत्ता में आने के बाद के समाज तथा उसकी युवा पीढ़ी के सपनों को वे किस रूप में आंकना चाहते हैं ? युवा पीढ़ी से यह आशा तो निश्चित रूप से की जाती है कि वह बहुत पीछे नहीं तो पिछले दशक की स्थितियों का मूल्यांकन अपनी तरह से कर इक्कीसवीं शताब्दी के पहले दशक के सपने और यथार्थ को रचेगी। मैंने जब युवा पीढ़ी की कहानियों को उन पर लिखने के लिए पढ़ना आंरभ किया तब मुझे लगा कि इस दौर में बहुत कम कहानीकार ऐसे हैं जिनके पास राजनीतिक दृष्टि है। अधिकांश कहानीकार अपने अनुभव जगत को भाषा या शिल्प के चमत्कार के साथ रूपायित कर रहे हैं। जाहिर है कि हर नयी पीढ़ी अलग दिखने के लिए अपनी नयी भाषा गढ़ती है, गढ़नी भी चाहिए, इस युवा पीढ़ी के पास बहुत अच्छी और टटकी भाषा है पर भाषा का नयापन वैचारिक दृष्टि के अभाव में बहुत देर तक साथ नहीं देता। अपनी आरंभिक कहानियों से कोई भी कहानीकार भाषा या शिल्प से मोहित कर सकता है, पर बाद में तो उसकी अपनी वैचारिक दृष्टि और जीवन को देखने का यथार्थवादी सोच ही अच्छी और टिकाऊ कहानियां लिखवाने में सहायक होता है। इस पीढ़ी पर यह

आरोप कुछ हद तक सही है कि वैचारिकता के अभाव में इन्होंने कहानियों को अपनी जिद के साथ लिखना आंरभ किया इसीलिए बहुत कम कहानियां लिखने के बाद रिक्तता का अनुभव स्वयं को होने लगा।

इक्कीसवीं शताब्दी के पहले दशक की हिंदी कहानियों को हाथोंहाथ लिया गया। कुछ कहानीकारों के सम्मिलित प्रयास और कुछ पत्रिका संपादकों की वाहवाही ने इन्हें चर्चा में रखा। इसी अत्यधिक चर्चा ने अन्य आलोचकों के साथ मुझे भी लिखने को प्रेरित किया। मेरे सामने पत्रिका, उसके संपादक तथा कुछ विशिष्ट ख्याति प्राप्त कहानीकारों की सूची थी, जिसे बहुत धैर्य के साथ मैंने पढ़ना प्रारंभ किया। कहानियों को पढ़ने और उन पर लिखने के क्रम में मैंने किसी प्रकार का कोई दबाव कभी अनुभव नहीं किया अथवा उन दीगर कारणों को कभी भी अपने ऊपर हावी नहीं होने दिया, जिसके कारण कुछ कहानीकार बहुत आगे बढ़ चुके थे। इसीलिए कुछ बहुत चर्चित कहानियों को मैंने जब पढ़ा तो मुझे उनमें चमत्कार के अलावा और कुछ नहीं दिखा, जिसकी चर्चा मैंने की है। मैं इक्कीसवीं शताब्दी के पहले दशक की सबसे अच्छी कहानियों का चयन करने तथा उन पर लिखने नहीं बैठा था बल्कि मैं उन कहानियों पर लिख रहा था जो छपते ही चर्चा में आ गयी थीं। हम सभी जानते हैं कि चर्चा के कई कारण होते हैं इसलिए कुछ चर्चित कहानियों को मैंने कई बार पढ़ा लेकिन उन पर लिखने की मानसिकता कभी भी नहीं बना पाया। लेकिन जिन कहानियों पर लिखा, उन पर अपनी समझ के साथ लिखा और यह मानते हुए लिखा कि कहानीकार की प्रसिद्धि से ज्यादा मेरे लिए उसकी कहानी है, जो यदि अच्छी है तो बाद में भी अच्छी ही रहेगी और मूल्यांकन का यह सिलसिला उसके पाठ-क्रम को आगे भी बढ़ायेगा।

यह इक्कीसवीं शताब्दी के पहले दशक की बीस कहानियों का चयन मात्र नहीं है। संभव है कि कई अच्छी कहानियां मेरे ध्यान में नहीं आयी हों लेकिन यह सच है कि जानबूझकर मैंने उन्हें नहीं छोड़ा। मैंने विशेषांकों, संकलनों, संग्रहों तथा पत्रिकाओं के नये अंकों में प्रकाशित कहानियों को अपनी तरह पढ़ा है। पढ़ते समय मेरे सामने पत्रिका या संपादक या कहानीकार का बहुंत चर्चित होना या किसी का चहेता होना या न होना – कोई मायने नहीं रख पाया, मेरे सामने केवल कहानी थी जिसे मैं जैसा समझ पाया, उस पर लिखा जो आपके सामने है। पहले दशक की कहानियों पर लिखने के लिए मेरे गुरुवर प्रो. कुंवरपाल सिंह

और डॉ. नमिता सिंह लगातार प्रेरित करते रहे। कहना न होगा कि कहानियों का चयन और उन पर अपनी समझ के साथ लिखने का जिम्मा हमेशा मेरा रहा, साहित्य का यह लोकतंत्र 'वर्तमान साहित्य' की तरह प्रत्येक पत्रिका में रहे तो इसके परिणाम सुखद ही होंगे। इन कहानियों पर लिखते समय कई बार पाठकों और कहानीकारों की उत्सुकता और जिज्ञासा ने मुझे सुख प्रदान किया, विश्वास है यह आगे भी बना रहेगा। युवा पीढ़ी के प्रतिभाशाली कहानीकारों को मैं मन से धन्यवाद ज्ञापित करता हूं कि न केवल उन्होंने मेरे लिखे को पढ़ा अपितु सराहा भी। मैं उन सहृदय पाठकों का भी आभार प्रकट करता हूं जिन्होंने पत्र लिखकर या फोन कर मेरी हौसला अफजाई की।

जून, 2011 **सूरज पालीवाल**
वर्धा

अलग अंधेरे में जीवन-राग

गीत चतुर्वेदी ने कुछ कहानियाँ, कुछ कविताएँ और कुछ अनुवाद किये हैं। वे मूलतः पत्रकार हैं, यह कहना भी पूरी तरह सही नहीं है। हो सकता है मूलतः कवि हों क्योंकि अभी हाल में उन्हें भारतभूषण अग्रवाल पुरस्कार मिला है, हो सकता है वे स्वयं को कहानीकार ही मानते हों और यह भी हो सकता है कि पत्रकारिता को ही वे अपना मिशन मानते हों। जब मैंने पहली बार उनकी यह कहानी 'सावंत आंटी की लड़कियां' पढ़ी तो मैं दंग रह गया कि क्या इक्कीसवीं शताब्दी के प्रारंभ में मजदूरों के घर-परिवार और बच्चों की निजी जिंदगी पर इतनी अच्छी कहानी भी लिखी जा सकती है। पिछली शताब्दी में हम क्रांतिकारी कहानियाँ लिखते रहे, उनके हितों के लिए संघर्ष करते रहे और संघर्ष का वातावरण बनाते रहे अब जब भूमंडलीकरण की जारज संतान निजीकरण का बिगड़ेल रूप पूरे औद्योगिक समाज को दीमक की तरह चाट रहा है, तब मजदूरों पर लिखना बड़ी चुनौती बनकर उभरा है। इसलिए आज गांव और मजदूर लेखन से लगभग उपेक्षित और अनुपस्थित हैं। ऐसा क्यों है? इसलिए कि इन पर लिखना सरल नहीं रहा, उत्तरपूंजीवाद के नंगे नाच ने कृत्रिम समस्याएँ उभारकर वास्तविक समस्याओं को गहरे दफना दिया। किसान और मजदूरों को आत्महत्या करने या नरक भोगने को छोड़ दिया गया है, उनकी समस्याएँ इस चकाचौंध में अनदेखी की जा रही हैं। ऐसे समय में गीत चतुर्वेदी विजू सावंत जैसे रातपाली के चौकीदार की निजी जिंदगी की कुछ महत्त्वपूर्ण समस्याओं को उभारते हैं। गीत की दृष्टि विजू सावंत के बहाने पूरी कॉलोनी की समस्याओं पर है, जो मायानगरी की चकाचौंध से अलग अँधेरे में जीवन जीने को विवश है।

सावंत आंटी की लड़कियों पर बात करने से पहले सावंत आंटी और उनके पति विजू सावंत की बात करना जरूरी है। तो पहले उन लड़कियों के पिता विजू सावंत।

विजू सावंत चार लड़कियों और एक लड़के के पिता हैं। लड़का छोटा है, जैसा

सावंत आंटी की लड़कियाँ– गीत चतुर्वेदी

कि भारतीय परिवारों में आमतौर पर होता है कि लड़के के चक्कर में लड़कियों की बहार फलती-फूलती रहती है। विजू सावंत के भी चार लड़कियों के बाद लड़का हुआ इसलिए विराम लग गया यदि पांचवी भी लड़की हुई होती तो यह विराम इतना जल्दी नहीं लगता। विजू सावंत कॉलोनी में रातपाली के चौकीदार हैं। उनके पिता भी रातपाली के चौकीदार थे। यह बात दूसरी है कि उनकी माँ ने लड़-लड़कर उनकी नौकरी छुड़ा दी थी जिसके कारण उसके बाद पिता जी को ताउम्र कोई ढंग की नौकरी नहीं मिली और विजू सावंत को ताउम्र इस बात का मलाल रहा कि कोल्हापुर के इंजीनियरिंग कॉलेज में इलेक्ट्रिकल इंजीनियरिंग में उनका दाखिला सिर्फ इस कारण रुक गया कि उनके पिता सही समय पर पैसों का इंतजाम नहीं कर पाये। यह घटना विजू सावंत के जीवन को एकदम पलट देती है। चौकीदार के लड़के के मन में अपने आसपास को देखकर पढ़ने की इच्छा जाग्रत होना स्वाभाविक है, वे रातपाली के चौकीदार की हैसियत और कठिन परिस्थितियों में की जाने वाली नौकरी को जानते थे पर एक संतोष यह था कि वे पढ़कर इस तरह की नौकरी नहीं करेंगे। वह संतोष की भूमि भी बंजर हो गयी, पिता की नौकरी छोड़ देने के कारण। अपने भविष्य को चौपट होता देखकर विजू सावंत अपना आपा खो बैठे और 'सिर्फ 17 साल की उम्र में उस दिन विजू सावंत पहली बार शराब पीकर घर आये और अपने बाप के जिस अंग से वह पैदा हुए थे, वहाँ घूँसा मार दिया।' क्या विजू सावंत ने पिता के गुप्तांगों पर घूँसा जानबूझकर मारा? इसलिए कि जिसके कारण वे पैदा हुए उस कारण के साक्षात रूप को ही मारा जाये। यह घटना विजू सावंत के स्वभाव, उनके क्रोध, भविष्य के प्रति उनके सपने तथा जीवन को पीछे लौटता देखने की परिणति के विरोध में है। एक युवक अपने सपनों को टूटता देख इस प्रकार का विद्रोह कर सकता है, यह स्वाभाविक है। यदि विजू सावंत इंजीनियरिंग कॉलेज में प्रवेश न ले पाने के बाद भी शांत रहते तो यह उनका छद्म रूप होता। पिता पर गुस्सा इसलिए भी है कि जिस पिता ने पैदा किया वह अपनी जिम्मेदारी ईमानदारी में नहीं निभा पा रहा है। वैसे भी यह हिप्पोक्रेसी मध्यवर्ग में होती है, मजदूरों में नहीं। यही विजू सावंत चार लड़कियों और एक लड़के के पिता होने के बाद रातपाली की नौकरी करते-करते इतने शांत हो गये कि उनकी पत्नी पार्वती को उसके इस शांत स्वभाव पर गुस्सा आता है।' पार्वती को अपने पिता का गुस्सा याद आता और विजू सावंत का ठंडापन। बहुत पहले एक बार पार्वती के हाथों से विजू सावंत के कपड़ों पर चाय गिर गयी थी। विजू काम के लिए निकलने ही वाले थे। फिर भी उन्होंने अपनी पत्नी पर गुस्सा नहीं किया। ऐसे में तो

किसी भी महिला को दो चार हाथ मिल जाते, पर विजू कुछ नहीं बोले। कपड़े बदले और चले गये। उस शाम पार्वती ने खुद को बड़ा किस्मत वाला समझा था। उसी रात को मुहब्बत के किसी नाजुक लम्हे में उसने पति से पूछ लिया कि क्या तुम्हें गुस्सा नहीं आता? पति ने कहा-नहीं, सिर्फ रोना आता है।' 'गुस्से की जगह रोना आना स्वाभाविक नहीं है। यह रोना किस पर आता है—अपनी परिस्थितियों पर या अपने वर्तमान पर। विजू का जवानी का गुस्सा रातपाली की नौकरी और कुछ न कर पाने की हताशा में घुलकर समाप्त हो गया। पति के इस अस्वाभाविक रूप से पत्नी पार्वती की चिंताएँ बढ़ने लगीं 'पार्वती की चार लड़कियाँ थीं और उसके लिए यह खतरे की घंटी थी। उसे सबसे ज्यादा गुस्सा विजू सावंत पर आया। जिस बाप की चार-चार लड़कियाँ हों और दो जवान हो गयी हों, उस बाप को किसी बात पर गुस्सा नहीं आता, यह कैसी शर्मनाक बात है। उसने खुद से ही पूछा और गुस्सों की तमाम स्मृतियों को एकजुट करते हुए विजू सावंत का इंतजार करने लगी।

पार्वती को अपना अतीत याद आता है, अपने गुस्सैल पिता याद आते हैं और विजू पर गुस्सा बढ़ जाता है। पार्वती ने भी अपनी बेटी नंदू की तरह प्यार किया था 'पार्वती को अपने घर से सातवें मकान में रहने वाले राजू नाम के लड़के से प्यार हो गया था। वे अक्सर मिला करते थे और एक दिन पार्वती ने उसके साथ भाग जाने की सोची। वह ऐसा कुछ कर पाती, उससे पहले ही उसके पिता को पता चल गया और उसे खूब मार पड़ी। पिता को लगता था कि उसकी माँ उसे शह देती है इसलिए उन्होंने उसे भी मारा और सात दिनों तक बात नहीं की। पिता ने जल्द से जल्द उसकी शादी कर देने का विचार किया लेकिन जाने कौन-सा फेर था कि दो साल तक शादी ही नहीं हो पाई। शायद कुछ पड़ोसी थे जो लड़के वालों को भड़का देते थे। उसके बाद पिता सबको ले नगर चले गये और वहां दस दिन से भी कम की तैयारी में विजू सावंत से उसकी शादी करा दी। उसके बाद वह जब भी प्रभादेवी गयी राजू नाम के उस लड़के के बारे में पता करने की कोशिश करती रही। जब उसकी सबसे छोटी संतान उसके पेट में थी तभी उसे पता चला कि माटुंगा के पास पटरी पार करते समय उस लड़के पर ट्रेन चढ़ गयी। उस रात बहुत दुखी हुई और कुछ दिनों बाद जब उसे बेटा हुआ तो उसे ऐसा लगा कि उसका पुराना प्रेमी अब बेटा बनकर उसकी गोद में आ गया। उसने उसे प्यार से राजू पुकारना शुरू किया। यानी पार्वती बाई अपनी आखिरी संतान के जन्म तक अपने पुराने प्रेमी को नहीं भुला पाई लेकिन जब बेटियाँ बड़ी हुई तो पार्वती बाई का अपना प्यार नहीं बल्कि अपने पिता का झापड़ और

गुस्सा याद आ रहा है। उन्हें लग रहा है कि बेटियों के पिता को गुस्सा करना ही चाहिए वरना लड़कियाँ अपनी राह चलकर बिगड़ जायेंगी इसलिए नंदू की सुनकर उन्हें वह झापड़ याद आ गया जो 21 साल पहले प्रभादेवी की चाल में उसके बाप ने उसे मारा था। वह कभी सुधा का चेहरा देखती तो कभी नंदू का जबकि वे दोनों अगले ही पल एक दूसरे को चबा जाने वाली थीं। पार्वती का यह रूप एक माँ का रूप है, वह अपने अतीत को इस कदर काटकर अलग कर देती है कि कोई लाख चाहे तो भी उसका हिस्सा नहीं बना सकता। अपनी बड़ी बेटी नंदू के प्यार करते पकड़े जाने पर उन्हें अपने अतीत में बाप का झापड़ और गुस्सा याद आता है न कि प्यार करने का अपना रोमानी भाव। नीलाक्षीसिंह की कहानी पर लिखते समय मैंने यही कहा था कि एक समय बाद स्त्री केवल माँ बनकर रहना और जीना चाहती है, उसे अपना भविष्य उसी में नजर आता है। वह पुराने प्रेम को बिल्कुल भुला देती है। पार्वती यही करती है इसलिए यह एक भारतीय स्त्री का सहज रूप है।

रात पाली के चौकीदार का बेटा विजू सावंत इंजीनियर न बन पाने की हताशा में शांत और ईमानदार जिंदगी जी रहा है। अब उसे अतीत कितना याद आता है, यह कहानी में कहीं रेखांकित नहीं है। लेकिन पार्वती के अतीत के बारे में जरूर बताया गया है, जिसका उल्लेख मैंने ऊपर किया है। एक तथ्य कहानी में और उभारा गया है कि सातवीं में पढ़ने वाली उनकी बेटी नंदू सावंत ने श्रीकांत नाम के एक लड़के के प्यार में कॉलोनी में होने वाले सालाना जलसे में गाना गाया, यह गाना उसी लड़के ने उसे प्रेम पत्र में लिखकर दिया था-हम तुम्हें चाहते हैं ऐसे, मरने वाला कोई जिंदगी चाहता हो जैसे।' गाना मन से गाया गया था इसलिए सभी ने पसंद किया था। खुद विजू सावंत ने तारीफ की थी लेकिन पार्वती को यह विचार नहीं जमा। उसकी वजह कहानीकार ने स्वयं बताई है। पार्वतीबाई के खानदान में गाना गाने की लंबी परंपरा थी और उसके नाना ने 1953 या 54 में किसी वक्त डॉ. बाबासाहेब आंबेडकर के एक कार्यक्रम में गाना गाया था, जिसकी खुद बाबा साहेब ने तारीफ की थी। उस पूरे दशक में महाराष्ट्र में तीस लाख से ज्यादा लोगों ने बौद्ध धर्म स्वीकार किया था, जिनमें पार्वतीबाई और विजू सावंत के नाना-दादा भी थे। उन लोगों को नव-बौद्ध कहा गया। नव-बौद्धों में कला के प्रति सम्माननीय रुचि थी और उस समय उनमें से कई अच्छे संगीतकार भी निकले थे। पार्वतीबाई के नाना के गाने का संस्कार उनकी दो बेटियों में आया था, जबकि तीसरी बेटी यानी पार्वतीबाई की माँ का उस कला से कोई लेना-देना नहीं था। उसके नाना की दोनों बेटियां यानी पार्वतीबाई की

मौसियाँ गाने के बाद इतनी स्वच्छंद हो गयी कि उन्होंने अपने परिवार अपनी ही पसंद से घर से भागकर बसाए थे। पार्वतीबाई की माँ का मानना था कि अगर पिताजी ने उन दोनों को संगीत की समझ नहीं दी होती तो उनमें कभी इतनी हिम्मत नहीं आती कि वे घर से भाग सकें। पार्वतीबाई ने अपनी मौसियों को कभी देखा न था लेकिन उनकी माँ ने इतनी बार उन दोनों की कहानी सुनाई थी कि उसके दिमाग में एक स्थाई विचार बस गया था कि जो लड़कियाँ गाती हैं, वे एक दिन घर से भाग जाती हैं।' पार्वतीबाई के संगीत विरोध का यह उद्धरण अपनी लड़कियों के प्रति उनकी चिंता को प्रगट करता है। हर माँ-बाप की यह इच्छा होती है कि उनके बच्चे श्रवणकुमार की तरह उनकी सेवा करें और नीची गरदन और आँखें झुकाकर उनकी हर आज्ञा का पालन करें। पार्वतीबाई भी ऐसा ही चाहती हैं, इसमें कुछ बुरा भी नहीं है लेकिन उनकी लड़कियाँ ऐसी हैं नहीं। सातवीं कक्षा से प्रेम में भटकती नंदू सावंत का दूसरा प्यार दत्तू पाटील के लड़के बबला से हुआ। दोनों 'एक दूजे के लिए' फिल्म देखने गये क्योंकि इस फिल्म को देखने के लिए माँ ने मना किया था। माँ के मना करने पर नंदू के मन में उस फिल्म के बारे में और अधिक आकर्षण पैदा हो गया। उसने बबला के सामने प्रस्ताव रखा और बबला ने उसे स्वीकार कर लिया। बबला के प्यार के कारण कॉलोनी की लड़कियों ने नंदू से बोलना बंद कर दिया, उसके साथ खेलना बंद कर दिया लेकिन माँ को जब तक मालूम हुआ तब तक उनका प्यार टूट चुका था। बाद में नंदू बंडू जाधव के साथ भाग गयी। बंडू का बाप कॉलोनी में झाड़ू लगाता है। बंडू उसे सांताक्रूज में रहने वाली अपनी मौसी के घर ले गया। ढूंढने पर वे मिल भी गये। नंदू को यह बुरा लगा 'वह गुमसुम थी। वह अपने प्यार के अंत के बारे में सोच रही थी। कितना घटिया अंत हुआ है-किसी फ्लॉप पिक्चर की तरह। वह सोच रही थी कि बंडू बबल्या से भी बेवकूफ निकला। उसे ले भी गया तो अपनी मौसी के यहाँ, जहाँ उसके माँ-बाप सूंघते-सूंघते पहुंच गये।

कॉलोनी की उपेक्षा और परिवार की स्थिति ने नंदू के मन में प्यार कर शादी करने की उमंग भर दी थी वह अपने प्यार के लिए कुछ भी त्याग सकती थी। इसलिए बबला को जब उसके पिता ने पीटा तो उसे बुरा लगा। वह चाहती थी कि बबला में उसकी तरह साहस होना चाहिए, वह सरेआम उसके प्यार को स्वीकार करे और पिता के सामने तनकर खड़ा हो जाये—'उस रोज जब दत्तू पाटील ने बबल्या को गिरा-गिराकर फोड़ा था तो नंदू रोई थी। वह रोई थी, क्योंकि उसका प्रेम अब खत्म हो गया था। वह रोई थी कि बबल्या ने सरेआम अपने बदन को ही नंगा नहीं होने दिया, उसके प्यार को भी नंगा कर दिया।

उसे अपने आप से घृणा हो आयी थी कि उसने प्रेम जैसी पवित्र चीज के लिए उस नालायक को चुना था जो पलटकर अपने बाप को चार हाथ भी नहीं लगा सकता। जिसके पास ऐसे मौकों के लिए एक अदद पिस्तौल तक नहीं थी, जो वह अपने बाप के कनपट्टे पर लगा देता जो ऐसे मौके पर खड़ा होकर दुनिया को चुनौती देते हुए एक अदद गाना तक नहीं गा सकता था-अपने प्रेम और उसके लिए की जाने वाली बगावत का उद्घोष करते हुए, ऐसा प्रेमी किस काम का।' नंदू का यह वक्तव्य रोमानी क्रांतिकारी लग सकता है, तथा भावुकता से लबरेज निर्णय लग सकता है लेकिन नंदू जिस वातावरण में रह रही है, वहाँ इससे अधिक और कम कुछ नहीं हो सकता। जवान होती लड़कियों और जवान होते लड़कों के सामने प्रेम, विवाह और सेक्स के अलावा और कोई मंजिल नहीं थी। उनकी दुनिया बहुत छोटी थी, घूम-फिरकर वही संबंध। कोई स्त्री और पुरूष एक दूसरे के घर जाकर मुहल्ले के उत्थान की बात नहीं करते, बच्चों के भविष्य को सुधारने, उन्हें पढ़ाने तथा उन्हें किसी अच्छे रास्ते पर लाने की बात नहीं करते, कोई राजनीतिक तथा सामाजिक समस्याओं पर बहस नहीं करते। औरतें एक दूसरे के बच्चों और उनके प्यार-व्यार की बातें करती हैं और पुरुष या तो अपनी नौकरी में जुते रहते हैं या अपने परिवार की समस्याओं के जुए के बोझ के नीचे दुहरे हो रहे हैं। ऐसी स्थितियों में बच्चे पैदा भी हो रहे हैं और जल्दी जवान भी हो रहे हैं। यही कारण है कि विजू सवंत की चार लड़कियों में सबसे बड़ी नंदू सातवीं कक्षा से ही प्यार करने लगी और 17 वर्ष की उम्र में पहली बार घर से भागी तथा 19 वर्ष की अवस्था में दूसरी बार घर से भागी और गर्भवती भी हुई।

जिस लड़के के साथ भागी वह लड़का उनके पड़ोस का दीनानाथ कांबले का बेटा हेमंत था, जिसका परिचय देते हुए लिखा है 'विजू सावंत की बगल वाली बिल्डिंग में दीनानाथ कांबले का मकान था। दोनों के पीछे वाली बाल्कनी आमने-सामने थी। विजू की तरह कांबले के भी चार लड़कियां और एक लड़का था फर्क सिर्फ इतना था कि सावंत का बेटा सबसे छोटा था और कांबले का बेटा सबसे बड़ा। वह कॉलोनी की क्रिकेट टीम का कैप्टन था। पर सावंत के परिवार को उस परिवार से कोई खतरा नहीं था। अभी-अभी सावंत का परिवार जिस संकट से गुजरा था, उसकी कहानी सुनने वाले किसी भी परिवार से खतरा महसूस कर सकते हैं पर ऐसा खतरा उन्हें ही लग सकता है, जो सारे इतिहास से वाकिफ न हों। कांबले का बड़ा लड़का था हेमंत, जिसे बचपन से अब तक सावंत की बेटियाँ राखी बाँधती आयी हैं।' हेमंत इसी हक से सावंत आंटी से कहता है 'आंटी', आपने मुझे क्यों नहीं बताया। नंदू मेरी बहन है। मैं बर्बाद करकें रख

देता उस लड़के को।' इतनी आत्मीयता और सगापन दिखाने वाला हेमंत ही एक दिन नंदू को लेकर भाग जायेगा, यह विश्वास न उनके माँ-बाप को था और न पाठकों को। लेकिन सच तो यही है कि नंदू का भाई बनने वाला, उससे राखी बँधवाने वाला तथा अपनी बहन नंदू के लिए जान न्यौछावर करने वाला हेमंत ही उसे लेकर भाग गया और सात दिन बाद पड़ौस के ही एक लॉज में पकड़ा गया, तब तक वह नंदू को गर्भवती कर चुका था। इस तरह से उनकी दुनिया में संबंधों का कोई स्थायी अर्थ नहीं था। नंदू स्वच्छंद थी अपनी छोटी बहन सुधा के पूछने पर कि 'हेमंत के साथ क्यों गयी। वह हम लोगों से राखी बँधवाता था।' नंदू ने जवाब दिया 'मैंने तो नहीं बोला था कि मेरे से राखी बँधवाओ। न ही उसने आकर अपना हाथ बढ़ाया था। मेरी आयी और उसके बाबा ने कहा कि बांध दो, तो मैंने बाँध दिया। बाद में तुम लोगों ने भी बाँध दिया। जब मैं सोचने-समझने लायक हुई हूँ मैंने हेमंत को कभी भाई नहीं समझा, न ही उसने मुझे बहन। जब हम दोनों की निगाह में ही उस रिश्ते का कोई मतलब नहीं था जो हम पर थोप दिया गया था, हमारे माँ-बाप के असुरक्षा-बोध के कारण तो फिर हम क्यों उस रिश्ते को पालते? हमें प्यार हो गया था और हम एक ही कोख से नहीं आये। जब शादी के बाद पति-पत्नी अपने रिश्ते तोड़कर तलाक ले सकते हैं तो मुँहबोले भाई, बहन आपस में प्यार हो जाने पर अपना रिश्ता तोड़कर नया रिश्ता क्यों नहीं बना सकते?' यह साफगोई के साथ दिया गया वक्तव्य नंदू सावंत का है जो दूसरी बार घर से भागने पर गर्भवती होकर फिर घर लौटा लाई गयी है। उसे अपने किये पर कोई अपराध बोध नहीं है इसलिए प्रायश्चित भी नहीं है बल्कि एक तर्कपूर्ण जीवन दर्शन है, कोई इसे क्रांतिकारी वक्तव्य माने तो माने गीत चतुर्वेदी की दृष्टि में ऐसा कुछ नहीं है-यह क्रांतिकारी वक्तव्य नंदू सावंत ने नहीं दिया था। वह आंखें चुराकर किसी लड़के के हिप्स पर नजरें डाल सकती थी, कमीज से झांकते उसके छाती के बालों को देख सकती थी, वह घर से भाग सकती थी, लेकिन क्रांतिकारी वक्तव्य नहीं दे सकती थी। वक्तव्यों और तर्कों से उसका कोई लेना-देना नहीं। वह सिर्फ दिल की बात सुनती है और उसके दिल में इस वक्त यही बातें चल रही थीं।

नंदू का वक्तव्य ऐसे समाज के बारे में है, जो अपनी छोटी-सी लेकिन उपेक्षित दुनिया में जीवन काटने को विवश है, जिसके बच्चों के लिए कॉलोनी में स्कूल नहीं है और माँ-बाप के पास बहुत बड़े सपने पालने के लिए न पैसा है और न समय। पेट की रोटी और बच्चों को जैसे-तैसे करके पालने में ही उनकी एक जिंदगी समाप्त हो जाती है। यह समाप्त होती जिंदगी नयी जिंदगी को आगे

बढ़ाती है। एक दूसरे के अंतरंग किस्से जानकर तथा प्रेम और सेक्स के नये-नये रास्ते खोजकर। नंदू भी ऐसे ही माहौल में बड़ी हुई है, उसने घर से निकलकर कुछ देखा है तो पुरुष की ललचाई नजरें जो उसके सुंदर शरीर को पाने को बेताब रहती हैं। उसे अपनी सीमा मालूम है, हाई स्कूल में दो बार फेल होकर उसने इच्छा से शादी करने का सपना पाला। यह बात दूसरी है कि वह दोनों बार या कहें तीनों बार अपने प्रेम में असफल रही लेकिन उसने हार नहीं मानी। वह अपनी पराजय को जय में बदलने के लिए अपनी छोटी बहन सुधा को तैयार करती है और सुधा शादी की तैयारियों के बीच क्रिकेटर विजय शेबंडी के साथ भाग जाती है। यह घटना ऐसे समय होती है जब विजू सावंत और पार्वतीबाई अपने समधी समधिन के साथ शादी का सामान खरीदने बाजार गये हुए थे। सुधा अपने छोटे भाई राजू के हाथ में मेरिज सर्टिफिकेट देकर चली जाती है। यानी सुधा नंदू से आगे और बहुत आगे है और उनकी तीसरी बहन पप्पू किसी पंढरी नामक युवक के साथ घूमती है, उससे प्रेम करती है।

सावंत आंटी की तीनों जवान लड़कियां अपनी तरह से प्यार करती हैं, वे अपने जीवन को अपनी तरह से जीना चाहती हैं इसलिए उनके लिए समाज की रुकावटें, पार्वतीबाई और विजू सावंत की नैतिकता तथा जातिपाँत आदि जैसी छोटी चीजें कोई अर्थ नहीं रखतीं। कॉलोनी की अंधेरी और रातपाली के चौकीदार विजू सावंत की उपेक्षित जिंदगी से तीनों को ही चिढ़ थी, घृणा थी इसलिए वे उससे निकल भागना चाहती थीं अपने बनाये रास्तों पर अपने सपनों में बनते-सजते संसार की ओर। उन्होंने ऐसा ही किया क्योंकि वे ऐसा ही करना चाहती थीं। ये लड़कियाँ आवारा नहीं थीं, सड़कछाप हरकतें करते किसी ने कभी नहीं देखा यहाँ तक कि कॉलोनी की उन माँओं ने भी जो दूसरों की लड़कियों की हर गतिविधि को सूक्ष्मदर्शी नजरों से देखती थी। ये सावंत आंटी की लड़कियाँ थीं क्योंकि सावंत आंटी भी अपनी सबसे छोटी संतान के पैदा होने तक प्यार में डूबी रहीं। प्यार की यह फसल ही उनकी लड़कियों में आकर फली-फूली।

यह एक नया समाज है। कुछ लोग ऐसे स्वच्छंद समाज को मर्यादाहीन भी कह सकते हैं और यह भी कह सकते हैं कि गीत चतुर्वेदी को ऐसे लोगों की कहानी लिखने की क्या आवश्यकता थी? मैं समझता हूँ कि ऐसे ही समाज पर कहानियाँ लिखी जा सकती हैं; जो मध्यवर्ग, पाखंडों को जीवन का आदर्श मानता हो सिद्धांत और व्यावहारिक जीवन में अंतर करता हो-उस पर कितनी और कब तक कहानियाँ लिखी जा सकती हैं? गीत चतुर्वेदी के पास एक निजी कारखाने

की कॉलोनी के कर्मचारियों, चौकीदारों और पास के घरों में काम करने वाली औरतों की निजी जिंदगी के ऐसे खट्टे, मीठे और कड़वे अनुभव हैं, जिन्हें वे बताना जरूरी समझते हैं। ये अनुभव हमारे समाज के नैतिक बंधनों को तोड़ते हैं लेकिन तोड़ने के पीछे के तर्कों को भी स्पष्ट करते हैं। सावंत आंटी की लड़कियाँ कहानी इसका प्रमाण है। दलित विमर्श के घनघोर दौर में इस कहानी की चर्चा आवश्यक है तथा भूमंडलीकरण के संघर्षहीन औद्योगिक समाज के लिए इस कहानी को, जड़ता को बेधने के लिए एक तीर की तरह याद किया जाना जरूरी है। दलित और मजदूरों की निजी दुनिया यहाँ अपने नये-नये रूपों में खुलती और बिखरती है-इसलिए यह पचास पृष्ठ की लंबी कहानी जीवन का एक महत्त्वपूर्ण आख्यान बनकर याद रहती है।

प्रेम और यथार्थ के ताने-बाने में जानकी पुल

'नवोदित कथाकारों के पास अपनी अलग शैली और भाषा है', यह वाक्य कुछ बेजा लग सकता है, लेकिन इसे कहने का मकसद यह है कि नये कथाकार अपनी अलग पहचान बनाने के लिए अपनें पूर्ववर्ती कथाकारों से कुछ अलग चुनते और रचते हैं। प्रभात रंजन भी ऐसे ही एक नवोदित कथाकार हैं, जिनकी कहानी 'जानकी पुल' सहारा समय कथा चयन' में प्रथम स्थान पर पुरस्कृत हुई। प्रभात रंजन बीस वर्ष पूर्व की ऐसी घटनाओं को उठाते हैं, जिन्होंने उस समय उन्हें बहुत प्रभावित किया था और अचानक बीस वर्ष बाद उन्हीं घटनाओं को फिर याद करके देश, नगर और गाँव के विकास की स्थितियों पर विचार करते हैं। यह केवल कहानी कहने भर का तरीका नहीं है, बल्कि कहानी के माध्यम से उदारीकरण और उसके बाद के सामाजिक यथार्थ को उभारने की कला है। प्रभात रंजन की यह कला कहानी पर चढ़कर बोल रही है, यानी वे छोटे-छोटे विवरणों से कहानी को बड़ा बनाते हैं। वे जिन चीजों और घटनाओं को सामान्य रूप से बताते हैं, वे बाद में अपना वृहद अर्थ खोलती दिखायी देती हैं।

'जानकी पुल' ऐसी कहानी जिसमें जानकी पुल कहीं नहीं है। सिर्फ उसके सपने हैं और उन सपनों में बीस वर्ष सोये हुए हैं। जानकी पुल का होना केवल गाँव ही नहीं, वरन् सीतामढ़ी जैसे शहर के लिए भी जरूरी है। इस पुल के बन जाने से दोनों का समान गति से विकास होना है शहर तो शहर है, वह आज भी शहर है और जानकी पुल बन जाने के बाद भी शहर ही रहता, लेकिन उसका जो विकास होता वह अप्रत्याशित होता। पुल के बनने से गाँव बदल जाता। कहानी का प्रमुख पात्र आदित्य जब अपनी मित्र इला चतुर्वेदी को गाँव में पुल बनने की सूचना देता है तोइला कहती है ''अच्छा है, एक बार पुल बन जाए तो मैं तुम्हारे गाँव गन्ना खाने आऊँगी। कभी आंवले का पेड़ देखने की बात कहती। जवाब में मैं कहता, ''तब हमारा गाँव थोड़े ही रह जाएगा। इला आश्चर्य से पूछती कि जब यह भी नहीं रह जाएगा तुम्हारे गाँव में, तो क्या बाकी रह जाएगा वहाँ।

जानकी पुल—प्रभात रंजन

में सोचता रह जाता।' वकील पिता और डॉक्टर माँ की बेटी इला का यह प्रश्न स्वाभाविक है, लेकिन यह प्रश्न अपनी सहजता में बहुत बड़ी चिंता की और इंगित करता है कि पुल बन जाने के बाद यदि गाँव समाप्त हो जाएगा, गाँव के पेड़-पौधे समाप्त हो जाएंगे, गाँव की वह आत्मीय गंध समाप्त हो जाएगी, जिसे अनुभव करने के लिए इला गाँव आना चाहती है तब उसका यह प्रश्न स्वाभाविक है कि जब यह भी नहीं रह जाएगा तुम्हारे गाँव में, तो क्या रह जाएगा वहाँ? दरअसल, शहरों की जद में आये गाँवों पर शहरों ने कब्जा कर लिया है और अपनी झूठन और मक्कारी गाँव में फैला दी है, इससे शहर की तमाम बुराइयाँ और इकलखोरापन गाँवों में आकर उसकी आत्मा पर बैठ गया है। आधी-आधी जानकारी तथा अव्यवस्थित सुविधाओं के अभाव में गाँव और बिगड़ गये हैं।

प्रभात रंजन कहानी की शुरुआत आजकल विकास और रोजगार का हौआ खड़ा करने वाली आयी.टी. के अजेय शस्त्र ई-मेल की जानकारी के साथ करते हैं। ई-मेल अब आपसी संबंधों में भी प्रयोग किया जाने लगा है और लंबी प्यार भरी चिट्ठियों तथा लंबे एस.टी.डी. फोन की जगह अब ई-मेल ने ले ली है। यानी हमारे संबंधों की गहराई और विस्तार भी ई-मेल में समा गया है। प्रभात कहानी का आरंभ करते हुए लिखते हैं, "ऐसा लगा, जैसे कोई भूली कहानी याद आ गयी हो। सारा किस्सा नंदू भाई के ई-मेल से शुरू हुआ। नंदू भाई पिछले कई वर्षो से इंडोनेशिया के रमणीक महाद्वीप सुमात्रा में रह रहे हैं। वहाँ नंदू भाई ई-मेल से ही रिश्तेदारी निभा लिया करते। पिछली बार जब दीपावली पर नंदू भाई का हैप्पी दीपावली का ई-मेल आया, तो न जाने क्यों इस बार नंदू भाई को बीस वर्ष पहले अपनी नानी और मेरी दादी के गाँव में मनायी गयी उस दीपावली की याद आयी जिसमें हम सबने साथ मिलकर पटाखे छोड़े थे। लगे हाथ नंदू भाई ने उस जानकी पुल का भी स्मरण कर लिया था, जो उसी साल बनना शुरू हुआ था या कम से कम उसका शिलान्यास तो हुआ ही था, जो मेरे गाँव मधुबन और शहर सीतामढ़ी के बीच की दूरी को मिटा देने वाला था।'

अब दिल्ली में रह रहे आदित्य को नंदू भाई के ई-मेल से बीस वर्ष पुरानी दो घटनाएँ याद आती हैं—एक तो वह दीपावली, जब नंदू भाई के साथ थे और साथ-साथ पटाखे छोड़े थे और दूसरी जानकी पुल का बनना। दोनों घटनाएँ इसलिए कहानी के आरंभ में दी गयी हैं कि उसके बाद दोनों ही घटनाएँ फिर कभी घटित नहीं हुई। बीस साल के इस लंबे अंतराल में न तो फिर कभी गाँव में आदित्य मिश्र ने पटाखे छोड़े और न जानकी पुल बना, जबकि उसे बनना था, क्योंकि उसका शिलान्यास हो चुका था और गाँव के सपने में वह आ चुका

था—"बीस साल पहले उस गाँव के सपने में एक पुल लहराया था।" उस सपने के बारे में यह विश्वास कि "मैंने पढ़ रखा था कि ऐसा सपना जिसे बहुत सारी आँखें एक साथ देखने लगें, सपना नहीं रहता, सच हो जाता है। जानकी पुल उस गाँव का ऐसा सपना बन गया था, जो बस सच होने ही वाला हो।" यह सपना, सपना ही रहा और कभी सच नहीं हुआ। यह उस सपने का अधूरा रह जाना भर नहीं है, बल्कि यह उस लोकोक्ति की भी विफलता है, जो हजारों वर्षों से जनमानस के विश्वास का आधार बनी हुई थी। आदित्य मिश्र बीस वर्ष पहले और भी सपने देखते हैं, "उन दिनों मैं यानी आदित्य मिश्र शहर के प्रसिद्ध कॉलेज श्री राधाकृष्ण गोयनका महाविद्यालय में बारहवीं में पढ़ता था। उन दिनों मेरे कई छोटे-छोटे सपने होते थे। जैसे एक सपना था कि मेरे पास सीतामढ़ी में रहने के लिए एक घर हो जाए। एक सपना था कि मेरे पास भी न सही रंगीन, ब्लैक एंड व्हाइट टेलीविजन सेट ही हो जाए ताकि मैं उस पर किरण टॉकीज की तरह 'हम लोग' और 'चित्रहार' देख सकूँ। मेरे इन सपनों में अक्सर कुछ सपने जुड़ते-घटते रहते थे। उन दिनों जो सपना मेरे सपनों में आ जुड़ा था, वह इला का सपना था-इला चतुर्वेदी।' बारहवीं कक्षा में पढ़ने वाले आदित्य मिश्र के ये सपने गाँव में बनने वाले पुल से सर्वथा अलग हैं। ये सपने अपनी उम्र में हर युवा देखता है। आदित्य मिश्र ने भी मकान और टीवी के साथ इला चतुर्वेदी का सपना देखा था। मगर ये सपने कभी पूरे नहीं हुए। बारहवीं करने के बाद आगे की पढ़ाई के लिए आदित्य मिश्र दिल्ली चले गये। इसलिए गाँव भी छूटा और सीतामढ़ी भी। इसी बीच इला चतुर्वेदी अमेरिका चली गयी। हर खाते-पीते मध्यवर्गीय परिवार की लड़की अमेरिका जाने का सपना देखती है। इला का यह सपना पूरा हुआ, उसने एक सॉफ्टवेयर इंजीनियर से शादी कर ली। आदित्य मिश्र अमेरिका गयी इला के बारे में लिखतें हैं, "मेरे गाँव में न पुल बना, न वह उसे पार कर गन्ना या आँवला खाने आ पायी, वह अमेरिका चली गयी। वहाँ की हडसन और मिसिसिपी नदियों पर बने पुलों को पार करते हुए।' कहानी में गाँव में पुल न बनने की निराशा और इला के अमेरिकन नदियों के पुलों को पारकर चले जाने का प्रसंग अनायास ही नहीं है। कहानीकार की दृष्टि पुल पर अब भी बनी हुई है। यदि पुल बन जाता, तो एक बार वह अवश्य उसके गाँव आती। लेकिन पुल नहीं बना, तो वह दूसरे पुलों को पारकर अमेरिका चली गयी। यह प्रेम की असफलता की टीस है, जो बहुत धीरें-धीरे सुनायी देती है, क्योंकि वह बहुत गहरी है। इतनी गहरी कि उसे नदियों पर बने पुल भी नहीं पार कर सकते।

प्रभात रंजन जानकी पुल से सारी घटनाओं को जोड़ते हैं और इतने संयम

के साथ जोड़ते हैं कि ऊपर से एक बार तो अनदेखी भी हो जाने का खतरा रहता है। गाँव की प्रमुख समस्या पुल है, ऐसा पुल जो बनने के बाद शहर और गाँव की दूरी मिटा देता, जो गाँव की स्थिरता को गति प्रदान करता, जो गांव के लोगों की ग्रामीण होने की हीनभावना को मिटा देता, लेकिन यह पुल नहीं बना इसीलिए बहुत सारी ऐसी घटनाएँ हो गयीं, जिन्हें नहीं होना था। मसलन इला चतुर्वेदी को पुल पार कर ही तो आदित्य मिश्र के गाँव आना था। एक बड़ी और सार्वजनिक समस्या से निजी समस्या और उसकी विफलता को जोड़ना कहानी को बड़ा बनाता है। इला के अमेरिका जाने का उल्लेख जानबूझकर किया गया है। इला अमेरिका नही जाती और सीतामढ़ी या आसपास के किसी शहर में उसकी शादी हो जाती, तो कहानी इतनी बड़ी नहीं बनती। कहानीकार का यह उद्देश्य रहा है कि वह बताये कि आजाद भारत में एक गाँव की महती आवश्यकता 'पुल', हमारे भाग्य-विधाताओं के लिए कितनी छोटी चीज है जबकि बहुत बड़ी-बड़ी घटनाएँ बिना पुल बने ही हो रही हैं। मसलन आदित्य मिश्र अपने भाई नंदू को ई-मेल करके यह सूचना देना नहीं भूलता कि "दिल्ली में पिछले चार-पाँच साल में इतने फ्लाई ओवर बन चुके हैं कि पहचानना मुश्किल पड़ जाएगा।" विकास की धारा महानगरों को चमकाने और उन्हें तमाम तरह की सुविधाओं से लैस करने तक सीमित कर दी गयी है। इसलिए दिल्ली और देश के तमाम नगरों और महानगरों में अबाध गति से विकास हो रहा है, पर गाँव अब भी उसके लिए तरस रहे हैं। गाँव के लिए जो सीमित बजट दिया जाता है, वह आपात् स्थितियों में ही खर्च हो जाता है। 'हर साल जब बजट का पैसा आता, तो नदी में बाढ़ आ जाती और जब बाढ़ का पानी उतरता, तो बजट समाप्त हो चुका होता। इस प्रकार, हर साल जानकी पुल का निर्माण कार्य अगले बजट तक के लिए टल जाता।' कहने की जरूरत नहीं कि यह स्थिति उस गाँव की है, जो पुल बन जाने के बाद सीतामाढ़ी का एक हिस्सा होने वाला था। जिस पुल की नींव सिचाई मंत्री आफाक खाँ ने रखी थी और जिसे तत्कालीन जिलाधीश की पत्नी की अपरिहार्य आवश्यकताओं में शुमार किया गया था, वह नहीं बना। जिलाधीश का तबादला हो गया और सिंचाई मंत्री के लिए वह केवल एक खिलौना था या सपने दिखाने भर का यंत्र। इस लोकतंत्र में मंत्री रोज नींव रखते हैं, वे उसकी कार्यपालना की चिंता करने लगे तो बेईमान और माफियाओं की चिंता कौन करेगा, जिनसे उनका पूरा चुनाव-कार्य फलता-फूलता है। इसीलिए, कहानी में कलक्टर की पत्नी की चिंता और मंत्री द्वारा नींव रखे जाने का एक ही जगह जिक्र है। फिर कोई न तो जिक्र है और न इशारा ही। लेकिन पुल के सपने ने गाँव को हिला दिया था। 'गाँव भर में पुल बन जाने के बाद के जीवन को

लेकर चर्चाएँ चलती रहती थीं। योजनाएँ बनती रहती थीं। कोई अपनी जमीन पर मार्केट बनवाना चाहता था। कोई अपनी दुकान के आगे और पीछे घर बनवाना चाहता था। कभी खबर आती कि पटना के एक प्रसिद्ध स्कूल के मालिक आये थे, स्कूल के लिए जमीन खरीदने। कभी खबर आती कि शहर के एक प्रसिद्ध डॉक्टर वहाँ जमीन देखने आये थे, शायद नर्सिंग होम खोलना चाहते हों।'

गाँव के विकास के साथ स्कूल और नर्सिंग होम पहली आवश्यकता है। आजकल कॉन्वेट स्कूल और नर्सिंग होम एक प्रकार के उद्योग बन चुके हैं। जितना पैसा खर्च करोगे, उतना ही अधिक कमाने का अवसर रहेगा। इसलिए कहानीकार ने दो चीजों का ही जिक्र करता है। प्रभात ने बहुत धीरे से एक और इशारा किया है कि गाँव के शहर की जद में आ जाने के बाद जमीनें बिकेंगी, इसलिए सीधे-सादे लोग अपनी जमीन बेचने की तैयारियाँ करने लगे हैं, "दादाजी बुलाकी प्रसाद मिश्र ने अपनी कुछ अलग ही योजना बना रखी थी मेरे पशु चिकित्सा अधिकारी पिता जब छुट्टियों में आते, तो दादाजी समझाते कि एक एकड़ जमीन है नदी के पास सड़क किनारे अपनी। बेचकर बैंक में रख देंगे पैसा। दो-एक पीढ़ी तो बैठकर खाएगी ही।" दादाजी का देहांत हो गया, पिता रिटायर हो गये, नंदू सुमात्रा चले गये, इला अमेरिका तथा बुआ जी नागपुर में बस गयी थीं, चाचाजी लखनऊ में, मामा कलकत्ता में, दीदी बिलासपुर में। सब टेलीफोन से रिश्तेदारी निभाते रहते थे। नदी पर पुल नहीं बना तो क्या, उन्होंने टेलीफोन के ही पुल बना लिए।...ऐसा नहीं है कि बीस सालों में मधुवन गाँव के लोग उस पुल को भूल गये हों। इस बीच गाँव में हाथ-हाथ में मोबाइल आ गया था, रंगीन टेलीविजन आ गया था, सामूहिक जेनरेटर आ गया था, स्कूल खुल चुका था और जानकी पुल? "कई बरसों बाद, जब मैं पिछली बार दीपावली पर घर गया था, तो पिता जी ने बताया कि अगले बजट में पक्का बन जाएगा' सोच रहा हूँ नंदू भाई को यही ई-मेल कर दूँ। गाँव में अब भी लोग पाकड़ चौक पर बैठते हैं, तो जानकी पुल की चर्चा चल पड़ती है। भले ही उसका शिलान्यास का पत्थर अब पहचाना नहीं जाता और वह सड़क, जिसने पुल का सपना गाँव वालों की आँखों में भरा था, वह भी जगह-जगह से टूटकर बदशक्ल हो चुकी थी। गाँव वाले अब भी यही सोचते हैं, एक बार पुल बन जाए, सब ठीक हो जाएगा--जानकी पुल।"

प्रभात रंजन गाँव से गये और गाँव से संबंधित लोगों की सूची इसलिए बताते हैं कि गाँव की एकमात्र अपरिहार्य जरूरत पुल तो नहीं बना, पर इन बीस वर्षों में लोग न जाने कहाँ-कहाँ चले गये। दुनिया ने आशातीत तरक्की की, अंबानी परिवार का एक हिस्सा देखते-देखते दो लाख करोड़ का मालिक बन बैठा, लेकिन

गाँव के पुल का बजट हर साल की बाढ़ में बह जाता रहा। इन बीस वर्षों में देश-विदेश में कितने बड़े-बड़े परिवर्तन हुए, पर गाँव इन सबसे अछूता ही रहा। जाति, धर्म और साम्राज्यावाद के बढ़ने की ओर किसी का ध्यान नहीं गया। गाँव अब भी मूलभूत सुविधाओं से वंचित होकर पीछे लौट रहे हैं, लेकिन सपना अब भी बाकी है। यह आश्वस्ति कहानी को बड़ा बनाती है।

अकेले रहने की उत्कट आकांक्षा

यह महज एक संयोग है कि आज से अस्सी वर्ष पूर्व अक्टूबर, 1928 में स्त्री विमर्श का पर्याय बन चुकी वर्जीनिया वुल्फ ने कैंब्रिज विश्वविद्यालय के दो महिला कॉलेजों में 'औरत और कथा-साहित्य' विषय पर दो व्याख्यान दिये थे। इन सफल व्याख्यानों से वे प्रसन्न थीं और इस प्रसन्नता को उन्होंने अपनी डायरी में विशेषरूप से नोट किया था। बाद में मार्च, 1929 में उन्होंने एक लेख 'वीमेन एंड फिक्शन' नाम से लिखा जो अमेरिकी पत्रिका 'फोरम' में प्रकाशित हुआ। थोड़े दिनों बाद इसी लेख को बढ़ाकर उन्होंने पुस्तक का रूप दे दिया और नाम रखा 'ए रूम ऑफ वंस ओन' जो बाद में हिन्दी में 'अपना कमरा' शीर्षक से अनूदित होकर प्रकाशित हुआ। वर्जीनिया वुल्फ और उनकी पुस्तक की चर्चा इसलिए कि सोनी सिंह की कहानी का नाम भी 'अपना कमरा' है। वर्जीनिया वुल्फ से सोनी सिंह की न तो कोई तुलना करने का उद्देश्य है और न उनके योगदान को सोनी सिंह के साथ मिलाकर महत्त्वपूर्ण बनाने की योजना ही। दोनों नामों की संगति के कारण ही चर्चा की गयी है और यह मानते हुए कि सोनी सिंह जैसी कुशल कहानीकार ने निश्चित रूप से वर्जीनिया बुल्फ को पढ़ा होगा और खूब पढ़ा होगा। यह सोनी सिंह की पहली कहानी है, इसका विशेष उल्लेख अमृतलाल नागर कहानी प्रतियोगिता में द्वितीय स्थान पाने पर प्रकाशित कहानी के सन्दर्भ में 'हंस' फरवरी, 2004 में किया गया है। सोनी सिंह की कहानी 'अपना कमरा' को निर्णायकों ने पहले स्थान पर रखा था पर 'हंस' के संपादक राजेन्द्र यादव ने अपनी प्रकृति के विरुद्ध जाते हुए इस कहानी को दूसरा स्थान दिया। संपादकीय टिप्पणी में इस कहानी के बारे में लिखा गया है। 'सोनी सिंह की कहानी निश्चय ही कहन और जीवन की इस विवरण बोझिल एकरसता को तोड़ती है स्वप्न-फैंटेसी के माध्यम से कथ्य को अनेक स्तरीयता देती है। एक डायनैमिक लड़की है जो पारिवारिक पहचान-हीनता से बाहर निकलना चाहती है। अकेले रहने की उत्कट आकांक्षा और अकेले होने का भय दोनों को ही इस टैक्नीक के माध्यम से एक साथ पकड़ने की कोशिश

अपना कमरा – सोनी सिंह

की गयी है। इसे अनजाने का चुनाव भी कह सकते हैं।

कहानी को प्रथम या द्वितीय पुरस्कार मिलना कहानी के अच्छे होने का एक आधार हो सकता है। लेकिन जब हम यह मानकर चलते हैं कि कोई भी रचना लंबे समय तक अपने अर्थ खोलती है और हर पाठक उसका अपनी तरह से पाठ करता है तो यह बात गौण हो जाती है कि हमारी आलोच्य कहानी पुरस्कृत भी है। पुरस्कृत होने से कहानी इस भीड़ में सामने आयी लेकिन प्रभाव तो अपनी तरह से ही छोड़ती है। यह प्रभाव निश्चित ही बड़ा है, पुरस्कार से भी बड़ा। सोनी सिंह की इस कहानी के बारे में प्रारंभ में मुझे दो बातें कहनी हैं, एक-स्त्री विमर्श के इस दौर में यह कहानी अपनी तरह से स्त्री के अकेले जीवन जीने के स्वप्न और उसके खतरों को एक साथ रेखांकित करती है तथा दो, यह कहानी स्त्री के संघर्ष और उसकी जिजीविषा को भी अपनी तमाम कमजोरियों के साथ प्रतिष्ठित करती है। भरे-पूरे परिवार मे रहकर कुछ रचनात्मक न कर पाने तथा अपनी तरह से स्वतंत्र और स्वायत्त रहने की व्याकुलता सरिता की छटपटाहट में बदलती है। वह बीस वर्ष की उम्र से ही अलग रहने की सोचती रही है, अब वह तीस वर्ष की है और पिछले दस वर्ष इसी छटपटाहट की भेंट चढ़ गये हैं। नौकरीशुदा लड़की के दस वर्ष कम नहीं होते, इन दस वर्षो में अकेले रहने के निर्णय के प्रति वह और आश्वस्त तथा दृढ़ हुई है। यह निर्णय उसकी भावुकता नहीं है। जो लड़की बाहर नौकरी करने जा रही है उसे समाज के यथार्थ का ज्ञान भलीभांति हो जाता है, वह अपना निर्णय बदल भी सकती थी लेकिन नहीं बदला।

कहानी का मूल कथ्य वर्जीनिया वुल्फ के इस एक वाक्य पर आधारित है 'स्त्री की मुक्ति की कुंजी उस कमरे में ही मिलेगी, जिसे वह अपना कह सके और जिसमें वह अपने भाइयों की तरह ही आजादी और खुद्दारी से रह सके।' सोनी सिंह की कहानी में भी सरिता अपने जीवन के बीसवें वर्ष से ही स्वतंत्र कमरे की तलाश में रहती है, वह चाहती है कि उसका अपना एक स्वतंत्र कमरा हो जहाँ वह चीजों को अपनी मर्जी से रख सके। उस जगह वही सारी चीजें हों जो वह रखना चाहे, हर कोना उसके हिसाब से इस्तेमाल में लाया गया हो। उस जगह के नियमों को वह तय करती। उस नियम में वह अपनी स्वेच्छा से बंधती। अपना कमरा उसके स्वतंत्र अस्तित्व की निशानी था पर भारतीय परिवारों में ऐसा अपना कमरा कितनी लड़कियों को मिलता है। कई बार तो वह कमरा कहने भर को अपना होता है बाकी सब सार्वजनिक। दरअसल, स्वतंत्र अस्तित्व की सामूहिक परिवारों में कोई परिकल्पना ही नहीं है। जो है सबके सामने है। सरिता के पास भी बड़े घर में अपना कमरा है लेकिन सिर्फ कहने के लिए सब का अपना-अपना

कमरा था। दरवाजा तो हमेशा खुला ही रखना पड़ता था और रखते कैसे नहीं। आखिर छत एक ही थी। कभी भाभी आ रही है अपनी बच्ची पकड़ाने, कभी उनका कोई मायके वाला आ रहा है, कभी माँ आ गयी अपनी थकी बेटी के सर में तेल लगाने, फिर रात के खाने का वक्त हो गया। अब जल्दी खाकर सो जाना चाहिए वरना आफिस जाने में देर हो जायेगी। लो निकल गया सुबह छह बजे से रात बारह बजे तक का वक्त।' अपनी इस पीड़ा को साझा करते हुए सरिता अपने मित्र दीपक से कहती 'पूरा साल निकलने को आया है दीपक और मैं न कुछ लिख पाई हूँ और ना ही कुछ ढंग का पढ़ पाई हूँ।' जिस अपने कमरे में सरिता या उस जैसी अनब्याही लड़कियां मध्यवर्गीय परिवारों में रह रही हैं, वहाँ कुछ भी अपना नहीं होता और क्रियेटिव काम करने की बात करना तो बेवकूफी है। हमारे संयुक्त परिवारों का ताना-बाना ही संयुक्त रूप से बना है, जिसका कोई भी धागा अलग होकर बिखर जाता है, उसे समेटने के लिए संयुक्त रूप से ही रहा जा सकता है। यह संयुक्त रूप जिस तरह की निश्चितता देता है, जिम्मेदारियों के भार को हल्का करता है, उस तरह अंदर से तोड़ता भी है। संयुक्त परिवारों का व्यक्तित्व भी संयुक्त और बेमेल बना रहता है। वहाँ रहकर कोई भी व्यक्ति अपनी तरह से नहीं रह सकता, रहने के लिए पहली शर्त दूसरों के अनुसार, दूसरों की इच्छा से जीना है। सरिता की बेचैनी का एक बड़ा कारण यह भी है। वह अलग रहकर अपनी तरह जीवन जीना और रचना चाहती है पर उसकी पीड़ा को समझने वाला इस भरे-पूरे परिवार में कोई नहीं है। सब पर बाबूजी की इच्छा हावी है, वे जो चाहते हैं वही होता है। नगरों और महानगरों में रहकर, खूब पैसा कमाकर और आधुनिक बनकर भी भारतीय परिवार उसी पुरानी मानसिकता में जीते हैं, जहाँ कोई भी व्यक्ति अपने स्वतंत्र निर्णय लेने के लिए अधिकृत नहीं है, जो है वह सब पिता या बड़े भाई का आदेश। उस आदेश को मानना सबके लिए अनिवार्य है। सोनी सिंह ने इस तथ्य को कहानी के प्रारंभ में बड़ी कुशलता के साथ रेखांकित किया है 'पाँच भाई बहनों में वह सबसे छोटी है। सबों की शादियां हो चुकी हैं। भाई लोग अच्छे पैसे कमा लेते हैं और छोटी बहना की हर ख्वाहिश पूरी करना चाहते हैं। सो उस पर घर की तो कोई जिम्मेदारी नहीं थी। फिर प्रोब्लम क्या थी। असल प्रोब्लम तो बाबूजी की वजह से थी। कहने को सिर्फ वे लोग महानगर में आकर रहने लगे थे, बाबू जी का हुक्म तो ठीक यहाँ भी वैसे ही चलता था। ब्याही जा चुकी दीदियों को छोड़ बाकी सबों को साथ-साथ एक ही छत के नीचे रहना था। भाई लोगों को अलग जाकर रहने की अनुमति तो थी ही नहीं, फिर सरिता बेटी की तो बात

ही दूर थी। बाबूजी का कहना था कि पहले शादी कर लो फिर जो मन में आये करना। लेकिन सरिता सोचती अरे यह क्या बात हुई, जब वह खूंटे से बंध ही जायेगी तो फिर जो मन में आये करने की बात ही कहां रह जायेगी। बाबूजी भी एकदम बेकार की बातें करते हैं...............बेकार हो गये हैं।'

संस्कार और परंपरा के नाम पर भारतीय परिवारों में लड़कियों के जन्म के साथ ही उनकी शादी की चिंता माँ-बाप को सताने लगती है माँ चीजें जोड़ना आरंभ कर देती है और पिता पैसा बचाना। जैसे-जैसे लड़कियाँ बड़ी होती हैं घर में वैसे-वैसे चिंता बढ़ती जाती है। चिंता के मूल में लड़कियों को पढ़ाने, उनका कैरियर बनाने तथा उनके लिए अलग घर आदि बनाने की चिंता नहीं होती बल्कि चिंता होती है जल्दी से जल्दी विवाह कर घर से विदा करने की क्योंकि बचपन से ही उन्हें पराई अमानत समझकर पाला पोसा जाता है। इसलिए दूसरे को सकुशल संभलाने में ही अपने और उसके जीवन की सफलता समझी जाती है। आश्चर्य यह है कि निम्नवर्ग से लेकर उच्च वर्ग तक में यही विश्वास कायम है। गरीब आदमी जैसे-तैसे करके लड़कियों के कन्यादान को अपने जीवन की सार्थकता समझता है और उच्च वर्ग अपने पैसे की ताकत से अधिक से अधिक प्रदर्शन में विश्वास कर अपनी सामर्थ्य से अधिक कर्ज लेकर विवाह करने में अपने बड़े होने का गौरव पालता है। लड़कियों को पढ़ाने और उनका भविष्य संवारने की चिंता तीनों वर्गों में ही नहीं होती—यह सामान्य परंपरा है। बहुत कम परिवार ऐसे हैं जो लड़कियों को पढ़ाने के लिए कर्ज लेते हैं और उनकी परवरिश लड़कों की तरह करते हैं। यह हमारे समाज का द्वैत है, जिसे समझने के लिए बहुत कम कहानियाँ लिखी गयी हैं। ऐसी कहानियाँ लड़कियों की तरफ से आनी चाहिए थीं लेकिन लड़कियों ने तो आधुनिक स्त्री-विमर्श के चक्कर में तमाम तरह की बाधाओं से मुक्ति पाने का एकमात्र साधन देह मुक्ति में ही समझा। सोनी सिंह की यह कहानी इसीलिए बड़ी है कि इसमें सरिता की कमजोरी अपनी इच्छा से देह संबंध बनाकर क्रांति करने की नहीं है। सरिता का विद्रोह अकेले रहकर अपनी तरह जीने के लिए है। उसका एकमात्र उद्देश्य अलग रहकर पढ़ना, रचनात्मक लेखन करना और अपनी तरह से अपने निर्णयों से जीवन जीना है। अपने मित्र दीपक की इस बात से तो वह सहमत है कि इतने बड़े परिवार में रहकर क्रिएटिव काम नहीं किया जा सकता लेकिन इस बात से सहमत नहीं है कि वह अविवाहित दीपक के साथ रहे। अविवाहित दीपक के साथ रहने में केवल माँ के दिये संस्कार ही बाधा नहीं बनते बल्कि अपनी निजी मानसिकता भी बाधा बनती है। वह अपनी कमजोरी को अच्छी तरह जानती है। सोनी सिंह

शारीरिक संबंधों की न तो कहीं बात करती हैं और न उनके लिए किसी प्रकार का आधार तलाशती हैं। स्त्री और पुरूष का साथ केवल देह संबंधों की आवश्यकता के लिए ही नहीं होता, यह आदिम भूख है जो कहीं भी शांत की जा सकती है। इसके लिए दोनों साथ रहें—यह जरूरी नहीं है। सोनी सिंह ने सरिता के व्यक्तित्व को बहुत सावधानी से बुना है, वे सरिता से क्रांति करवाने नहीं जा रही हैं बल्कि एक रचनात्मक लड़की का चरित्र गढ़ रही हैं जो अपने लेखन के लिए और अपनी स्वतंत्रता के लिए कुछ भी करना चाहती है। कविता, लवलीन, लता शर्मा या नीलाक्षी सिंह ऐसे चरित्र का गठन देह संबंधों की क्रांति में ही दिखातीं और बताती कि स्त्री का संघर्ष देह संबंधों के लिए ही होता है। सोनी सिंह की कहानी के साथ मैं इन दिनों कविता के कहानी संग्रह 'मेरी नाप के कपड़े' को पढ़ रहा था। कविता देह संबंधों की क्रांति के लिए तेरह साल की अकेली लड़की के साथ पिता के देह संबंधों और नाती पोतों वाली माँ के विवाह की क्रांति भी अपनी कहानियों में करती हैं इसके लिए उनकी देहदंश तथा उलटबांसी आदि कहानियां देखी जानी चाहिए। नीलाक्षी सिंह की कहानी 'रंगमहल में नाची राधा' पर तो मैं लिख ही चुका हूँ। यह माना देह संबंध स्त्री पुरूष के लिए आदिम भूख की तरह है और यह एक प्रकार की आवश्यकता है। यदि मनोविज्ञान की शब्दावली में कहें तो रोटी और पानी की तरह की भूख लेकिन हर समाज में कुछ सामाजिक मर्यादा और रिश्ते भी होते हैं जिन्हें निभाकर ही हम सभ्य और सामाजिक हो सकते हैं। क्रांति अपने शोषण से मुक्ति में होती है न कि शोषण के लिए परोसकर क्रांति का बाना पहना जा सकता है।

सोनी सिंह की सरिता देह संबंधों से अलग अपने निजी अस्तित्व की लड़ाई लड़ रही है इसलिए जब उसका मित्र दीपक उसके साथ रहने को कहता है तो वह मना कर देती है 'डार्लिंग मैं और तुम अब दो तो रह नहीं गये हैं। हर तरीके से एक दूसरे से एक दूसरे के हो चुके हैं। क्यूँ नहीं तुम मेरे साथ आकर रहती हो? इतने बड़े फ्लैट में तो मैं अकेला ही रहता हूँ, तुम जैसे मर्जी वैसे रहना। मैं तुम्हें बिल्कुल डिस्टर्ब नहीं करूँगा।' दीपक का यह 'लिव इन' वाला आइडिया सरिता को शादी की ही तरह लगा। क्योंकि वह खुद को जानती है। दीपक और वो अगर साथ-साथ रहने लगेंगे तो उसे मालूम है कि दीपक डिस्टर्ब नहीं करने वाला अपना वायदा बखूबी निभाएगा। 'पर वह खुद के साथ किये गये वायदे को नहीं निभा पायेगी। वह नहीं चाहते हुए भी दीपक का इंतजार करेगी और दिनभर उसके मस्तिष्क पर दीपक का ख्याल हावी रहेगा।' यह परिवार का और माँ का संस्कार है, जिसे चाहते हुए भी दूर नहीं किया जा सकता। सरिता अपनी

कमजोरियों को जानती है। वह दीपक के साथ रहेगी, बिना विवाह के और अपनी शर्तों पर तब भी यह नहीं हो सकता कि वह उसकी चिंता ही नहीं करे, उसका खयाल करना ही भूल जाये। सरिता के इस वक्तव्य और चिंता में देह कहीं भी नहीं है। यह आधुनिकता है जो अविवाहित एक साथ रहने को तो तैयार है पर अपने संयुक्त परिवार के संस्कारों के कारण पूरी तरह स्वतंत्रता को बनाये नहीं रख पायेगी। तो फिर दीपक के साथ का मकसद ही बेकार है। घर में छटपटाहट का कारण ही अकेले रहना है। इसलिए वह दीपक को मना कर देती है। इस मना करने में उसकी दोस्ती और आत्मीयता कहीं बाधा नहीं बनती। इसके बाद वे दोनों उतने ही आत्मीय और हितैषी बने रहते हैं, जितने पहले थे।

अपना कमरा पाने के लिए सरिता को पूरे दस वर्ष प्रतीक्षा करनी पड़ी। उसकी आकांक्षा बाबूजी के मरने के डेढ़ वर्ष बाद ही पूरी होती है। इन डेढ़ वर्षों में सब कुछ सामान्य हो गया था। इस कहानी को पढ़ते हुए मुझे यह लगा कि सरिता का पूरा व्यक्तित्व भारतीय परिवार संस्था के अनुकूल हैं। यदि इसमें से उसके अलग रहने की छटपटाहट को निकाल दें तो सरिता कहीं अलग नहीं दिखाई देती। लेकिन कहानी की विशेषता ही यह है कि अपनी जड़ों से कटे बिना अपने स्वतंत्र व्यक्तित्व का निर्माण करना। सरिता जो चाहती है वही करती है। यह बात दूसरी है कि उसके ऐसा करने में दस वर्ष लगते हैं लेकिन उसका लाभ यह हुआ कि उसे आज किसी प्रकार का पश्चात्ताप नहीं है। अब अपने निर्णय पर संतोष प्रगट करते हुए कहती है 'खैर, भगवान ने उसकी सुन ली। लंबी उम्र पाये बाबूजी भगवान के पास पहुँच गये। अब बाबूजी को मरे लगभग डेढ़ साल होने को चले थे। माँ भी अब नॉर्मल जीवन जीने लगी थी। बेटे और बहुएँ अच्छे मिले थे, इसलिए माँ को किसी भी तरीके की तकलीफ नहीं होने जा रही थी। अब सही वक्त आ गया था जब वह अपने मन का कुछ कर सकती थी। सो उसने किया भी। अपने लिए एक फ्लैट खरीद लिया और उसमें शिफ्ट करने में ज्यादा वक्त भी नहीं लगाया। आखिर इस घर को हासिल करना उसका एक सपना ही था। इतने साल गुजर जाने के बाद उसे लगने लगा था कि उसकी यह इच्छा शायद इस जनम में पूरी नहीं हो पायेगी। इतनी ललक तो उसे दीपक को हासिल करने के लिए भी नहीं हुई थी। वह तो बस मिल गया था। इस घर को तो उसने वर्षो चाहा है, इसके लिए तड़पी है, हर रात उसे सजाया है और अपनी अब तक की सारी कमाई उसने लगा दी। तब जाकर कहीं यह सिर्फ अपना घर नसीब हुआ है। 'उसे अपने घर की तलाश, थी, सिर्फ अपने घर की जिसमें वह अपनी तरह रह सके इसलिए वह उसे अपनी तरह सजाती है, संवारती है।

उसके सजाने-संवारने में एक खास बात यह है कि उसकी पूरी मानसिकता पढ़ने और लिखने तक सीमित है यानी महत्त्वपूर्ण लाइब्रेरी है। मध्यवर्गीय परिवारों की लड़कियों के घरों में लाइब्रेरी ही सबसे अधिक उपेक्षित होती है। किताबों का क्या है, जहाँ चाहें पटक दीं। पढ़ने का समय ही किसके पास है। और अब इस पूंजी के साम्राज्य में तो किताबें सबसे पीछे और उपेक्षित कर दी गयी हैं। पढ़ने की लालसा एकदम गायब हो गयी है। लेकिन सरिता सबसे अधिक महत्त्व लाइब्रेरी को देती है और सबसे कम महत्त्व ड्राइंग रूम को। सोनी सिंह लिखती है 'ड्राइंग रूम और बेडरूम के अलावा उसने अपना एक लाइब्रेरी रूप भी बनाया है। एक तरफ किताबों की अलमारियाँ हैं, जिसे उसने बहुत जल्द ही भरने के लिए सोचा है। इन छुट्टियों के दिनों में तो वह सुबह से लेकर दोपहर तक का वक्त वहीं बितायेगी। किताबों से नोट्स लेगी, पढ़ेगी, फिर कुछ लिखेगी। लाइब्रेरी रूम से सटा हुआ उसने छोटा-सा एक कॉफी रूम भी बनाया है। जहाँ वह पढ़ते वक्त बीच-बीच में उठकर आसानी से कॉफी बनायेगी और फिर पढ़ने-लिखने बैठ जायेगी। कॉफी रूम में उसने अब तक जमा किये गये अनेक रंग और डिजाइनों के कॉफी मग्स को सजाया है। कॉफी मग्स का सरिता को बचपन से ही शौक रहा है। उसने बेड रूम में अपना बिस्तर नीचे जमीन पर लगाया है। कमरे में ड्रेसिंग आईना, कपड़े की अलमारी और एक म्यूजिक सिस्टम है। इस रूम में उसने साफ्ट लाइट्स लगाये हैं। यहाँ वह अपना सबसे कम वक्त बितायेगी। ड्राइंग रूम पर उसने सबसे कम ध्यान दिया है।'

लाइब्रेरी पर अधिक और ड्राइंग रूप पर सबसे कम ध्यान देने से उसके सरोकार स्पष्ट होते हैं। तीस वर्ष की अकेली लड़की सुंदर भी दिखना और दिखाना चाहेगी, लेकिन सरिता ऐसा नहीं करती। उसका जोर इस बात पर है कि वह अपने कमरे में अधिक से अधिक समय पढ़ने में गुजारे। यह समय के विपरीत चलने जैसा निर्णय है। आजकल सुंदर दिखने और दिखाने पर ज्यादा जोर दिया जा रहा है। मानो सुंदर दिखना ही दुनिया की उपलब्धि है। सरिता ऐसा नहीं सोचती, इसलिए वह अलग है। यह एक ऐसी युवती का निर्णय है जो पिछले बीस वर्षों से अलग रहने के लिए बेचैन थी। और अब अपना कमरा मिला है तो वह अपने दोस्त दीपक को कहती है, ओह दीपक! मैं तुम्हें सचमुच नहीं बता सकती कि मैं कितना सेटिसफाइड, इन्टीग्रेटेड और खुश महसूस कर रही हूँ।' एक वाक्य में तीन शब्दों का आना उसके खुश होने और अपने लक्ष्य को पा लेने का प्रगटीकरण है। सोनी सिंह केवल यही नहीं बताना चाह रही थीं, वह यह भी बताना चाह रही थीं कि एक अकेली लड़की का संघर्ष केवल अपना कमरा पा

लेने पर खत्म नहीं हो जाता बल्कि एक तरह से देखा जाये तो यहाँ से शुरू होता है। यह इस कहानी का महत्त्वपूर्ण पक्ष है कि बेहद खुशी का इजहार कर रही सरिता को अचानक अजीब-सा लगता है। कमरे की सारी चीजें उसकी इच्छा से अपने आप और रहस्यमय तरीके से संचालित होने लगीं। यह केवल प्रतीकात्मक हैं और इन प्रतीकों का चयन और प्रयोग सोनी सिंह ने बहुत समझदारी से किया है। सरिता कॉफी पीना चाहती है तो कॉफी आ जाती है, वह जिस किताब को पढ़ना चाहती है वह किताब उसकी टेबल पर आ जाती है, वह ट्यूबलाइट बंद करने की सोचती है तो वह स्वतः बंद हो जाती है। अकेली सरिता इन अनहोनी घटनाओं से डरती है। वह दीपक से भूतों के अस्तित्व के बारे में पूछती है तो दीपक मजाक में उससे कहता है 'मैं तो बाकायदा एक भूतनी से प्यार करता हूँ जो सब को छोड़कर अकेले रहने में आनंद लेती है।' दीपक का यह मज़ाक वातावरण और मानसिकता को हल्का करने के लिए था पर अकेली जवान लड़की का यह निर्णय किसी मज़ाक से हल्का होने वाला नहीं था। दीपक की राय पर आराम करने के बाद वह पढ़ने बैठती है तो 'उसे लगा जैसे कमरे में कई लोग चहलकदमी कर रहे हैं। उसके हाथ ठंडे पड़ने लगे। वह किताबों में अपने आपको और अधिक एकाग्र करने की कोशिश करने लगी। पर दिमाग जैसे बिखर गया हो।' सरिता की यह मानसिकता केवल अकेले होने की नहीं है। इसमें समाज के बंधन और वे तत्व भी छिपे हैं जो अकेली लड़की को सही नजरों से नहीं देखते। अकेले कमरे में कई लोगों की चहलकदमी यह बताती है कि लोगों की मानसिक उपस्थिति उस कमरे में है, जहाँ वह अकेली लड़की पढ़ रही है। उसी दिन सुबह वह दीपक के साथ ड्राइव पर गयी थी। लौटने पर थकी हारी सरिता ने अकेलेपन का लाभ उठाया और 'सारे कपड़े उतार सीधे बिस्तर पर जा गिरी। सारे कपड़े उतार दिये और नंगे बदन पैर फैलाकर आराम से सो गयी। आखिर यहाँ देखने वाला कौन है। वहाँ तो अपने बंद कमरे के अंदर ब्रा-पेंटी पहनकर सोने में भी अजीब मन।' अपने कमरे का चुनाव ही अपनी मर्जी से और सुविधानुसार रहने के लिए किया था, जिसमें किसी का कोई हस्तक्षेप नहीं हो। पर सरिता यह भूल गयी कि सामाजिक संरचना में अकेली लड़की पर कितनी नजरें हमेशा टकटकी लगाकर गलत तरीके से देखती रहती हैं। अकेले रहने का निर्णय उसका अपना था, पर इस निर्णय से समाज को कैसे अलग किया जा सकता है। इसलिए 'अभी उसकी आँख लग ही रही थी कि अचानक ऐसा कुछ हुआ कि वह एकदम घबराकर उठ बैठी। उसे लगा जैसे किसी ने जोर का तमाचा उसके गाल पर जड़ दिया और कहा कि ये क्या बेशर्मी है। वह एकदम सकपका गयी। उसे लगा

कोई ठीक उसके सामने खड़ा हो उसे देख रहा है।'

अकेले अपने घर में सरिता को कौन देखेगा? मैं समझता हूँ कि एक तो उसका अपना मन है जो उसे ऐसा करने से रोकता है। अपने मन की करने के लिए, अपनी स्वतंत्रता का भरपूर लाभ उठाने के लिए वह कपड़े उतार कर सोने का निर्णय तो ले लेती है लेकिन उसे कहीं अंदर यह लग रहा है कि उसने यह गलत किया है। यह उसका अपना अवचेतन भी हो सकता है और संयुक्त परिवार में रहने की आदत और संस्कार भी। वह इन सबसे मुक्ति के लिए ही तो अकेले रहने का निर्णय लेती है लेकिन यह एक दिन में संभव नहीं है, बार-बार उसे अकेले होने का अहसास होता है। दूसरे, समाज की नजरें भी उस पर टिकी हुई हैं। अकेली लड़की कहीं भी अकेली नहीं होती, बंद घर तथा बाथरूम में भी। सरिता इस तथ्य से भलीभांति परिचित नहीं होगी, ऐसा नहीं माना जा सकता। पर कई बार अपने अनुभव से ही अच्छी शिक्षा मिलती है। सरिता को अपने अकेले होने का अनुभव हो रहा है। अब तक तो वह अकेले रहने को तरसती रही थी, बेचैन होती रही थी पर अब जब अकेले रहने का अवसर मिला है तो सारी चीजें उसके सामने आ रही हैं। सोनी सिंह सरिता के इस डर में दो चीजों पर विशेष जोर देती हैं। एक तो माँ की उपस्थिति अच्छे रूप में होती है मसलन जब सिर में दर्द होता है तो वह देखती है कि माँ ने तेल लगा दिया है। माँ घर में भी ऐसा ही किया करती थी। अकेली लड़की को माँ उसके हर दुख दर्द में उसके सबसे अधिक निकट लगती है। दूसरे, उसे अपने मित्र दीपक के साथ रहना और उसके सीने में सिर रखकर सोना अच्छा लगता है। 'दीपक ने सरिता को थाम उसे सहारा देने की कोशिश की। सरिता दीपक के सीने में अपना मुंह छिपा उसकी बांहों की कसावट में सचमुच सुरक्षित महसूस कर रही थी। उसका मुंह धीरे-धीरे दीपक के सीने में धंसता चला जा रहा था। उसकी बांहों की कसावट धीरे-धीरे बढ़ती जा रही थी।' क्या डरी हुई अकेली सरिता को माँ और दीपक का साथ अच्छा लगना महज संयोग है। यह सरिता की मानसिकता है, केवल सरिता की नहीं बल्कि हर अकेली लड़की की कि वह अपनी माँ और अपने मित्र के साथ सबसे अधिक सुरक्षित अनुभव करती है।

भरे-पूरे परिवार को छोड़कर अकेले रहने का संकल्प निश्चित ही बड़ा है लेकिन अकेले होने की परेशानियाँ भी हैं, जिन्हें सरिता झेल रही है। महत्त्वपूर्ण तथ्य यह है कि वह अकेलेपन की मानसिक बीमारी हेलुसिनेशंस की शिकार होकर भी लौटने का नाम नहीं लेती। दीपक के कहने पर भी वह झट से रूखेपन से मना कर देती है 'सरिता, आखिर कब चलोगी अपने घर?' यह सुनते ही सरिता

झट से अलग छिटक गयी। जैसे सरिता के जीवन का अंतिम सत्य यही है, का भाव लिए दीपक उसकी तरफ देख रहा था। आखिर अपने घर से दीपक का क्या मतलब है। क्या यह उसका घर नहीं? रात दिन, जमीन आसमान एक करके जो घर उसने हासिल किया वह उसका अपना नहीं?' तथा 'सरिता! अब मैं तुम्हें किसी भी कीमत पर यहाँ अकेले नहीं रहने दूँगा। दीपक ने दृढ़ स्वर में कहा और उसका हाथ पकड़ लिया। दीपक मेरा हाथ छोड़ो। कहीं नहीं जाऊँगी मैं। यहीं अपने घर में रहूँगी। समझे। सरिता ने नहीं चाहते हुए भी बड़े ही रूखे और उखड़े स्वर में दीपक को जवाब दिया।' अपने निर्णय पर अडिग रहने का यह संकल्प सरिता को और बड़ा बनाता है। वह हर स्थिति में अपनी स्वतंत्रता को बंधक बनने से रोकती है। इसलिए उसके मन में कहीं कोई कमजोरी नहीं है, वह घर वापसी या माँ के साथ रहने का नाम तक नहीं लेती जबकि ऐसे में एक सरल उपाय यह हो सकता था कि वह माँ को अपने साथ ले आये और सुरक्षित रहे। लेकिन वह तो अकेले रहने आयी थी, और अकेले रहकर बहुत कुछ रचनात्मक करने आयी थी, इसलिए वह दृढ़ होकर कहती है 'मनोचिकित्सक ने सही कहा होगा कि उसे मानसिक बीमारी हो गयी है। ठीक है अगर ऐसा है भी तो वह लड़ेगी। डरकर अपना घर डोड़कर भाग नहीं जायेगी। चाहे उसका संबंध जीवन के साथ कितना भी आड़ा-तिरछा क्यूं न बना दिया जाये। निडर होकर अपने निर्णय पर अड़े रहने के लिए लड़ने का यह संघर्ष ही स्त्री विमर्श का आधार होना चाहिए। यह कहानी सही रूप में स्त्री विमर्श का भाष्य प्रस्तुत करती है।

अल्हड़ सपने और स्त्री जीवन

आरती झा ने बहुत कम कहानियाँ नहीं लिखी हैं। कम कहानियाँ लिखकर भी वे चर्चा में हैं। कुछ युवा कहानीकारों के साथ ऐसा संयोग होता है कि वे अपनी शुरुआत पूरी तैयारी के साथ करते हैं, कहानियाँ लिखते समय इतनी मेहनत करते हैं कि पाठक कितनी भी बारीकी से देखे कुछ ऐसा नहीं मिलता जो छूट गया हो। इसके साथ युवा कहानीकारों के पास अपना निजी अनुभव भी होता है, जो जीवन के विकट संघर्षों से पुष्ट होता है, वे उस खांटी अनुभव से परिचित कराना चाहते हैं। जाहिर है कि उस अनुभव को रेखांकित करने के लिए बेचैन शिल्प और भाषा का सहारा भी लेते हैं। यहाँ मैं इस पुरानी बहस को उठाना नहीं चाहता कि शिल्प, भाषा और विषय में कौन महत्त्वपूर्ण है। महत्त्वपूर्ण है लेखक का अपना विशिष्ट अनुभव और उसे व्यक्त करने का वह केंद्र जहाँ खड़े होकर वह हमें अपने अनुभव को पूरी जीवंतता के साथ दिखाना और बताना चाहता है। आरती झा की कहानी 'हम लड़कियाँ' ऐसी ही परिपक्व कहानी है जो बहुत सहज और संक्षिप्त रूप में बड़े जीवन की कहानी कहती है। यह कहानी एक ओर चार लड़कियों के अल्हड़ सपनों को व्यक्त करती है तो दूसरी ओर जीवन के यथार्थ से परिचित कराती है तथा तीसरी ओर बदलते सामाजिक आर्थिक परिवेश की अनदेखी कर जीवन को हल्के रूप में लेने की प्रवृत्ति का विरोध करती है। इसलिए यह कहानी मात्र उन चार लड़कियों की ही कहानी नहीं रह जाती बल्कि उनके माध्यम से पूरी स्त्री-जाति की कहानी बन जाती है। कहानी का नाम आरती झा ने 'हम लड़कियाँ' रखा है। जो अपनी व्यंजना में पूरे अर्थ खोलती है।

कहानी में जिन चार लड़कियों का चित्र उभारा गया है, वे चार लड़कियाँ हैं—सौम्या, प्रीति अनुजा और अन्नपूर्णा। चारों लड़कियों का शुरुआत में परिचय करा दिया गया है ताकि उनके विकास के बारे में पाठक अच्छी प्रकार जान सकें। 'सौम्या को ज्यादातर बातें फालतू लगतीं, फालतू उसका फेवरिट वर्ड, वह पढ़ाकू स्वभाव की लड़की थी। प्रीति कमाल की अंधविश्वासी। घर से निकलते समय अगर छींक आ गयी तो तुरंत नहीं निकलेगी। फेंग शुई में पूरा विश्वास

हम लड़किया – आरती झा

था उसका। अनुजा को मेकअप करना, हमेशा स्टााइलिश दिखना पसंद है, ब्यूटीशियन बनना चाहती है और अन्नपूर्णा जिसे सभी माँ अन्नपूर्णा कहते हैं, कत्थक डांसर बनना चाहती है।' अभिन्न सहेलियों और एक साथ पढ़ने वाली चारों लड़कियों का यह संक्षिप्त-सा परिचय है पर यह संक्षिप्त परिचय ही उनकी प्रवृत्तियों का विस्तृत ब्योरा भी है जो उन चारों तक सीमित न रहकर उन जैसी प्रवृत्ति की लड़कियों का प्रतिनिधि का चित्र भी है। यह सूक्ष्म से विस्तार का अद्भुत प्रयोग है। आरती बहुत धैर्य के साथ अपने पात्रों से परिचित कराना तो चाहती ही हैं साथ ही अपनी कथा को भी बहुत आराम से सुनाती हैं। यह धैर्य किसी कथाकार में बहुत मेहनत और अभ्यास के बाद आता है पर यह संयोग है कि आरती ने अपनी प्रारंभिक कहानियों में ही इस कौशल को हासिल कर लिया है। कहानी के प्रारंभ में जो मुख्य तथ्य उभरकर आता है वह है कि चारों लड़कियों का लक्ष्य बड़ा नहीं है, चारों लड़कियां परंपरागत जीवन जीने में रुचि रखती हैं, उनका उद्देश्य धारा के विरुद्ध जाकर अपनी पहचान बनाने का नहीं है। अब-तक आम लड़कियां जो करती आयी हैं उनकी सोच उन्हीं तक सीमित है। पढ़ना, अंधविश्वासी होना, स्टाइलिश दिखना, ब्यूटीशियन बनना और डांसर बनना—ये संकल्प उन्हें आम लड़कियों से अलग नहीं करते। इसलिए आरती पहले ही पैराग्राफ में स्पष्ट करती है 'वे दिन थे लंबे-लंबे सपने बुनने के। बे-सिर पैर की बातें होती थी, शैतानियां सूझती थीं और सबसे विचित्र बात यह कि किसी को पता नहीं था कि भविष्य में क्या पहचान बनानी है। उनकी टीम थी, चार जन की। सौम्या, प्रीति, अनुजा और अन्नपूर्णा। चारों की सोच अलग, सपने अलग, मगर कुछ ऐसा था कि चारों हमेशा इकट्ठे जाती-आतीं। मार्केट, कॉलेज, ट्यूशन............।'

चारों लड़कियां लंबे-लंबे परंतु अलग-अलग सपने बुन रही हैं, पर ये सपने क्या हैं, इनका परिचय भी दिया जा चुका है। अलग और विशिष्ट कुछ नहीं, सामान्य से सपने फिर भी लड़कियां अलग किस्म की हैं क्योंकि की रुचि और उनके सपनों पर विचार करें तो हमारे समाज की लड़कियों का जो चित्र उभरता है, वह एक अर्थ में परंपरागत हैं। सौम्या को ज्यादातर बातें फालतू लगती हैं और वह पढ़ाकू स्वभाव की है। पढ़ने के प्रति रुचि होना एक बात है लेकिन उसके लिए सभी चीजों को, घटनाओं को फालतू मानना बदलते समाज की स्थितियों से मुँह मोड़ना है। उत्तरपूंजीवाद के प्रवक्ताओं ने समाज में जो अस्थिरता पैदा की है, अविश्वास का वातावरण निर्मित किया है उसमें सौम्या जैसी एक नहीं लाखों लड़कियां अपने जीवन का उद्देश्य पूरी मेहनत से पढ़ने में देखती हैं। पढ़कर क्या

होगा, यह सब उसकी चिंता में शामिल नहीं हैं। आजकल की शिक्षा ने समाज से काटकर व्यक्ति केंद्रित होने का सपना हमारी युवा पीढ़ी के मन में पैदा कर दिया है। केवल अपने काम से लगे रहो, समाज सुधार की जिम्मेदारी हमारी नहीं है, यह कैरियर बनाने की उम्र है, लड़कियों को नीची गरदन कर चलना चाहिए और अपनी पढ़ाई पर ही केंद्रित रहना चाहिए—इस तरह की नसीहतें आम घरों में दी जाती हैं। सौम्या का पढ़ाकू होना और बाकी सब चीजों को फालतू समझना इसी नसीहत का परिणाम है। अपने समाज और विश्व में हो रहे खतरनाक परिवर्तनों की उपेक्षा कर केवल पढ़ाकू बने रहना अपने तक सीमित रहने की दृष्टि का नमूना है और आश्चर्य की बात यह कि सौम्या इसे नहीं जानती। प्रीति कमाल की अंधविश्वासी है। भारतीय ज्योतिष से लेकर आयातित पाखंड फेंगशुई तक में उसका पूरा विश्वास है। वह अपनी जैसी लाखों लड़कियों का प्रतिनिधित्व कर रही है। जब से मध्यवर्ग के पास पैसा आया है, जबसे उसने करोड़पति बनने का सपना देखना शुरू किया है, जब से महीने का वेतन लाखों के पेकेज में परिवर्तित हुआ है, तब से ज्योतिष और फेंगशुई पर विश्वास बढ़ गया है। अब ऐसे लोगों को विश्वास नहीं होता कि यह उनकी मेहनत का फल है या ईश्वर और भाग्य की देन। अब आत्मविश्वास तो जैसे समाप्त ही हो गया है, जो भी मिल रहा है वह ईश्वर, भाग्य और ग्रह नक्षत्रों की कृपा से ही मिल रहा है इसलिए उसे ही मनाने और मानने में जीवन की सार्थकता तलाशी जा रही है। प्रीति भी ऐसी सार्थकता की तलाश के सपने देखने वाली एक लड़की है जिसका स्वयं का न तो कोई विचार है और विचारधारा। जाहिर है कि फेंगशुई जैसी काल्पनिक चीजें आत्मविश्वास को समाप्त कर अंधविश्वासी बनाती हैं और अंधविश्वासों की कोई सीमा नहीं होती। समाज में अपने कैरियर और काम तक सीमित लोगों में इस कदर अंधविश्वास अपनी जड़ें जमा रहा है कि जरा-सी असफलता को स्वीकार करने के लिए कोई तैयार नहीं है। उस असफलता की जड़ें अंधविश्वासों, टोनों-टोटकों और यज्ञ हवनों आदि में ढूँढ़ी जा रही है। जिन चीजों के विरुद्ध उन्नीसवीं शताब्दी में लड़ाई लड़ी थी, वे ही एक बार फिर नये-नये रूप धारण कर समाज को सम्मोहित कर रही हैं। इससे पहले समाज के अधिसंख्य वर्ग ने अंधविश्वासों को इस तरह गले नहीं लगाया था और इस तरह ज्योतिष और वास्तुशास्त्रविदों का कभी सम्मान नहीं किया था और इस तरह टीवी के हर चैनल पर साधु संन्यासियों का जमावड़ा नहीं होता था।

इक्कीसवीं शताब्दी टेक्नोलोजी के साथ पाखंडों को लेकर आयेगी, इसकी कल्पना बीसवीं शताब्दी में नहीं की थी। अनुजा को मेकअप करना अच्छा लगता

है। वह हमेशा स्टाइलिश दिखना और रहना चाहती है। स्टाइलिश दिखने के लिए ब्यूटीशियन की जरूरत होती है इसलिए वह ब्यूटीशियन ही बनना चाहती है। यह एक प्रकार का मनोरोग है, जो उदारीकरण के बाद और तेजी से बढ़ा है। भारत के चालीस प्रतिशत से अधिक मध्यवर्ग को बाजार की ओर आकर्षित करने, उन्हें बाजारवाद का शिकार बनाने के लिए जरूरी है कि इस देश की युवतियों में विश्वसुंदरी बनने का सपना पैदा कर दिया जाये। दो चार को विश्वसुंदरी बना दिया और यह संदेश दे दिया कि जो अधिक से अधिक सुंदर दिखेगी उसके लिए बाजार के द्वार खुले हैं। हमारे मध्यवर्ग की युवतियां सुंदर दिखने और विश्वसुंदरी बनने के लिए तमाम तरह के रासायनिक क्रीम पावडरों का उपयोग कर रही हैं, अपने हाथ, पैर, चेहरे और शरीर की ऐसी देखभाल कर रही हैं मानो दुनिया की सुंदरतम युवतियों में उनका ही चयन होना हो। यह युवतियों में नशे की तरह प्रचारित कर दिया गया है। वे अपनी पढ़ाई छोड़ इसी में ज्यादा ध्यान दे रही हैं। जीवन का मार्ग कठिन रास्तों से बनाना पड़ता है, जीवन उतना सरल और सुलभ नहीं है जितना इन युवतियों में नशे की तरह प्रचारित कर दिया गया है। वे अपनी पढ़ाई छोड़ इसी में ज्यादा ध्यान दे रही हैं। इसलिए आज संघर्षशील महिलाओं की कमी है– जीवन और साहित्य दोनों में ही। स्त्री विमर्श के नाम पर देह मुक्ति की बात करने वालों के लिए यह एक प्रकार की चुनौती है कि इस देश में स्त्री की मुक्ति उसके श्रम से ही संभव है न कि उसके सौंदर्य से। सौंदर्य एक प्रकार का छलावा है और वह अंततः पतन की ओर ले जाता है। बाजार उस सौंदर्य का उपयोग करता है और कर भी रहा है। हमें आचार्य शुक्ल का यह संदेश विशेषरूप से याद रखना चाहिए जो उन्होंने रीतिकालीन कविता के पतन के लिए दिया था कि जो समाज सौंदर्य की ओर अधिक आकर्षित होता है, उसका पतन होता है। भक्तिकालीन कविता की सामाजिकता रीतिकालीन शृंगारिकता में आकर संकुचित हुई है। शृंगारिकता की भूख व्यक्तिवाद को तो बढ़ावा देती ही है साथ ही जीवन के व्यापक सरोकारों से भी काटती है। अनुजा स्वयं तो सुंदर दिखना ही चाहती है साथ ही चाहती है कि अपने पेशे के रूप में भी वह ब्यूटीशियन ही बने। शहरों की बात छोड़िये कस्बे और गाँवों तक में ब्यूटी पार्लरों की बहार आयी हुई है। हर लड़की का सपना है कि वह सुंदर दिखे, हर महिला चाहती है कि अधिक से अधिक समय तक जवान और सुंदर बनी रहे, उसके शरीर और चेहरे का बासीपन दूर भागे। अनुजा ऐसी युवतियों का प्रतिनिधित्व करती है। चौथी युवती है अन्नपूर्णा जो कत्थक डांसर बनना चाहती हैं। डांस भी आजकल फैशन हो चला है। टीवी चैनलों पर नित्यप्रति नृत्य प्रतियोगिता होती रहती हैं, जो

अन्नपूर्णा जैसी युवतियों को डांस के लिए प्रेरित करती हैं। इस प्रकार के डांस व्यावसायिक हैं, पैसे कमाने के साधन हैं, आगे बढ़ने और समाज में अपनी तरह से नाम कमाने के जरिये हैं। इसलिए इन्हें बहुत हल्के रूप में लिया जा रहा है। कत्थक की शास्त्रीयता से अन्नपूर्णा का कोई लेना-देना नहीं है। शास्त्रीय नृत्य सीखने के लिए जितना कठिन श्रम तथा नित्यप्रति घंटों का रियाज जरूरी है, वह अन्नपूर्णा के जीवन और आचरण में कहीं नहीं हैं। चारों लड़कियां हल्केपन से जीवन को ले रही हैं, अन्नपूर्णा भी उनमें एक हैं।

चारों लड़कियों के शौक और स्वभाव के बाद यह बताना जरूरी था कि पढ़ाई में भी वे उतनी गंभीर नहीं हैं, जितना उन्हें होना चाहिए था। सौम्या के परिचय में उसे पढ़ाकू बताया गया है लेकिन बाकी तीनों सहेलियों के साथ उसका पढ़ाकूपन गायब ही रहता है। अगले दृश्य में उन्हें फिज़िक्स के अध्यापक के यहाँ ट्यूशन पढ़ने जाना है। चारों साथ ही जाती हैं। उनसे पहले वाले बैच में एक मणिपुरी लड़का पढ़ने आता है, प्रीति उसे छेड़ती है। लड़का सीधा है। उसकी आदत है कि हर बात में नो कहता है। प्रीति को बुरा लगता है वह कहती है 'पिक्युलियर ब्वाय, नेवर शोइंग एनी फ्रैंडली फिलिंग्स, हुँह।' यह प्रीति के स्वभाव की बानगी है, पढ़ने के समय भी उसके अगंभीर होने की निशानी है। लेकिन बाकी तीन लड़कियाँ भी तो उसके साथ हैं वे उसके हल्केपन पर, पढ़ने के समय को व्यर्थ में जाया करने पर टोकती-रोकती नहीं हैं। उन सबकी स्वीकृति भी उसके साथ है। इसी तरह सर का भांजा टीटू उन्हें संदेश देता है कि अंदर मामी बुला रही हैं। लड़कियां छोटे-से टीटू को ही छेड़ती हैं। अनुजा कहती है 'ओए टीटू! तुझे पीटूं क्या?' और अंदर कान लगाकर सुनती हैं। उनके वार्तालाप से तरह-तरह के अर्थ प्रगट होते हैं। सर के बारे में उनकी राय है 'तुझे पता नहीं है हाऊ रोमांटिक न।' फिर फिल्में 'ए, सौम्या तूने इधर मूवी देखी कोई शाहरुख खान की डर देख ले। वैसे दिल से ठीक-ठाक है लेकिन बोरिंग एंड है।' फिर तुझसे कोई पूछे, आप लव मैरिज में यकीन रखती हैं या एरेंज मैरिज में तो तू जबाव देगी—बेंजीन का सी.एच. फार्मूला होता है।' उनमें हंसी-मजाक चल ही रहा था कि अंदर से सर आ जाते हैं और सूचना देते हैं कि 'अच्छा, आप लोग अब परसों आयेंगी। कल मैं बाहर जा रहा हूँ काम से।' फिर क्या था हाथोंहाथ कार्यक्रम बनता है 'प्रीति खुश हो रही थी, छुट्टी मिली। वैसे भी रोज-रोज पढ़ना? उसने तुरंत प्लान भी बना लिया, सुनो! कल कॉलेज भी नहीं जायेंगे, सिर्फ दो पीरियड पढ़ाई होगी, क्योंकि बी.एससी.- पार्ट वन की परीक्षा हो रही है इसलिए। हम लोग माँ अन्नपूर्णा के घर पर बैठकी जमाते हैं। इनका नृत्य देखेंगे और अंताक्षरी

खेलेंगे। क्यों ठीक है? अनुजा और अन्नपूर्णा ने सहमति दे दी थी, अब बेचारी सौम्या के इंकार का कोई माने नहीं था।' यह दृश्य केवल एक नमूना है उनकी मनःस्थिति स्पष्ट करने का। पढ़ने के प्रति गंभीरता होती तो इस प्रकार के लाभ लेने की स्थिति नहीं आती लेकिन स्वभावतः वे छुट्टी की तो प्रतीक्षा करती हैं। जानबूझकर छुट्टी कर पाना मुश्किल होता है सर अलग से डाँटते हैं 'पढ़ने में नहीं मन लगता तो कोई जबरदस्ती थोड़े ही है।' गार्जियन का पैसा बर्बाद करने की हर चीज का जवाब उनके पास है। बहाने बहुत से होते हैं लेकिन असलियत यह है कि वे जिंदगी को बहुत हल्के रूप में लेती हैं।

अब कहानी नया मोड़ लेती है। हास-परिहास के मूड के बीच अनुजा सूचना देती है कि ज्योत्स्ना की शादी है और उसमें चलना है। शादी की उमंग के बीच पढ़ाकू सौम्या सोचती है 'यार, मैं सोच रही थी, ज्योत्स्ना के माता-पिता ने ऐसे घर में उसकी शादी तय की है जहाँ पहले ही दहेज की मोटी रकम माँग कर दी थी। हम लोग टेक्नोसेवी भले ही हो गये हैं मगर सोच में पिछड़े हैं अभी भी। और यही वजह है कि आये दिन अखबारों में बहुओं को जलाने/मारने की खबरें मिलती रहती हैं। किस तरह के लोग होते हैं जो संवेदनशून्य होकर ऐसी हरकतें करते हैं। स्त्रियों की दशा दयनीय ही रहेगी। कमाल बात है कि भ्रूण हत्या की जाती है। अफसोस इस बात का भी है कि पढ़े-लिखे लोग इन कुकृत्यों में शामिल रहते हैं। निरक्षर-साक्षर की बात नहीं है, बात है इंसानियत की।' सौम्या की चिंता वाजिब है। यह चिंता उन लड़कियों के सामने व्यक्त कर रही है जिन्हें अभी शादी करनी है, जो अभी पढ़ रही हैं और युवा हैं जाहिर है कि इसका एक अर्थ यह भी है कि वह उन सबको संदेश देना चाहती है कि सिर्फ स्टाइलिश दिखने, कत्थक करने एवं फेंगशुई पर विश्वास करने से जीवन सही सलामत नहीं गुजरता, उसकी सलामती के लिए जीवन की स्थितियों को देखकर उचित निर्णय करने होते हैं। सौम्या की यह चिंता उचित निर्णय के लिए चेतावनी है। आरती झा ने यहाँ केवल दहेज की चिंता ही व्यक्त नहीं की है बल्कि यह भी बताया है कि दहेज उन लोगों में भी लिया जा रहा है जो कहने को टेक्नोसेवी हो गये हैं। जो स्वयं को विकसित और एडवांस मानते हैं लेकिन दहेज के लिए अनपढ़ों की तरह व्यवहार कर रहे हैं। मध्ववर्गीय परिवारों में एक ओर पढ़ी-लिखी लड़की लेने की आकांक्षा प्रबल है तो दूसरी ओर दहेज की माँग भी। यह दुहरे जीवन जीने का परिणाम है। दहेज के अभिशाप से लड़कियों को व्यापक और ईमानदार चिंता ही मुक्ति दिला सकती है। सौम्या की चिंता इसी प्रकार की है।

कहानी के विकास और फैलाव में कई बातें उभरकर सामने आती हैं। चूंकि

कम उम्र की लड़कियाँ हैं और फितरत से मस्तमौला हैं इसलिए हास-परिहास, उमंग-हुड़दंग के बीच में प्रसंगानुसार गंभीर चिंताएं उभारी गयी हैं जो अपने मकसद में सफल होती हैं। इसका एक और उदाहरण है ज्योत्स्ना की शादी का। खेल से लेकर हर प्रकार के कार्यों में आगे रहने वाली लड़कियाँ शादी के समय ऐसे सकुचाती हैं जैसे अभी गांव से आयी अनपढ़ लड़कियां हों 'यह शाम चहल-पहल की शाम थी। रंगों की शाम थी। उमंगों की शाम थी। ज्योत्स्ना दुल्हन के लिबास में शर्माई-सकुचाई बैठी थी। पता ही नहीं चल पा रहा था कि ये वही ज्योत्स्ना है जो सानिया मिर्जा को अपना आदर्श मान टेनिस की प्रेक्टिस किया करती थी।' बार-बार देखे दृश्य भी कहानी में आकर कितने ताकतवर हो जाते हैं, उसका प्रमाण यह दृश्य है जिसे पाठकों ने हर शादी में देखा होगा लेकिन कहानी में पढ़कर चिंता होती है और दुख भी उपजता है। लड़कियों को पढ़ाकर समाज ने ऐसा कौन-सा तीर मार लिया जो निशाने पर बैठा हो। वही परंपरागत आचार-व्यवहार, वही रीति-रिवाज और वही लेन-देन। कहीं कोई परिवर्तन नहीं। इस पढ़ने का क्या अर्थ जो न स्वयं को बदल पाये और न सामने वाले को।

आरती झा की इस छोटी-सी कहानी में कई गंभीर मुद्दे हैं, ऐसे मुद्दे जो हमारी बहसों और गोष्ठियों में अधिकतर उठते रहते हैं। एक मुद्दा जो हिंदी के विमर्श में सर्वाधिक चर्चा में है वह है स्त्री मुक्ति यह मुद्दा नारी विमर्शकारों को खूब परेशान कर रहा है कि केवल देह मुक्ति ही नारी की मुक्ति है क्या? आरती झा अपनी कहानी में भी इसे उठाती हैं और बहुत सहज होकर उठाती है। प्रीति और सौम्या का वार्तालाप। कॉलेज की केंटीन में प्रीति फिल्मी मैग्जीन के पन्ने पलट रही है। उन पन्नों में राखी सावंत को देखकर पूछती है 'राखी सावंत को आजकल मीडिया वाले खूब तरजीह दे रहे हैं। सौम्या बोली, अरे! यह सब पब्लिसिटी के तरीके हैं। अच्छा तू बता, कौन-सी हिरोइन की फिल्में तू ज्यादा देखती है/क्यों? उनमें देखना जैसा होता क्या?/देह की माया है। बाजार में कीमत तय है। बाजार उन्हें मुक्त कर रहा है। चीख़-चीखकर कह रहा है कि वो तभी मुक्त हो सकती है जब देह दिखायें। आज़ादी देह पर आकर टिक गयी हैं।' बात केवल राखी सावंत की ही नहीं बल्कि औरत की आजादी की हो रही है, जो बाजारवाद ने केवल देह की आजादी तक सीमित कर दी है और बाजार तय कीमत के अनुसार उस सुंदर देह को बेच रहा है। कहानीकार का दो टूक निर्णय उसकी गहरी चिंता के साथ उभरकर आया है। औरत की आज़ादी को तरह-तरह से परिभाषित किया गया है लेकिन अंत में सौम्या से पूछा जाता है। वह कहती है 'आजादी कितना भारी और कितना खूबसूरत शब्द। अर्थ उतना

ही उलझनों से भरा। कभी-कभी तो लगता है कि आजाद कोई भी नहीं। सभी आजादी के भ्रम में जी रहे हैं। आजादी बस अर्थपूर्ण जीवन में है जैसे हम कहें कि कोई कितना और क्यों आजाद होना चाहता है? उसे आजादी किस अर्थ में चाहिए?' ये सारी चिंताएँ एक कहानी में उठाई गयी हैं क्योंकि यह कहानी उन लड़कियों की कहानी है, जो आम मध्यवर्गीय लड़कियों का प्रतिनिधित्व कर रही हैं। इसलिए कहानी के अंत में कहा गया है 'आयी.एस.सी के बाद सभी ने अलग-अलग जगहों पर एडमिशन ले लिया। किसी ने आर्ट्स की पढ़ाई शुरू कर दी, किसी ने साइंस रखा, किसी ने डांस सीखना जारी रखा। चार-पाँच साल बीत गये। कौन कहाँ है किसी को पता नहीं। मुमकिन है शादी हो गयी हो सबकी। या पता नहीं, नहीं भी हुई हो? कौन पढ़ रही है, कौन नौकरी में लग गयी है? किसी का स्वभाव भी बदल गया हो शायद। बहुत सारे शायद हैं। जिंदगी में हम सभी किसी एक मोड़ पर मिलते हैं, कुछ पलों के लिए। हम लड़कियाँ भी मिली थीं कभी।'

'हम लड़कियाँ' अपने आपमें परिपक्व कहानी है। लड़कियों के जीवन पर, उनके दुख और तकलीफों पर अलग-अलग कहानियाँ लिखी गयी हैं और आगे भी लिखी जाती रहेगी पर एक साथ चिंतापुंजों के साथ एक कहानी पढ़ना अपने आप में नया अनुभव है। चार मध्यगर्वीय लड़कियों को केंद्र में रखकर पूरी स्त्री जाति की प्रातिनिधिक कहानी कहने का कौशल आरती झा का अपना निजी है, जिसे वे आगे भी संभालकर रखेंगी और क्रमशः उसका विस्तार भी करेंगी। नयी कलम की ताकत का अद्‌भुत नमूना है 'हम लड़कियाँ'। इसलिए हमारे आचार्यों ने कवि तथा रचनाकार के लिए प्रतिभा को अनिवार्य माना है।

परंपरागत सौंदर्य प्रतिमानों के प्रतिरोध

स्त्री विमर्श के नाम पर बहुत कुछ कहा और लिखा गया है पर भारतीय संदर्भों में उसे देखने की कोशिश बहुत कम लोगों ने की है। समाज में कहते ही एकदम क्रांति हो जाये और तमाम औरतें अपनी मुक्ति के लिए वही करने लगें जो हमारे यहाँ कुछ खास किस्म की लेखिकाएँ कह रही हैं, यह असंभव है। इसके लिए अपने ही समाज से कुछ जीवंत पात्रों को उठाकर, वर्तमान सामाजिक संदर्भों में उसका निरूपण प्रातिनिधिक रूप में करना होगा। मुझे यह कहते हुए अच्छा लग रहा है कि यह काम किया है दीपक श्रीवास्तव की कहानी 'सत्ताईस साल की साँवली लड़की' ने। कहानी छपते वक्त दीपक श्रीवास्तव की उम्र कुल अट्ठाईस साल थी लेकिन वे अपने से एक साल छोटी सविता उर्फ रज्जो की कहानी लिख रहे थे। यह कहानी केवल सविता उर्फ रज्जो तक सीमित नहीं है, इसका केनवास बड़ा है और यह भारतीय समाज की अधिकांश लड़कियों की कहानी कहती है। आम भारतीय लड़कियाँ देह की बात नहीं करतीं, उनकी देह अपने समाज और परिवार से बड़ी नहीं है, वे उससे मुक्त होने के लिए नहीं कसमसातीं, उन्हें परिवार से मुक्त होने की आकांक्षा नहीं है, वे बड़े-बड़े स्वप्न भी नहीं देखतीं, उनके सपनों में ग्रीन कार्ड होल्डर कोई मल्टीनेशनल व्यापारी का चाकर नहीं आता बल्कि बहुत छोटा-सा अपनी तरह का घर-परिवार का एक सुघड़ लड़का उनकी चाहत है, जो आकर उनकी जिंदगी को नया अर्थ दे। जो उनके परिवार को बहुत बड़ी चुनौती और संकट से उबार दे। ऐसे लड़के की चाहना आम भारतीय लड़कियाँ घर में बैठकर लंबी प्रतीक्षा करते हुए कर रही हैं, उन्हें मालूम है कि पैसे की इस चकाचौंध में वे कहीं नहीं ठहरतीं इसलिए उसकी इच्छा भी उनके मन में नहीं है। उन्हें मालूम है कि विश्वसुंदरियों की इस लुभावनी देह-दुनिया में वे कहीं नहीं हैं अतः न तो सुंदरी बनने की आकांक्षा मन में आती है और न उस दुनिया के प्रभाव में किसी प्रकार की कुंठा ही पालती हैं। एक सीधी-सादी जिंदगी जो आत्मनिर्भर होकर या शादी कर नये घर में अपनी सार्थकता की खोज कर रही है। ऐसे परिवारों की लड़कियाँ आसमान नहीं देखती

सत्ताईस साल की सांवली लड़की— दीपक श्रीवास्तव

और न चाँद-तारों को पाने की कोशिश ही करती हैं, वे बहुत चुप होकर अपना सार्थक स्वर बुलंद करती हैं। 'सत्ताईस साल की साँवली लड़की 'रज्जो का स्वर भी ऐसा ही सार्थक स्वर है जो स्त्री विमर्शकारों के सामने बड़ा और कारगर प्रश्न छोड़ता है। हमें बड़ी-बड़ी बातें करने की आदत है, हमें बहुत बड़ी बातें अच्छी भी लगती हैं, हम उन्हें इसलिए करना चाहते हैं जिससे हम स्वयं को बुद्धिजीवी, एक्टिविस्ट और बड़ा समाजसुधारक समझें। जबकि जीवन में केवल बड़ी-बड़ी बातें ही नहीं बल्कि बहुत छोटी बातें भी बड़ा और व्यापक परिवर्तन लाती हैं। इन व्यापक परिवर्तनों के बीच ही जीवन की अर्थवत्ता के सूत्र तलाशे जा सकते हैं– यह कहानी उन्हीं सूत्रों से जोड़ने का काम करती है।

कहानी सविता उर्फ रज्जो की है, जिसे शादी के लिए अब तक सोलह बार दिखाया जा चुका है, लेकिन हर बार असफलता ही हाथ लगी है। असफल होने के पीछे केवल लड़की का साँवला होना ही नहीं था बल्कि घर में पैसा न होना मुख्य कारण था। मत्स्य विभाग के एक बाबू की पगार कितनी होगी, इसका अंदाजा इसी से लगाया जा सकता है कि अट्ठावन वर्ष की आयु अर्थात् अवकाश प्राप्त करने की सरहद पर आते-आते उनके जीपीएफ खाते में कुल तीन लाख सत्ताईस हजार आठ सौ चालीस रुपये जमा हैं और जो खाता रज्जो के विवाह के लिए खोला गया है उसमें कुल दो लाख चौबीस हजार तीन सौ बयालीस रुपये हैं। यह भी तब जब पिता आज तक साइकिल से आफिस जाते हैं, 'पिछले दस वर्षों में मेरे घर में कोई पूंजी निवेश नहीं किया गया। मेरे घर में अभी भी ब्लैक एण्ड व्हाइट टीवी है। केवल कनेक्शन तक नहीं है। पिछले दस वर्षों से हर खर्च इसलिए रोका गया कि रज्जो की शादी के बाद ही कोई नया सामान घर में आयेगा।' मध्यवर्गीय परिवारों में नित नये सामान रोज आ रहे हैं, घर मैं पैसा नहीं है तो उधार लेकर सामान खरीदे जा रहे हैं। घर घर न होकर स्टोर जैसे बनते जा रहे हैं फिर भी लोगों की इच्छाएँ शांत नहीं हैं ऐसी स्थिति में रज्जों का उपर्युक्त कथन उसकी पीड़ा को तो व्यक्त करता ही है साथ ही परिवार की थिर हो गयी जिंदगी की निःशब्द आवाज को भी विस्तार देता है।

सत्रहवीं बार दिखाये जाने की अव्यक्त पीड़ा घर की सुगबुगाहट में साफ झलक रही है फिर भी मां और पिता इस बात से अधिक चिंतित हैं कि कहीं रज्जो दिखाये जाने से मना नहीं कर दे। कहानी का आंरभ इसी खिंचाव-भरे वातावरण में होता है 'मुझे मानसिक रूप से तैयार करने की प्रक्रिया चल रही थी। माँ मेरे आसपास घूर रही थीं। पापा दूर से ही मेरी प्रतिक्रिया पर नजर रख रहे थे। मैं जानती थी क्या कहा जाने वाला है–हर बार मुझे दिखाये जाने से

पहले इन चीजों की पुनरावृत्ति होती है माँ-बाप दोनों इसी से डरते हैं कि दिखाये जाने के विरोध में कहीं मैं ना न कर दूँ। यह चिंता उनके व्यवहार में मुझे दिखती है।' इसकी वजह यह है कि आठवीं बार दिखाये जाने पर रज्जो ने मना कर दिया था। मना करने के पीछे बार-बार की पुनरावृत्ति और वह आत्मप्रवंचना ही थी जो मन में इस गुरुतर कार्य के पूर्ण होने की पीगें बढ़ा रही थीं। रज्जो सात बार उस अपमान को सह चुकी थी, जिसमें उसका कोई दोष नहीं था फिर भी सहना तो उसे ही पड़ रहा था। इस स्थिति में रज्जो का मना करना वाजिब भी है लेकिन जिस मध्यवर्गीय परिवार से रज्जो है, उसमें किसी जवान लड़की का विवाह से मना करना एक प्रकार का विद्रोह है जो अपराध की श्रेणी में आता है। प्रभुवर्ग में शादी न करना किसी लड़की के लिए फैशन हो सकता है, उसकी स्वतंत्रता का प्रतिमान बन सकता है लेकिन मध्यवर्ग की निचली सीढ़ी पर खड़े रज्जो के परिवार के लिए यह कलंक और अपराध है। रज्जो कहती है 'मैं उसे समझा नहीं सकती थी कि जिस समाज में मैं रहती हूँ, वहाँ शादी करना कितनी बड़ी बाध्यता है।' अमित खाते-पीते परिवार का है, 'उसके पिता सिंचाई विभाग में बड़े पद पर हैं', इसलिए वह रज्जो की सीमाओं से परिचित नहीं है। रज्जो को मालूम है कि शादी से मना कर देने पर पिता और मां की क्या स्थिति होगी? आठवीं बार दिखाये जाने पर मना कर देने से जो स्थिति उत्पन्न हुई थी, वह रज्जो को अंदर तक झकझोर गयी थी। उस घटना को बताते हुए वह कहती है 'पाँच बजे किचन से कुछ बर्तनों की आवाजें आयीं। मैं वहाँ गयी। पापा चाय बनाने की तैयारी कर रहे थे। मैंने उनसे कहा लाइये पापा मैं बना दूँ। वो घूमे और मुझसे नजर बचाकर चले गये। उनकी आंखें सूजी थीं और अभी भी डबडबाई थीं। अट्ठावन साल का आदमी अपनी बेटी, समाज, शाद व्यवस्था और उनके अंतर्विरोधों से तालमेल नहीं बैठा पाने की विवशता से रो रहा था। उसकी कोई गलती नहीं थीं। मुझे शादी की पूरी व्यवस्था से ही नफरत हो गयी। अपनी शादी को लेकर पहली और आखिरी बार उस दिन किचन में मैं फूट-फूटकर रोई। चाय बनाकर पापा को देने बाहर आयी और जाने की सहमति दे दी।'

रज्जो का यह निर्णय सामान्य और सहज नहीं था। यह उन परिस्थितियों का दबाव था, जो परिवार के हर सदस्य पर भारी पड़ती जा रही थीं, पर उनसे निकलने और बचने का कोई रास्ता भी तो दिखाई नहीं दे रहा था। मध्यवर्गीय परिवारों पर ये ऐसे दबाव हैं, जो अपनी वास्तविकता से उन्हें लगातार तोड़ते रहते हैं। यह जानते हुए भी कि समाज अपनी तरह से चलता है और मनुष्य को अपने अस्तित्व को बचाये रखने के लिए उन्हीं परिस्थितियों में से रास्ता निकालना

पड़ता है। लेकिन रास्ते बनाने वालों के सामने जिस प्रकार की परेशानियाँ आती हैं, उन्हें भी हम रोज इसी समाज में देखते हैं। रज्जो के सामने समाज नहीं है पर समाज के दबाव के रूप में पिता और माँ हैं। जो इस समाज की परंपराओं और रीतिरिवाजों का उल्लंघन कर सकने की हिम्मत नहीं संजो पाते। वे चाहकर भी अपनी तरह का जीवन नहीं जी सकते। इसलिए रज्जो के मना कर देने पर पिता अवश होकर रोने लगे और माँ उसका सामना कर सकने की हिम्मत न जुटा पाने के कारण बगल की मिश्राइन आंटी के यहाँ चली गयी। यह समस्या का हल नहीं है फिर भी यह समस्या को न सुलझा पाने की अनिश्चितता का निर्णय तो है ही। इसलिए माँ और पिता कोई उसके कमरे में उसे समझाने नहीं गया। आखिरकार समझाना क्या था? रज्जो के पास अपने तर्क थे, विवाह न होने का कारण केवल उसका सुंदर न होना नहीं था, इसे वह जानती है 'मेरा सौंदर्य, मेरी शादी तय न होने का एकमात्र कारण नहीं है।' उसे पसंद न किये जाने का मुख्य कारण दहेज था, जिसे दे पाने में पिता असमर्थ थे तो फिर बार-बार दिखाने का नाटक क्यों? रज्जो इस नाटक का अंत आठवीं बार में ही कर देना चाहती थीं लेकिन तब यह संभव नहीं हुआ और फिर से वह एक सधे अभिनेता की तरह अभिनय करने लगी। यह जानते हुए भी कि इस अभिनय का कोई परिणाम नहीं निकलेगा।

कहानी के प्रारंभ में एक ओर उसे सत्रहवीं बार दिखाने की सुगबुगाहट है तो दूसरी और कम्प्यूटर कोर्स के दौरान अमित से परिचय और दोस्ती का जिक्र भी है। कम्प्यूटर डिप्लोमा में उसे पहली बार डाटा बेस फाइल बनानी थी। ऐसी फाइल बनाना हर विद्यार्थी के लिए जरूरी था। पता नहीं औरों ने किस प्रकार की फाइलें बनाई लेकिन सविता उर्फ रज्जों ने अपने विवाह की फाइल बनाई। 'मैंने अपनी शादी डाटा बेस फाइल ही बनाई। जिसकी फील्ड्स थीं, देखने वाले लड़कों के नाम, उनकी नौकरी, देखने वाली जगह, आये हुए रिश्तेदारों की संख्या, माँगी गयी दहेज तथा आखिरी फील्ड रिमार्क थी। रिमार्क का कालम सबमें खाली था।' वह आगे कहती है 'अमित और मेरे परिचय की वजह भी यही फाइल थी। मैंने जब पहली बार यह फाइल बनाई तब उसमें ग्यारह रिकार्ड्स थे। अब बढ़कर सोलह हो गये हैं। घर की गतिविधियों से लगता है कि सत्रहवाँ रिकार्ड भी जल्द ही बढ़ाया जाने वाला है।' सत्रहवीं बार दिखाये जाने के लिए रज्जो तैयार है क्योंकि वह जानती है कि 'सत्ताईस साल की सांवली लड़की सत्रह बार तो दिखाई ही जा सकती है।' लेकिन हर बार की तरह घर में चिंता की चुप्पी पसरी हुई है। माँ और पिता को डर है कि कहीं रज्जो चलने से मना न कर दे,

पुराना डर हर बार की तरह उनके ऊपर हावी है। रज्जो सब देख और अनुभव कर रही है लेकिन मना करने का कोई कारण उसके पास नहीं है। मना करने का उसका अनुभव भी अच्छा नहीं रहा। घर के तनावपूर्ण वातावरण में वह स्वयं तनाव में रहती है। कहानी का आरंभ ऐसे तनाव से किया गया है कि आगे की कथा जानने की इच्छा रोके नहीं रुकती। यह कहने की आवश्यकता नहीं कि घर के तीनों सदस्य माँ, पिता और रज्जो अपनी-अपनी तरह से तनाव में है। एक दूसरे की भावनाओं का खयाल रहते हुए भी परस्पर भय का वातावरण घर और कहानी पर हावी है, परस्पर का यह खिंचाव कहानी को ताकत देता है।

सत्रहवीं बार रज्जो को दिखाने के लिए इलाहाबाद ले जाया जाता है, वहाँ उसके मामा मामी हैं उन्होंने ही यह लड़का देखा है। उन्हीं की पहल पर वे इलाहाबाद जा रहे हैं 'माँ दोपहर में मेरे पास आयी। बिना किसी भूमिका के उन्होंने कहा, राजिंदर ने इलाहाबाद में एक लड़का देखा है। लड़के वाले तुम्हें देखना चाहते हैं, रविवार को इलाहाबाद चलना है।' सुबह की गाड़ी से तीनों इलाहाबाद गये। लड़की दिखाने का कार्यक्रम शाम पाँच बजे सिविल लाइंस स्थिति हनुमान मंदिर पर था। वे सही समय पर निर्धारित हनुमान मंदिर पर पहुंच गये। रज्जो ने पहली नजर में लड़के को देखा और अपनी प्रतिक्रिया व्यक्त की 'मामाजी और पापा उन्हें ससम्मान बुलाकर लाये। लड़का क्या वो आदमी जैसा था। मैं ही कौन-सी षोड्सी थी। उसके साथ उसके माँ, पिता, भाई, शादीशुदा बहन और उसका पति था। औपचारिक बातचीत होने लगी। मैंने हल्के फिरोजी रंग का सूट पहना था। मैं अधिकांश समय गर्दन नीचे ही झुकाये हुए थी। लड़के का पिता बेवजह ठहाके लगाकर हँस रहा था। कुछ देर बाद लड़के की बहन, माँ के पास आकर फुसफुसाई। लड़का अकेले में मुझसे मिलना चाहता था। माँ ने कहा, जाओ बेटा टहल आओ। मैं उठी और चल दी। लड़के के पिता ने फिर जोरदार ठहाका लगाया और कहा हमारे जमाने में तो यह आनंद नहीं था।' दीपक श्रीवास्तव की कला यह है कि वे कहानी कह ही नहीं रहे बल्कि उसे दिखा भी रहे हैं और जहां आवश्यक होता है वहाँ वे बड़ी कुशलता के साथ रेखांकित भी करते हैं। मसलन लड़की का लड़के से मिलने के लिए उठना और लड़के के पिता का यह उद्घोष कि 'हमारे जामने में तो यह आनंद नहीं था' यानी कहानीकार यह बताना नहीं भूलते कि लड़का तो लड़का उसका पिता भी लड़की देखने दिखाने को आनंद की वस्तु मानता है, वे इस परंपरा को गंभीरता से नहीं लेते। जिस लड़की को दिखाया जाना है, उसके मन से पूछो कि पैसे के अभाव में वह किस प्रकार लगातार अस्वीकृत की जा रही है और उसका मन इस प्रकार की

घटनाओं से किस प्रकार पत्थर जैसा हो गया है कि उसे अब दिखने-दिखाने में न कोई संकोच है और न घृणा। वह जैसे हाड़मांस की जीवित जवान लड़की न होकर केवल मौन हो गयी है। इस परंपरा ने जो सैकड़ों वर्षों से भारतीय परिवारों में चल रही है, न जाने कितनी लड़कियों के मन इस तरह पत्थर के किये होंगे। लेकिन इस ओर किसी ने ध्यान नहीं दिया। जब मामाजी ने लड़का देखा होगा तो सारी बातें पहले ही बता दी होंगी, लड़की का साँवला होना और पैसे की कमी भी निश्चित ही बताई होगी फिर देखना-दिखना तो औपचारिक ही रहा होगा लेकिन ऐसा है नहीं। हमारा समाज अपनों के बारे में बहुत संवेदनशील और दूसरों के बारे में उतना ही नृशंस है। अपनी लड़की दिखाये जाने पर वे हर घटना को बड़ी ईमानदारी से लेते हैं और दूसरों की लड़कियों को देखते वक्त बूढ़ों को भी आनंद याद आता है और अपने समय में ऐसे आनंद से वंचित रहने का पश्चात्ताप भी सार्वजनिक व्यक्त किया जाता है।

हमारा समाज इन्हीं दुहरी स्थितियों में जीता आ रहा है। सत्ताईस साल की रज्जो इन सारी स्थितियों से परिचित है। इसलिए वह एक लड़की ही नहीं सफल अभिनेत्री बन गयी है। लड़कों द्वारा ज्यादा और अजीब तरह के प्रश्न पूछे जाने पर अमित ने कहा था कि 'जब कोई लड़का ज्यादा सवाल करे तो थोड़ी देर बाद तुम कहना जरा आप खड़े होइये। वह कहेगा क्यों? तब तुम कहना आपके पीछे दुम है क्या? अभी मुझे हिलती हुई नजर आयी थी।' इस सत्रहवें लड़के के पास जाते ही उसे हँसी आ गयी 'एकाएक मुझे अमित की दुम वाली बात याद आ गयी। मुझे हँसी आने लगी। मेरी इच्छा हुई कि देखें इसके पास दुम है या नहीं। मैंने सर उठाकर उसे ध्यान से देखा। उसने अपने कपड़े और चेहरे पर अच्छी मेहनत कर रखी थी। कुल मिलाकर ठीक-ठाक ही था। मैं जब उसका जायजा ले रही थी तो कमर के पास नजर पहुँचने पर फिर दुम वाली बात याद आ गयी और रोकते-रोकते भी मुझे हंसी आ गयी।' जाहिर है कि लड़के को इस हंसी पर आश्चर्य होना ही था, हुआ भी लेकिन इस घटना से रज्जो की मानसिकता स्पष्ट होती है, उसे परिणाम मालूम है इसलिए वह गंभीरता से चीजों को नहीं ले रही है। वह तो केवल माँ और पिता का मन रखने के लिए यहां अभिनय करने आयी है। आगे जब लड़के से बात होती है तब भी उसका खिलंदड़ा भाव प्रगट होता है 'वह कसमसाया और फिर बोला, लखनऊ तो बड़ा शहर है। आप वहाँ कहाँ-कहाँ घूमी हैं? पहले ही सवाल से स्वछंद नजरिये से चरित्र की जांच-पड़ताल मेरे लिए नया अनुभव नहीं था। मैंने कहा, जी, जी मैं अकेले कहीं नहीं जाती। किसी के साथ ही जाती हूँ इसलिए रास्ते की पहचान मुझे नहीं है। पापा को मेरा

अकेले आना-जाना पसंद नहीं है। उसने फिर पूछा, आपने एम.ए. किया है? मैं पहले चुप रही फिर धीरे से कहा, जी हाँ, अंग्रेजी विषय में। उसने कहा, आगे क्या करेंगी? मैंने हास्य के पुट के साथ कहा, जी जैसा आप लोग चाहेंगे—वही करूँगी। वह थोड़ा भ्रम की स्थिति में आ रहा था कि मैं गंभीर नहीं हूँ। उसने फिर कहा आपकी हॉबीज क्या हैं? मैं कोई मौका छोड़ना नहीं चाहती थी मैंने कहा जी मुझे घर का कामकाज करना अच्छा लगता है। बुजुर्गों की सेवा करना अच्छा लगता है और खाली समय में सिलाई-कढ़ाई करती हूँ। समय मिलने पर भगवान के भजन सुनती हूँ।' इस प्रकार के जवाब औपचारिक और अनुभवसिद्ध लड़की के ही हो सकते हैं। लड़का हमेशा इसी प्रकार के सवाल करता है और यह जानने की कोशिश में लगा रहता है कि लड़की चरित्रहीन, वाचाल और आवारा प्रकृति की तो नहीं है। हमारे समाज में लड़का चाहे कितना भी कुकर्मी हो, देखने में कितना ही बेकार हो और बोलने में कितना ही फूहड़ हो पर वह स्वीकार कर लिया जाता है इसलिए भी कि लड़की के हिसाब से घर परिवार ठीक है, जान-पहचान का है, घर में कोई बड़ी जिम्मेदारी नहीं है। यह सोच लड़के के बारे में पुरातन है लेकिन लड़की की पसंद के लिए हमारे कई मानदंड पहले से ही निर्धारित हैं, लड़का और लड़के वाला उन्हीं का अक्षरशः पालन करता है।

सविता उर्फ रज्जो जिस तरह के जवाब देती है, वे जवाब उसके नहीं हैं। ये उसे अनुभवों ने सिखाये हैं, अब-तक की अस्वीकृति और तिरस्कार ने सिखाये हैं। वह जानती है कि हर लड़का यह चाहता है कि लड़की बहुत कम बोलने वाली, ससुराल में सारी मुसीबतों को सहने वाली, पति के प्रति एकनिष्ठ भाव से समर्पित, चरित्रवान, धनाढ्य और सुंदर हो। लड़की में सारी अच्छाइयाँ होनी चाहिए यदि कोई कम है तो उसे धन से ढंक देना चाहिए और उस साँवलेपन को ढंकने के लिए धन की भी कमी थी। फिर उसे कैसे पसंद किया जाता इसलिए वह बड़े खिलंदड़ेपन से लड़के के प्रश्नों का उत्तर देती है, उसमें न कोई झिझक है और न आत्मग्लानि का भाव। यह एक प्रकार का अभिनय है, जिसमें सफलता और असफलता मायने नहीं रखती मायने रखती है उसकी अभिनय कला और वह अब इस कला में पारंगत हो चुकी है। इसलिए अब उसे नापसंद किये जाने पर कोई दुख नहीं होता। रज्जो अपनी मनःस्थिति को बताती है 'पसंद नहीं किये जाने से पहले मुझे बहुत कष्ट होता था। अंदर कुछ मर जाता था। आँसू पसीजते जरूर थे लेकिन मैं उन्हें आंखों की बजाय गले से उतारती थी। हालांकि मेरा सौंदर्य, मेरी शादी तय न होने का एकमात्र कारण नहीं है। लेकिन बार-बार की अस्वीकृति मेरे असुंदर होने के बोध को कुरेदती हैं अब मुझे कोई चोट नहीं

पहुंचती है। मैं सबको माफ कर देती हूँ। उन सभी लड़को को जो मुझे देखने आते हैं। उनके माँ-बाप, भाई-बहन, बहनोई, चाचा-चाची, बुआ-फूफा, मौसा-मौसी, लड़के के दोस्त, भाइयों के दोस्त, बहनों के दोस्त, दोस्तों के दोस्त। सभी को मैं माफ कर देती हूँ।' यहाँ यह सवाल पैदा होता है कि रज्जो इतने सारे लोगों को क्यों माफ कर देती है? इसलिए कि उनका कोई दोष इसमें नहीं है, समाज में बड़ा आदमी वह है जो सबसे ज्यादा लूटकर अपना घर भर ले और बड़प्पन इसमें है कि अपने लड़के की शादी में अपनी हैसियत से अधिक दहेज लाये। दहेज के विरोध में न जाने कितनी जानें गयी, कितने घर उजड़े, कितने आंदोलन हुए और कानून बने पर दहेज ज्यों का त्यों बना हुआ है। हर पीढ़ी यह सोचती है कि दहेज उसके जवान होने तक समाप्त हो जायेगा लेकिन यह लगातार बढ़ता ही जा रहा हैं। इसका एक बड़ा कारण यह है कि इसके विरोध में किसी प्रकार के जनआंदोलन नहीं हुए, समाज ने दहेज लोभियों को कभी घृणा की नजर से नहीं देखा इसलिए उस पर ठीक ढंग से चोट नहीं हुई। यह बात दूसरी है कि अब पढ़े-लिखे कुछ लोग व्यक्तिगत स्तर पर दहेज नहीं लेते लेकिन व्यक्तिगत ईमानदारी को सामाजिक ईमानदारी बनाने की जिम्मेदारी भी तो हमारी ही है, इस और हमने कभी ध्यान नहीं दिया। केवल घर बैठे चिंता व्यक्त करते रहे और दहेज बढ़ता रहा।

इस कहानी को केवल भारतीय संदर्भों में ही समझा जा सकता है। यदि इस कहानी में क्रांतिकारी वक्तव्य और स्थितियां ढूंढ़ी जायें तो वह अन्याय होगा, यदि रज्जो से आज के स्त्री विमर्श जैसे निजी स्वायत्तता और स्वतंत्रता के मुद्दों पर बात की जाये और वैसी ही उम्मीद की जाये तो यह गलत होगा। यह कहानी अलग तरह से प्रश्न उठाती है, बहुत शांतभाव से लेकिन गंभीर। कई बार रचना से बहुत क्रांति की उम्मीद करना गलत होता है। होरी का मर्जाद के लिए अपना घर लुटाना और अंत में मजदूर होकर मर जाना क्या किसी क्रांतिकारी लफ्फाजी से ज्यादा मर्मान्तक नहीं है, क्या 'मैला आंचल' के कालीचरन का असफल होना नये उभरते पूंजीवाद और सामंतवाद की विजय नहीं है, ऐसे बहुत सारे उदाहरण दिये जा सकते हैं, जिनकी यहाँ आवश्यकता नहीं है। रज्जो के चरित्र में उन भारतीय संस्कारों और भारतीय परिवारों की स्थितियों को देखना चाहिए जहां पढ़ी-लिखी लड़की भी अनपढ़ों की तरह हांकी जा रही है, उसका बोलना और प्रश्न लगाना परिवार के लिए विपत्ति खड़ी कर सकता है, इसलिए वह सब सहकर भी चुप है। कहानी के अंत में जब उसकी नौकरी लग जाती है तब उसका बोलना उसके मन में घुट रही स्थितियों का व्यक्त और साकार रूप है। इसलिए

अपने पैरों पर खड़े हो कर वह केवल अमित को कहना चाहती है 'आखिर उसे बताना जरूरी था कि जिसके साथ वह समय काट रहा था, अब उसे किसी की जरूरत नहीं रही, किसी की भी नहीं, न अमित जैसों की न ही किसी राजकुमार से शादी की।' क्योंकि अमित ने ही कनाडा जाने की खुशी में उससे कहा था 'सविता, हम लोग अच्छे दोस्त रहे, हम लोगों ने अच्छा समय साथ बिताया।' वह अमित पर सबसे अधिक विश्वास करती थी क्योंकि उससे दोस्ती थी, बाकी के सत्रह लड़के तो देखने आये और देखकर दुम हिलाते चले गये इसलिए उनसे उसे किसी प्रकार की शिकायत नहीं थी। शिकायत हमेशा अपनों से ही होती है, अमित अपनेपन का ढोंग कर रहा था इसलिए वह उससे यह कहकर उसकी दुम की पुष्टि करना चाहती थी।

सविता उर्फ रज्जो की विशेषता यह है कि वह विषम परिस्थितियों में और अधिक आत्मविश्वास से भरपूर होकर निखरती है। आखिरी सत्रहवीं बार अस्वीकृत होने पर वह दुखी होकर घर नहीं बैठती अपितु पीएच. डी. करने के लिए प्रो. सेन से मिलने जाती है, यह भविष्य का रास्ता तलाशने का सूत्र है जो उसकी दृढ़ता को पोषित करता है। सत्ताईस साल की साँवली लड़की सविता उर्फ रज्जो नियुक्ति पत्र पाकर अपने को स्वतंत्र अनुभव कर रही है, अब उसे किसी नुमाइश में नहीं जाना, अब कोई आदमी जैसा लड़का उसे देखने की आकांक्षा नहीं पालेगा, अब किसी लड़के का पिता उसे देखकर अपने जमाने में इस आनंद से वंचित रहने के लिए प्रायश्चित्त नहीं करेगा और उसके माँ और पिता अब किसी के सामने हाथ नहीं जोड़ेगे। नौकरी करते हुए अब वह स्वयं अपना भविष्य तय करेगी, यह विश्वास रज्जो में है इसलिए वह अमिट छाप छोड़ती है।

ऊबे हुए सुखी जीवन से अलग

स्नोवा बॉर्नो की हिंदी में यह पहली कहानी है। इससे पहले वे अंग्रेजी में एक उपन्यास 'द वंडर जर्नी' तथा कुछ कहानी व कविताएं लिख चुकी हैं। स्नोवा बॉर्नो का जन्म मनाली में हुआ है। 'मुझे घर तक छोड़ आइये' कहानी को पढ़कर यह निश्चित रूप से कहा जा सकता है कि वे बहुत अच्छी हिंदी जानती हैं और हिंदुस्तानी के प्रति उनकी पसंद बहुत सुरुचिपूर्ण है। कहानी में जिस प्रकार ग़ज़ल को कहानी की ताकत और वातावरण निर्मिति के सशक्त साधन के रूप में उभारा गया है, उससे उनकी भाषा के प्रति निष्ठा उजागर होती है। यदि उनके अंग्रेजी लेखन को छोड़ दिया जाये तो इस कहानी को पढ़ते हुए कहीं नहीं लगता कि यह उनकी पहली कहानी है। पहली कहानी में जो अनगढ़ता होती है, वह इसमें कहीं देखने को नहीं मिलती। बल्कि एक-एक शब्द को तोल-तोलकर रखा गया है, जैसे कारीगर ईंट और पत्थरों को तराशकर और हाथों पर तोलकर रखता है। इसलिए पूरी कहानी बार-बार पढ़वाने का आग्रह करती है या आकर्षण पैदा करती है। यदि कहानी ऐसा जादू उत्पन्न कर दे कि वह आपके मन-मस्तिष्क में घूमती रहे और दूसरी किसी चीज को न आने दे और न जाने दे तो समझिये कि कहानी की ताकत कई गुना होकर उसे नित नवीन होने की गारंटी दे रही है। मुझे इस कहानी को पढ़ते हुए यही लगा, इसके कारण कई हो सकते हैं, जिन्हें आगे रेखांकित करने की कोशिश करूंगा।

केवल यह कह देने मात्र से कि यह प्रेम कहानी है, बात पूरी नहीं होती। यद्यपि प्रेम कहानियां हिंदी में बहुत कम लिखी गयी हैं लेकिन जितनी भी हैं वे अपने अनूठे अंदाज में है इसलिए हर कहानी अपने में विशिष्ट है। मैं यदि पूरी कंजूसी से कम से कम कहानियों का नाम लूं तो 'उसने कहा था', 'गुंडा', 'गदल' और 'तीसरी कसम' को तो फिर भी नहीं छोड़ सकता ये हिंदी की ऐसी अमर प्रेम कहानियां हैं, जिन्हें भुला सकना अपनी परंपरा और ताकत को ही भुला देना होगा। मैं इन कहानियों की श्रेणी में ही इस कहानी को रखने की हिमाकत कर रहा हूं यह जानकर भी कि प्रेम कहानियों की लंबी उम्र बहुत तपने के बाद तय होती है। मुझे

मुझे घर तक छोड़ आइये— स्नोवा बॉर्नो

विश्वास है कि यह कहानी जितनी तपेगी उतनी ही निखरेगी बार-बार के पाठ से इसके अनेकानेक अर्थ निकलेंगे और तब यह नये-नये रूपों में और अधिक मारक सिद्ध होगी। फिर ऐसा क्या है इस कहानी में जो इसे जीवित रख सकने में सहायक होगा? हिंदी की जिन प्रेम कहानियों का जिक्र मैंने किया है उनमें किसी विशिष्ट घटना से प्रेम की परीक्षा होती है या प्रेम को अपना उत्स दिखाने का अवसर मिलता है, लेकिन इस कहानी में ऐसी कोई विशिष्ट घटना नहीं है। बल्कि मैं यह कहूं तो अधिक सही होगा कि सामान्य घटना ही इसमें विशिष्ट बनकर कहानी को महत्त्वपूर्ण बनाती है। क्या यह कहना ठीक नहीं होगा कि कहानी में आने वाले किसी भी पात्र या उसके संवाद से कहानी विशिष्ट बन सकती है। यदि यह सही है तो इस कहानी में ऐसा ही हुआ है। स्नोवा बॉर्नो ने बहुत कम शब्दों में कहानी के एक-एक पल को बुना है, जैसे चिड़िया अपना घोंसला बुनती हैं और मां आने वाले बच्चे के लिए स्वेटर बुनती है। इसलिए स्नोवा कहानी कहती नहीं हैं बल्कि उसे सुनाती हैं— सामने बैठकर, आंखों में आंखें डालकर, हुंकारा भरवाते हुए ताकि किसी प्रकार की अविश्वसनीयता की गुंजाइश ही पैदा नहीं हो। वैसे भी कहानी के दिग्गजों ने विश्वसनीयता और किस्सागोई को कहानी की ताकत माना है और साफ कहा है कि इसके बिना कहानी अच्छी कहानी नहीं बन सकती, वह चाहे जो बन जाये। क्या कहानी और संस्मरण तथा कहानी और निबंध में यह विभाजन सटीक नहीं है? फिर ऐसा कौन-सा बिंदु है जो कहानी को अन्य विधाओं से अधिक चाक्षुष और जीवन के निकट बनाता है?

कहानी में केवल दो पात्र हैं और दोनों ही लेखक हैं। एक लद्दाख में है और दूसरा दिल्ली से उड़ान भरकर उससे मिलने वहां जाता है। इससे पहले दोनों का कोई परिचय नहीं है, केवल पुरुष ने उसको पढ़ा है और पढ़कर यह धारणा बनी है कि 'आपकी कहानियों की नायिका दूसरों को कुछ बोलने ही नहीं देती, दूसरों पर मेहरबानी भी करती है तो अपनी शर्तों पर.... आपकी नायिका सदा आप स्वयं होती हैं और पात्रों को आकर्षित करके ऐसा हक्का-बक्का करके छोड़ देती हैं कि आपको चाहने वालों में भी आपका नाम एक आतंक पैदा करता है। समीक्षक तो कन्नी ही काट जाते हैं।' जाहिर है कि यह धारणा उसकी पहले से ही रही होगी लेकिन उसकी अभिव्यक्ति आमने-सामने बैठकर ही हुई। यह बात वह फोन पर भी कह सकता था क्योंकि कहानी की शुरुआत फोन पर आने की सूचना और आने के कारणों से होती है। अपरिचित होने की स्थिति में यह आवश्यक भी है वरना कोई युवा कहानी लेखिका किसी आदमी से क्यों मिलना चाहेगी? स्नोवा यह बहुत अच्छी तरह जानती हैं कि कहां क्या और किस तरह

कहना है इसलिए कहानी की नायिकाओं की विशेषता पर यह वाक्य लद्दाख पहुंचने के बाद सामने बैठाकर ही कहलवाया है। यदि फोन पर इस प्रकार का वाक्य बोला जाता तो उसका प्रभाव लेखिका पर नहीं पड़ता। फोन पर तो यह सूचना और जिद है कि 'मेरी फ्लाइट तैयार है। मैं दोपहर से पहले लेह पहुंच रहा हूं, टिकट ले चुका हूं।' लेखिका कहती है 'आपने बताया नहीं, आपको मुझसे क्या काम है?' लेखक अपने उसी आत्मविश्वास से भरे लहजे में उत्तर देता है 'कुछ नहीं.... यों ही.... मिलना है.... हर हाल में...' लेखिका टालने का बहाना करती हुई कहती है 'आप इस वक्त दिल्ली में हैं, और मैं लेह में... डेढ़ दो घंटे की उड़ान में आप यहां होंगे... मैं कहीं और... तब? फिर कभी सही... ऐसी भी क्या जल्दी है?' लेखक जवाब देता है 'वास्तव में मुझे आपसे लड़ना है.... और मैं चूकता नहीं हूं।' लड़ने के प्रस्ताव पर लेखिका प्रसन्न होकर कहती है 'अरे! क्या सच? आय लव दिस पैशन... यू आर रियली कमिंग टू द बॉर्डर एरिया... अ फ्रंट इज वेटिंग फोर यू ... पहले फौजी थे क्या? ... या भरती होना है?' मिलन पूर्व के ये संवाद आत्मविश्वास से लबरेज हैं। आत्मविश्वास दोनों ओर है, इसके कारण उनके लेखन में ही ढूंढ़े जा सकते हैं। एक लेखक जब दूसरे लेखक से पहली बार मिलता है तो वह मिलना पहली बार जैसा नहीं होता इसका कारण यह कि हम उस लेखक के लेखन से पहले से ही परिचित होते हैं। कोई भी लेखक अपने को लेखन से छुपाकर नहीं रख सकता, वह अपने पात्रों में कहीं न कहीं आता ही है। इसलिए लेखक जिसकी दो कहानियां और कुछ लेख इस संवाद के बाद लेखिका ने पढ़े थे, से लेखिका खुलकर बात करती है। जाहिर है कि लेखिका के लेखन से लेखक पहले से ही परिचित है इसलिए तो वह उनसे मिलना चाहता है। जिस लड़ने की तैयारी के साथ वह लेखिका से मिलने आता है, क्या वह वाकई लड़ना है? एक युवती से जब कोई युवक मिलने की आतुरता दिखाता है और बड़ी दृढ़ता के साथ आने की कहता है तो वह लड़ने के मूड में बिल्कुल नहीं होता, इस मनोविज्ञान को लेखिका भी समझती है इसलिए पहले दूसरे वाक्य के बाद वह पिघल जाती है। किसी युवती का इस प्रकार पिघलना नयी और अजूबी बात नहीं है। कहानी के बीच में दो प्रसंग आते हैं, जिनसे मैं इस बात की तस्दीक कराना चाहूंगा। पहला प्रसंग लद्दाख का है, दोनों आग के सामने बैठे हैं अकेले, ठंडा मौसम है, आगंतुक कहता है 'किसी भी आंच और रोमांच को हम कितना भी जान लें, मगर उसे बनाये रखने के लिए दूरी ही नहीं, एहतियात और हुनर भी चाहिए।' युवती कहती है 'वो आपको आते हैं।' युवक 'आप कहीं लायक नहीं छोड़ती।' युवती 'मेरा यही स्वभाव कई लोगों को

परेशान करता है... और यही मुझे यह अवसर भी देता है कि कोई आवाज दे और मैं सुन सकूं... सामने बैठकर... समूची फुर्सत में.... और इसी में मैं भी सुन ली जाऊं।' युवक तत्काल कहता है 'आप सुन ली गयी हैं... चुन भी ली गयी हैं।' इस प्रसंग को अर्थाने की जरूरत नहीं है। कहानी में इस प्रकार के प्रसंग अपने आप अर्थ खोलते हैं और अपने विस्तार में उनकी अर्थध्वनियां गूंजती हैं। मैंने आरंभ में ही यह बात कही थी कि कहानी का एक एक शब्द बहुत करीने से चुना गया है, जिसके उदाहरण कहानी में जगह-जगह देखने को मिलते हैं।

एक युवती रात की अकेली ठंड में किसी युवक के साथ इस प्रकार का वार्तालाप करे तो इसके परिणाम क्या हो सकते हैं, कहने की आवश्यकता नहीं है। लेकिन स्नोवा बॉर्नो कहानी कह रही हैं और बड़े धैर्य के साथ कह रही हैं इसलिए वे घटना को धीरे-धीरे बताती हैं, एक साथ सब कुछ बताने का उतावलापन उनमें नहीं है। युवक कहता है 'आप जानती हैं कि आज कोई कितना भी बड़ा पृथ्वीराज चौहान हो, किसी मनपसंद संयोगिता को आसानी से नहीं उठा ले जा सकता। चाहे वह हमारे घर में ही रहती हो। डर दूसरों से नहीं, संयोगिता से ही है ... उस तरह के चौहान हम भी तो नहीं है जो उठा ले जाते थे।' ऐतिहासिक संदर्भों में यह वक्तव्य युवती का विश्वास जीतने के लिए ही प्रयुक्त किया गया है। यह स्त्री मनोविज्ञान को बहुत बारीकी से समझने वाले युवक का वक्तव्य है। इसलिए वह कहती है 'स्त्रियां पुरुष के स्वभाव पर इतनी जानकारियां रखती हैं तो क्या पुरुष स्त्री के स्वभाव को जरा भी नहीं जानता? भीतर-बाहर से खूबसूरत एक स्त्री को लेकर.... एक समकक्ष पुरुष... क्या जानता ही नहीं?' और 'उसे बताना चाहती थी कि स्त्री कितने बेहतर उपाय से, सिर्फ चुप रहकर, आनंद भरी प्रतीक्षा से, पुरुष को उठा ले जाती हैं, कितने तो यों ही उठ जाते हैं... ठलुए...।' यह दोनों का संवाद है, लेह की धरती पर जहां बरसात नहीं होती, जहां सर्दी बर्फ और तृणहीन संसार ही उनकी अपनी दुनिया है। ऐसी जगह वह युवती काम कर रही है, शिमला, कुल्लू और मनाली में पढ़ रहे आतंवाद तथा भूकंप से पीड़ित अनाथ बच्चों को सहायता दे रही है और एक बेहद संवेदनशील जीवन जी रही है। ऐसी युवती किसी युवक के साथ बैठी क्या बातचीत कर सकती है, इसे जानने की उत्सुकता कहानीकार ने पैदा की है। दरअसल, हम जीवन को जीवन की तरह न जीकर उसे या तो आदर्शों में देखते हैं या निरासक्त भाव से जीते हैं पर कहानीकार इस सोच से ऊपर उठकर जीवन को देखती है इसलिए अनाथ बच्चों के लिए निरंतर पैसे भेजने वाली रोहा व्यक्तिगत जीवन में किसी का साथ भी चाहती है, यह बताना जरूरी था। वह जरूरी भी है। कोई आदमी या औरत

केवल उसकी पद-प्रतिष्ठा या उसके द्वारा किये जा रहे समाजोपयोगी कामों के कारण ही नहीं जाना जा सकता, उसका अपना भी निजी कुछ होता है और वह निजी महत्त्वपूर्ण भी होता है यदि ऐसा नहीं है तो उसे उसका पाखंड ही समझना चाहिए। स्नोवा बॉर्नो ने रोहा के निजी प्रसंगों और उसकी घनी संवेदनाओं को एक साथ करीने से उभारा है। इसी प्रसंग में जब युवक उठने की जल्दबाजी करता है तो वह और बैठने का आग्रह करती है 'हम अभी नहीं जा रहे हैं। मैं यहां पैतालीस मिनट और बैठूंगी आपके साथ। शाम सात बजे से रात ग्यारह बजे तक।' और युवक की गलतफहमियों को दूर करने के लिए वह चेतावनी भी देती है 'तुमसे बड़ी नहीं हूं। पर ऐसी छोटी भी न समझ लेना। मेरे भीतर सिर्फ हिमालय नहीं, बनारस और लखनऊ भी बसा हुआ है। लेखन में घुटनों के बल चल रही हूं, पर कई इल्मी इरादों के घाटों का पानी गोते लगाकर पी चुकी हूं।' और साथ ही 'आपसे मिलना ही आज मेरी प्राथमिकता है और खुशी भी। मैंने आहिस्ता से उसकी बांह पकड़कर उसे बैठा लिया।' यह आत्मविश्वास सामान्य नहीं है। उसके लिए उसने श्रीनगर जाने का कार्यक्रम स्थगित किया है, वह उससे मिलना चाहती है यह स्पष्ट करते हुए कि 'मैं शांति दूतों के प्रोग्राम स्थगित कर सकती हूं, लड़ने के लिए आने वालों के नहीं।'

कहानी पढ़ते हुए हो सकता है पाठकों की रुचि उनकी वास्तविक लड़ाई देखने में हो लेकिन स्नोवा कहानी को दूसरा मोड़ देती हैं। कहानी में न लड़ाई है और न लड़ने की कोई गुंजाइश या अवकाश ही। कहानी अपनी तरह से भावुकता के पायदानों पर चलती है, कभी फिसलती और कभी प्यार की पींगें भरती। लेकिन गलदश्रु भावुकता कहीं नहीं है। दोनों अपनी-अपनी जगह सतर्क और जागरूक हैं। अकेले मिलने जाने का कारण और पहली बार मिलने का कारण लड़ना कभी हो ही नहीं सकता, लड़ाई तो तभी संभव है जब पहले से किसी प्रकार के सम्बन्ध रहे हों लेकिन स्नोवा सतर्क थीं इसलिए आरंभ में ही यह स्पष्ट कर दिया कि वे पहली बार मिल रहे हैं और यह भी कि युवक ने उसे पढ़ा है। युवती ने तो उसके आने के कारण संवाद की सुगम स्थिति के कारण उसे पढ़ा है, जिसे वह पहली भेंट में बता भी देती है। मैं यह तो नहीं कहता कि कहानी में आरंभ से ही प्रेम और समर्पण की आहट सुनाई और दिखाई देने लगती हैं पर हां, जिस प्रकार एक दूसरे से बातें कर रहे हैं और जिद के साथ अपनी बातें मनवाने का आग्रह कर रहे हैं उससे लगता है कि जीवन को दोनों ही भरपूर मात्रा में जीना चाहते हैं। उत्तर आधुनिक शब्दावली में कहूं तो यह कहना अधिक सुगम होगा कि दोनों एन्जॉय करने को अपराध नहीं मानते और

स्थितियों के अनुरूप उसका लाभ उठाने में भी दोनों को कोई एतराज नहीं है, जिसके संकेत लड़का तो आरंभ में ही दे देता है और लड़की धीरे-धीरे उसके जादू में फंसकर देती है। अलाव के पास तापते, खाते-पीते तथा एक-दूसरे को जानते समझते हुए लड़की कहती है 'अगर आप यहीं रह जायें तो क्या मैं आपको भगा दूंगी? मेरा एक और शानदार साथी बढ़ जायेगा। ...मैं अपने मन की बात कह रही हूं, शिष्टाचार में नहीं।' पहले वाक्य में जो कहा वह अपने आप में पर्याप्त था लेकिन उसने उसकी विश्वसनीयता बनाये रखने और ऐसा करने की पुष्टि के लिए ही दूसरा वाक्य बोला। स्नोवा बॉर्नो यदि दूसरा वाक्य नहीं लिखती तो युवती के मन की हलचल को समझना कठिन होता। इस एक वाक्य से, बहुत छोटे-से वाक्य से उसके मन की पर्तों पर जमीं आशंकाएं सामने आती हैं। वह चाहती है कि जो आदमी उसकी कहानियां पढ़कर इतनी दूर उससे मिलने आ सकता है और अपनी मनःस्थिति की पुष्टि के लिए यह वाक्य कहना नहीं भूलता कि 'इधर अपना यह हाल है कि पत्नी तक को याद नहीं रहता कि वह मुझसे शादीशुदा है।' भारतीय परिवारों में यह कहना जरूरी माना जाता है। लड़की जो उसके जादू में फंसती जा रही है वह यह चाहती है कि वह युवक शादीशुदा जरूर है पर पत्नी की चिंता नहीं करता यानी वह इस वक्त जिसे प्रेम कर रहा है उसके लिए पूरी तरह समर्पित है। पत्नी की उपेक्षा से प्रेमिका को तुष्टि मिलती है इस बात को स्नोवा बॉर्नो अच्छी प्रकार जानती हैं इसलिए यह वाक्य लिखा है। कहानी में कोई भी वाक्य प्रसंगतः नहीं आता, कहानीकार उसे विशिष्ट बनाकर ही प्रयुक्त करती है मैं समझता हूं हर कहानी में ऐसा ही होना चाहिए।

कहानी की पात्र निश्चित ही बहुत समझदार है इसलिए प्रेम करते हुए, देह के पार जाने की तमाम इच्छाओं के बावजूद सामने बैठे युवक से गूढ़ विषयों पर चर्चा करना जरूरी समझती है ताकि जो प्रेम किया जा रहा है वह निरी मूर्खता न साबित हो। इसलिए वह कहती है 'बहुत रास्ते बना रखे हैं कायरों, कमजोरों या हरामखोरों ने विवाह, देहखोरी के जुगाड़ या फिर चूतिया संन्यास या पंथ से प्रेरित वैराग... मुझ या आप जैसे लोग क्या सलीका अपनाते हैं देह के निसर्ग को जीने के लिए?... आप जैसे आप जानें, मुझ जैसी मैं जानूं.... यही है निजता या विजडम। इस विजडम को हम देह के पार होते-होते ही भोग सकते हैं, उसमें मर खपकर नहीं।' और फिर राधा, रुकमणी तथा मीरा के उदाहरण एवं शिव और पार्वती के उदाहरण। और फिर वह अतिरेक में भरकर कह उठती है 'प्रतीक हैं ये अर्द्धनारीश्वर या अर्द्धनरेश्वरी हो जाने के। आप में एक स्त्री है, मुझमें एक पुरुष... उस तक पहुंचने से बचने के लिए

क्या-क्या तो रचते हैं! उसी से आंखें बचाते-बचाते पता नहीं कहां कहां हो आते हैं हम? मैं यदि पार्वती हो सकती हूं तो आप शिव हो सकते हैं। वहां हम स्त्री और पुरुष उस अर्थ में नहीं रह जाते ...आप क्यों नहीं पहले पुरुष के मन, उसके स्वप्न और उसके जिस्म के भीतरी तलों के सफर में निकल जाते?' और अंत में पराजित-समर्पित होते हुए कहती है 'मैं खुद से बतियाने लगी। तुम सीधे ही पहुंचे हो... दो-चार घंटों में सीधे मेरे भीतर उतर गये हो। पर ऐसे चमत्कार वर्षों में नहीं होते... दूर-दूर तक बंजर बियाबान है... उन लोगों के यहां तो ज्यादा ही, जिनके पास साधन भी हैं और समय भी।' युवक उसकी भावना को समझते हुए आगे बढ़ता है 'आज मैं आपकी प्राइवेसी को अपने अंतःपुर में निमंत्रण देता हूं। यह मुलाकात मेरे किसी रचनाकार को जन्म देगी... कौन जाने, आपके भीतर भी एक नया पुरुष जगे... एक नयी नारी अंगड़ाई ले... देखें... क्या करिश्मा होता है... जोखिम के बिना जिंदगी कहां है?'

बहरहाल, ये भारी-भारी शब्द स्त्री पुरुष के सम्बन्धों के बीच में कहीं नहीं आते इसलिए वह कहती है 'हम कितनी भी परछाइयां नाप लें अनासक्ति की, कितने भी बचाव कर लें सामने वाले से, हमारे भीतर जिस्म आपस में बातें करते ही रहते हैं। उस भाषा पर कहीं कोई बंदिश नहीं है, अनसुनी चाहे उसकी कितनी भी हो, जो देख सकते हैं, वो छू लेते हैं प्राणों को... एक नजर भर से खलबली मचती है उनमें जो जिंदा है' इसलिए वह जिंदा रहने के लिए, अंदर मची खलबली को शांत करने के लिए कहती है 'उसका हाथ पकड़कर कहा, चलिए, मुझे मेरे घर तक छोड़ आइये।' यह वाक्य कहानी का अंतिम वाक्य है और घर तक छोड़ने के अर्थ पहले ही स्पष्ट कर दिये गये हैं इसलिए कहने और सुनने की आवश्यकता नहीं है। इस अकेले वाक्य को पहले के वाक्यों से जोड़कर ही पढ़ा जाना चाहिए, तभी उसका भावार्थ स्पष्ट हो सकेगा। स्नोवा बॉर्नो ने बहुत समझदारी से कहानी का अंतिम वाक्य लिखा है।

स्नोवा बॉर्नो हिंदी के लिए नयी हैं लेकिन उनकी कहानी परिपक्व है। इस प्रकार की प्रौढ़ कहानी बहुत लंबे अभ्यास के बाद लिखी जाती है। मैं केवल कहानी की बात कर रहा हूं। यह बात दीगर है कि इस कहानी का समाज कौन-सा है? जाहिर है कि स्नोवा बॉर्नो के अनुभव आम आदमी के नहीं है लेकिन आम आदमी के प्रति उनकी सहानुभूति अवश्य है इसलिए कुल्लू मनाली और शिमला के अनाथ बच्चों को सहायता करने का जिक्र कहानी में आया है। जिन संयुक्ता का जिक्र कहानी में आया है उनके बारे में राजेंद्र यादव ने कुछ महीनों पहले 'हंस' में लिखा था। लद्दाख पर उनका काम आज भी जाना जाता है। स्नोवा बॉर्नो की पात्र लेह और

लद्दाख में रहकर महत्त्वपूर्ण काम कर रही है, हो सकता है कि वे स्वयं इस प्रकार समाज सेवा से जुड़ी हुई हों। उनके बारे में अभी तक हिंदी पाठकों को बहुत कम जानकारियां हैं इसलिए कुछ कह पाना कठिन है। यह कहानी उदारीकरण के दौर में स्त्री विमर्श के नये रूप को प्रस्तुत करती है, यहां देह सम्बन्ध किसी बाजारवाद के शिकार नहीं है, देह सम्बन्धों को भुनाने की लंपट प्रवृत्ति भी कहीं देखने को नहीं मिली। ये स्त्री और पुरुष के सहज सम्बन्ध हैं जिनमें किसी को क्या आपत्ति हो सकती है? पूरी कहानी में दर्शन, गजल और जीवन को ऐसा पिरोया गया है कि माला के मोती अलग होते हुए भी एक शृंखला में दिखाई देते हैं। क्या ऐसी कहानियां जीवन से निरपेक्ष रहकर लिखी जा सकती हैं? और क्या प्रेम कहानियां लिखना इतना सहज है?

स्मृतियों में वह सब

कहानी स्मृति की विवेचना से आरंभ होती है। यह कहानी की शुरुआत का नया अंदाज है। स्मृतियाँ जीवन में कितना साथ देती हैं और कितना रास्ता दिखाती हैं, यह बताना कहानीकार का उद्देश्य नहीं है पर फिर भी वे कहानी के आरंभ और अंत में स्मृतियों के होने न होने पर विचार अवश्य करते हैं। स्मृतियों को वे समानांतर दुनिया मानते हैं यानी एक दुनिया जो आपकी है और दूसरी दुनिया वह जो आपकी स्मृति में है। आपकी स्मृति की दुनिया कितनी आपकी निजी है, यह कह पाना कठिन है। कहानीकार मनोज कुमार पांडेय 'शहतूत' कहानी के आरंभ के लिए यह तरीका क्यों अपनाते हैं यह उन्हें ही मालूम होगा। उन्हें एक कहानी कहनी थी जो उनकी स्मृति में थी, सो अपने तरीके से कह दी। मैं इस कहानी पर लिखने से पहले कई बार सोचता रहा कि क्या कहानी कहने के लिए एक दार्शनिक अंदाज आवश्यक था। क्या कहानी इससे सरल हो गयी। यह ऐसा सूत्र है जिस पर चलकर कहानीकार ने कहानी कहनी जरूरी समझी। जो भी हो कहना सरल है पर कहानी के लगभग एक पृष्ठ में जब ये गुत्थी सुलझाई-उलझाई गयी है तो इसे समझना मुझे जरूरी लगा। क्योंकि मैं यह मानता हूँ कि अच्छी कहानी में एक शब्द भी फालतू नहीं होता, जो कहानीकार ले लिखा है उस सबका कोई न कोई अर्थ जरूर है और ऐसा होना भी चाहिए। यह मानकर ही पाठकों के सामने कहानी के आरंभ को ज्यों का त्यों रख रहा हूँ 'तुम्हारे पास बहुत सारी स्मृतियां तुमने खोज-खोजकर इकट्ठा की हैं सो तुम नहीं जानते कि इनमें से कितनी चीजें वास्तव में तुम्हारे साथ घटी थीं और कितनी दूसरों की स्मृति का हिस्सा हैं। या वे कौन-सी घटनाएं हैं जो वास्तव में कभी घटी ही नहीं किसी के जीवन में पर तुरंत ही तुम्हें खयाल आता है कि तुम दावे के साथ कैसे कह सकते हो कि ये घटनाएं किसी की भी स्मृति का हिस्सा नहीं याकि किसी के जीवन में सचमुच नहीं घटीं। क्या तुम दुनिया भर के लोगों को जानते हो।'

अपने इस आरंभिक वक्तव्य से कहानीकार संभवतः अपने कथन को सार्वजनिक बनाना चाहते हैं, वे यह कहना चाहते हैं कि कहानी में आयी यह

शहतूत – मनोज कुमार पाण्डेय

घटना उनकी निजी नहीं है, यह केवल उनकी स्मृति का ही हिस्सा नहीं है बल्कि ऐसा होना आम बात है और यह घटना हो सकती है कि सभी की जिंदगी में घटी हो। यदि कहानीकार का इंगित यही है तो मुझे कहने का यह तरीका अच्छा लगा। यह एक प्रकार से विश्वास में लेने जैसी चीज है। कहानी कहने से पहले यह स्पष्ट कर दिया कि वे जो कह रहे हैं वह कोई अजूबा नहीं है, वह इसी दुनिया की ऐसी आम घटना के बारे में बताने जा रहे हैं जो अधिकांश लोगों के जीवन में घटी होगी और जिसे लोगों ने देखा होगा। यह बात दूसरी है कि कहानीकार ने इस पर कहानी लिखनी जरूरी समझी क्योंकि उसे यह घटना सामान्य होते हुए भी सामान्य जैसी नहीं लगी। वे इसमें अपने समाज की बहुत बड़ी सच्चाई को देख रहे हैं, ऐसी सच्चाई जिसे इस तरह ही बताया जा सकता है। यह नयी पीढ़ी का अपना ढंग है, हर पीढ़ी अपने ढंग से कहानी कहती है, इस नयेपन से ही कहानी का विकास होता है।

मनोजकुमार पांडेय की यह कहानी पढ़ते हुए सहसा प्रेमचंद की 'बड़े भाई साहब' कहानी याद आयी। प्रेमचंद ने शिक्षा ओर परीक्षा की जिस सहजता के साथ धज्जियां उड़ाई हैं, वह उनकी अपनी शैली थी। आज उस कथ्य पर उस तरह नहीं लिखा जा सकता। मनोजकुमार पांडेय ने बगैर उस कहानी का प्रभाव लिए अपनी तरह से शिक्षा, शिक्षक और समाज पर 'शहतूत' कहानी लिखी है। कहानी का नेरेटर प्राइमरी स्कूल के मास्टर का बेटा है और जाति से ब्राह्मण है। वह जिस स्कूल में पढ़ता है उसमें दो अध्यापक हैं एक मिसिरजी और दूसरे बालगोविन्न। मिसिरजी नेरेटर के पिता के दोस्त हैं और उसी गांव के हैं जबकि नेरेटर के पिता पास के दूसरे गांव में पढ़ाने जाते हैं। बालगोविन्न मास्टर की जाति का पता नहीं पर यह तय है कि वे ब्राह्मण नहीं हैं, यदि होते तो मिसिर जी की तरह जातिसूचक टिप्पणियां भी करते। मिसिर जी काले हैं और अपनी पत्नी को पीटते हैं 'अपनी मिसिराइन को खूब पीटते हैं। कई बार जब वे मिसिराइन को पीट रहे होते हैं तो उनकी चीखें हम तक पहुंच जाती है। पीटने के दृश्य हम तक पहुंच जाते हैं। जिस दिन भी ऐसा होता है हम दिन भर डरे रहते हैं। क्या हमारा पिटना मिसिराइन को दिखता होगा, तो वे भी ऐसे ही डर जाती होंगी।' ये वाक्य केवल सूचना देने भर के लिए नहीं लिखे गये हैं। इनका अपना अर्थ है, भीषण डर। इस भीषण डर को कहानीकार चाक्षुष करना चाहता है और निश्चित रूप से वह इसमें सफल भी रहा है। आज जब प्राइमरी स्कूलों में पीटने पर पाबंदी है, इसे एक प्रकार का अमानुषिक कार्य माना जाता है तब मिसिर मास्टर द्वारा इस तरह डर का वातावरण बनाये रखना कहाँ तक उचित है? कहानीकार

यह भी बताना चाहता है कि प्राइमरी स्कूल के मास्टर अपने परिवार से लेकर स्कूल तक कहीं भी संवेदनशील नहीं है। घर पर पत्नी को पीटते हैं और स्कूल में बच्चों को। जिन अबोध बच्चों में शिक्षा के प्रति ललक भरनी चाहिए, एक प्रकार का वातावरण उत्पन्न कर उन्हें पढ़ने के लिए प्रेरित किया जाना चाहिए वहाँ मिसिर मास्टर जी अध्यापक बच्चों में भय उत्पन्न कर रहे हैं, जिनकी परिणति में बच्चे स्कूल छोड़कर नशा कर रहे हैं, आवारागिरी कर रहे हैं और मास्टरों के प्रति घृणा से भरे हुए हैं। ऐसे प्राइमरी स्कूल के अध्यापकों से प्राथमिक शिक्षा का भला कैसे हो सकेगा? यह चिंता कहानी में उभकर आती है। कहना न होगा कि कहानीकार ने बहुत कम शब्दों में घृणा का यह वातावरण उत्पन्न किया है। वे कहीं भी भाषण नहीं देते, टिप्पणी नहीं करते बल्कि मिसिर मास्टर के व्यवहार और आचरण से पूरी बात कह देते हैं। बितानू उर्फ अशोक कुमार के गलत सवाल काटे जाने पर मिसिर मास्टर की प्रतिक्रिया इस संदर्भ में पढ़ने योग्य है 'बितानू उठा और अपनी कापी लेकर मिसिर मास्टर के पास पहुंच गया। बोला, मास्साब मेरे यह सवाल सही हैं, फिर भी राजकरन ने गलत काट दिया। मिसिर मास्टर ने उसे उपहास के भाव से देखा और बोले, तो अब धोबी-धुर्रा बामन में गलती निकालेंगे। फिर पता नहीं क्या सोचकर बोले, ला कापी इधर ला। मिसिर मास्टर ने मेरी तरफ देखा और मैं मशीन की तरह उठकर उनके पास जा पहुंचा। बस चार डंडे की सजा मिली पर दूसरे दिन बितानू ज्यादा पिटा क्योंकि निर्मल होने के बावजूद वह मिसिर मास्टर की निगाह में गंदे कपड़े पहनकर आया था। उस दिन के बाद से बितानू ने स्कूल आना छोड़ दिया। कक्षा में एक जगह खाली हो गयी और मेरे भीतर भी। मुझे लगा कि अगर उस दिन मैंने उसके सवाल गलत नहीं काटे होते तो बितानू स्कूल नहीं छोड़ता।'

बितानू का स्कूल न आना एक संकेत है कि ग्रामीण समाज और उसके प्राथमिक शिक्षा केंद्रों में पढ़ाने वाले अध्यापक जातिवाद से कैसे ग्रसित हैं? उनकी नजर में बितानू जैसे लड़के उनके विद्यार्थी नहीं बल्कि धोबी पुत्र हैं। 'धोबी-धुर्रा' कहकर उनका उपहास करना तथा ब्राह्मण पुत्र राजकरन के द्वारा सही सवाल काटना गलत है लेकिन मिसिर मास्टर अपनी गलती का पश्चात्ताप न कर निर्मल उर्फ बितानू को ही अधिक पीटते हैं। इसका सबसे बड़ा कारण हमारे समाज में जातिवाद का गहरे तक व्याप्त होना है। जातिवाद जिस प्रकार हमारे पूरे समाज को खा रहा है, उसमें विकास की बात कहना और उस पर गर्व करना, बेमानी ही है। डॉ. अंबेदकर ने जातिवाद को खत्म करने पर इसीलिए जोर दिया था। वे जानते थे कि जब तक समाज में जातिवाद रहेगा, तब तक सवर्ण और दलितों के बीच

सामंजस्य नहीं बैठ पायेगा। इसलिए उन्होंने लंबे समय तक आरक्षण को जारी रखने का भी विरोध किया था यह कहकर कि लंबे समय तक आरक्षण जारी रहा तो दलित समुदाय के लिए बैसाखी का काम करने लगेगा, पिछड़े और दलित वर्ग को स्वतः ही आगे आने की कोशिश करनी चाहिए। पर राजनीति के चलते ऐसा नहीं हुआ। राजनेता अपने हित के लिए जातिवाद को बनाये रख रहे हैं और स्थिति यह है कि अब इसे समाप्त करने का नाम लेते ही सुविधा भोगी वर्ग को ततैया से काटने लगते हैं। ऐसे समय में जब सवर्ण और सत्ता पर रहीं जातियां भी आरक्षण की मांग करने लगी हों तब आरक्षण का अर्थ ही क्या रह जाता है? आरक्षण का जो अर्थ समाज में रह जाता है उसकी परिणति परस्पर विद्वेष में बदल चुकी है जो 'शहतूत' कहानी में दृष्टिगोचर होती है। मिसिर मास्टर एक नहीं है, ये ऐसे वर्ग का प्रतिनिधित्व करते हैं जो यह मानता है कि आरक्षण के कारण सवर्णों को नौकरी नहीं मिल पा रही है, सारी नौकरियां दलित वर्ग के लिए हैं। यह एक प्रकार का भ्रम है, जो समाज के निचले स्तर तक फैलाया जा चुका है। इससे जातिवाद तो मजबूत हुआ ही है, साथ ही दलितों के प्रति घृणा और अधिक बढ़ी है। इन साठ वर्षों में सरकारी नौकरियों का मोह इतना बढ़ा है कि सामान्य जनता में नौकरी का मतलब सरकारी नौकरी ही माना जाता है। मिसिर मास्टर इसी सरकारी नौकरी के एक नुमाइंदे हैं, जो अपने व्यवहार और आचरण से सरकारी नीतियों के विरोधी हैं। उनकी नस-नस में जातिवाद भरा हुआ है, ऐसे मिसिर मास्टर और मिसिर विद्यार्थी बहुत हैं, जो यह मानकर चलते हैं कि पढ़ने, पढ़ाने और उच्च पदों पर आसीन रहने का अधिकार केवल ब्राह्मण या सवर्णों को ही है। दलितों को यह अधिकार नहीं कि वे ब्राह्मण के बराबर बैठकर शिक्षा ग्रहण कर सकें। इसलिए बितानू को 'धोबी-धुर्रा' कहना, उसके सही सवालों को काटना तथा उसे अपमानित करना स्कूल से भगाने की ही योजना थी, जिसमें वे सफल हुए।

इसी प्रकार की एक दूसरी घटना इसी कहानी में और भी है, जो जातिवाद का ही प्रमाण है। नेरेटर से अगली कक्षा में पढ़ने वाले ओमप्रकाश की बहन नेरेटर के साथ रहती है। बहन के बायें गाल पर चवन्नी बराबर एक बड़ा-सा तिल है जो उसे बहुत अच्छा लगता है। एक उम्र में लड़कियों का अच्छा लगना प्राकृतिक नियम हैं लेकिन घटना यहीं तक नहीं है। नेरेटर ओमप्रकाश से कहता है – ओमप्रकाश के साथ उसकी बहन भी स्कूल आती थी। वह मुझे बहुत सुंदर लगती थी। उसके बायें गाल पर चवन्नी बराबर एक बड़ा-सा तिल था। तिल मुझे बहुत अच्छा लगता था और मुझे उसकी तरफ खींचता था। मेरा मन उसे छूने का

करता। मैं उसे देर-देर तक चुपके-चुपके निहारता था। मैंने एक दिन ओमप्रकाश से कह ही दिया 'ओम भाई, तुम्हारी बहन मुझे अच्छी लगती है।' ओमप्रकाश भी कम नहीं था उसने तुरंत कहा 'मुझे भी तुम्हारी दीदी बहुत अच्छी लगती है चलो बदल लेते हैं, तुम अपनी दीदी मुझे दे दो और मेरी बहन ले लो।' समाज में इस प्रकार से कहने की परंपरा नहीं है, इसे कहानीकार नहीं जानते होंगे, यह मानकर चलना भूल होगी। फिर क्या वजह है कि कहानीकार ने इस अंदाज में इस मुद्दे को उठाया है। सवर्ण दलित स्त्रियों का देह शोषण करते रहे हैं, तब भी परिवार के किसी सदस्य को न तो कहा जाता है और न इस तरह किसी की स्वीकृति मिल सकती है। देह संबंध दोनों की स्वीकृति के परिणाम होते हैं, उस स्वीकृति के पीछे के लाभ-लोभ, पद प्रतिष्ठा और भय-दबाव अपना काम अलग करते हैं, यहां कहानीकार सवर्ण और दलित की मानसिकता को विशेषरूप से उभारना चाहता है, जिसमें वह सफल भी हुआ है।

ओमप्रकाश के प्रत्युत्तर के बाद नेरेटर की दीदी ने जो कहा इससे यह और स्पष्ट हो जाता है– ओमप्रकाश के यह कहते ही दीदी प्रगट हो गयी और दोनों का सिर पकड़कर खूब पीटा। घर पहुंचे तो दीदी ने पीटा और चेतावनी देते हुए कहा– 'उसका क्या जाता। मान तो ऐसा हो जाए तो बामन की लड़की पाकर उसकी तो इज्जत बढ़ जायेगी पर तुम्हारे तो पूरे खानदान की नाक कट जाएगी कि तुम्हारी बहन किसी सूद-बहरी के साथ चली गयी। अरे ऐसी बातों पर तो गर्दन तक कट जाती है और तू है कि मूल का कलंक बनकर पैदा हुआ है।' दीदी की चिंता और संस्कार हजारों वर्षों से हमारे समाज में अनिवार्यता के साथ लादे गये हैं। उन संस्कारों से मुक्ति का एक मार्ग विद्यालय था लेकिन वहां तो मिसिर जी जैसे अध्यापक पहले से ही बैठे हुए हैं जो जातिवादी संस्कारों को और मजबूत बना रहे हैं तथा सवर्ण और दलित के भेद को और गहरा कर रहे हैं, उसमें घृणा और विद्वेष भर रहे हैं। इन स्थितियों में बितानू, ओमप्रकाश तथा जयकरन अपनी पढ़ाई अधूरी छोड़कर स्कूल के पीछे मछलियां पका रहे हैं, नशा कर रहे हैं, जंगल जाते अध्यापकों पर ईंटें फेंक रहे हैं तथा जिस कुयें से पानी पीने के लिए ओमप्रकाश को पीटा गया था उस कुएँ में मरे जानवर फेंक रहे हैं। इस प्रकार की हरकतें उस विद्रोही भावना से जन्मी हैं जो मिसिर मास्टर ने उनके साथ की हैं।

अंत में फिर एक बार मेरे सामने वही प्रश्न सीधे मुँह बाये खड़ा है कि क्या इस कहानी को एक समस्या के रूप में नहीं उभारा जा सकता था? क्या ऐसा करने से कहानी कमजोर हो जाती? कहानी कमजोर तो नहीं हो जाती

परंतु कहानीकार का अपना वैशिष्ट्य कमजोर पड़ जाता। नया कहानीकार अपने वैशिष्ट्य में ही अपनी सफलता देखता है और ऐसा करना उसके अपने अस्तित्व के लिए जरूरी भी है। मनोजकुमार पांडेय ने भी 'शहतूत' को अलग पहचान देने के लिए ही ऐसा किया है इसलिए उनकी कहानी पारंपरिक समस्या पर विशिष्ट कहानी है। यह अलग चर्चा का विषय है कि 'शहतूत' इसमें कहाँ है। क्या शहतूत का मीठापन और उसका गिजगिजापन इस समस्या के अनेक पाठ आमंत्रित नहीं करता? बार-बार के पाठ से यह कहानी और बढ़ी बनेगी, ऐसा विश्वास है।

भीतर के मरुस्थल को उकेरने की ज़िद

जयशंकर की कहानियां जीवन के प्रति विश्वास उत्पन्न करती हैं। मध्यवर्ग का आदमी जल्दी दुखी होता है, अपने दुखों को पहाड़-सा बताकर उनके होने के भय से परेशान, अकेला और उदास बना रहता है। इसलिए आजादी के बाद हिंदी में ज्यादा तादाद मध्यवर्ग पर लिखी गयी कहानियों की है। कहा तो यह भी ज़ाता है कि मध्यवर्ग पर लिखना कोई गुनाह नहीं है इसलिए कि हम सब मध्यवर्गीय परिवारों से आये हैं तो अनुभव भी उसी परिवेश के होंगे। मैं इसे निश्चित ही बुरा नहीं कहता लेकिन सवाल है कि आप मध्यवर्ग पर क्या लिख रहे हैं। क्या उसके निजी दुखों का ही संसार रच रहे हैं जो पाठकों को भी अकेला बनाने का प्रयास करता है या ऐसा संसार रच रहे हैं जिसमें मध्यवर्ग समाज में अपनी सामाजिक भूमिका निभा रहा है। मध्यवर्ग पर निर्मल वर्मा ने भी लिखा और भीष्म साहनी ने भी पर दोनों के संसार अलग हैं। और अमरकांत ने तो मध्यवर्ग के दुखों में ही एक उजास की किरण उपस्थित की है। एक नितांत अकेलेपन का संसार है और दूसरा उस सन्नाटे को तोड़कर उसमें जीवन पैदा करने का। इसलिए जरूरी है यह जानना कि हम क्या लिख रहे हैं और क्यों लिख रहे हैं? जयशंकर की 'कोई ऐसी कहानी' पढ़ते हुए मुझे उस मध्यवर्गीय जीवन के ऐसे पक्ष दिखे जो घनघोर अकेलेपन में भी जीवन जीने के सूत्र तलाश लेते हैं। दरअसल, जीवन के सूत्र बाहर से कम अंदर से एक जलस्रोत के रूप में मिलने लगें तो फिर जीवन जैसा भी है, उसे जीना भार नहीं लगता।

कहानी में मां और छोटे बेटे का दुख एकसाथ उभरकर आता है। मां अड़तीस वर्ष की थीं तब पिता के न रहने से वे विधवा हो गयी। पिता दो बेटे छोड़कर गये थे जाहिर है कि दोनों बेटे तब बहुत छोटे रहे होंगे। मां ने अपनी जिम्मेदारी बखूबी निभाई, दोनों को पाल-पोसकर बड़ा किया, बड़े बेटे की शादी की। विधवा स्त्री अपने बेटे का विवाह कर संतुष्ट रहती है कि घर में अब दुख को साझा करने वाली एक बहू आ गयी और इसलिए भी कि पति जिस जिम्मेदारी को छोड़कर गये थे उसका भलीभांति निर्वाह कर दिया। कहानी जहां से आरंभ

कोई ऐसी कहानी – जयशंकर

होती है वहां मां अस्वस्थ होकर तीन महीने से बिस्तर पर पड़ी हैं, उनका एक पैर कट चुका है और वे अपने जीवन से दुखी होकर चुप रहने लगी हैं। मां का दुख सामान्य भारतीय स्त्री का दुख है। कहानीकार ने मां को बहुत गौरवान्वित नहीं किया है बल्कि संकेतों में या प्रसंगों में उनकी उपलब्धियों या उनके किये गये कार्यों का बहुत संक्षिप्त लेकिन सार्थक ब्यौरा या सूचना दी है। जैसे 'अपनी आखिरी कहानी मैंने उन दिनों में लिखी थी जब मेरे बड़े भाई, अपनी पत्नी से अलग होकर, एक दूसरी औरत के साथ एक दूसरे शहर में अपना जीवन शुरू कर रहे थे और मेरी भाभी और मेरी भतीजी इस घर को छोड़ रहे थे। वे हमारे कठिन दिन रहे।। मां रिटायर हो चुकी थीं और उस घटना ने उन्हें कमजोर किया था। मां चाहती थीं कि उनकी बहू और नातिन इसी घर में बनी रहें पर न वह मानी और न उनका लड़का ही तैयार हुआ। मां को उस पर भरोसा था। उनका भरोसा टूट गया।' प्रसंग नेरेटर के कहानी लिखने का है क्योंकि मां ने आज उससे पूछा था 'क्या आजकल कहानी नहीं लिख रहा है?' कहानी के साथ सूचना मां के विश्वास टूटने की दी गयी है। यह सूचना ऐसे समय दी गयी है जब मां बीमार है, उनका एक पैर काटा जा चुका है तब उनका बड़ा बेटा दूसरी शादी कर दूसरे शहर में दूसरी औरत के साथ रहने जा रहा है और उनकी बहू और नातिन भी घर छोड़कर जा रही हैं। कहना न होगा कि मां जिस उम्मीद पर अड़तीस वर्ष की उम्र से बेटे को पाल रही थीं, उसके एक-एक दिन बड़े होने में अपने जीवन की सार्थकता और अर्थवत्ता देख रही थीं– वे सब एक साथ टूट गये। कहानीकार ने इस घटना के घटित होने के लिए सही समय चुना है। यदि बड़ा बेटा मां के नौकरी में होने और स्वस्थ होने पर घर छोड़कर चला जाता तो मां को इतना दुख नहीं होता। रिटायर होने पर मां की मानसिकता को समझ पाना आसान है, रिटायर आदमी कुछ अधिक ही संवेदनशील हो जाता है, मां पहले से ही संवेदनशील रही हैं इसलिए उनका विश्वास टूटना ज्यादा बड़ी घटना है। मां के विश्वास के टूटने का एक कारण और कहानीकार ने बताया है कि उन्होंने विधवा होने के बाद बच्चों की वजह से किसी और के साथ रहने की सोची तक नहीं 'पिता जब गुजरे तब वे अड़तीस की थीं और केवल देखने-दिखाने में ही ठीक-ठीक थीं बल्कि नौकरी कर रही थीं। पढ़े-लिखे लोगों के बीच उठती-बैठती रही थीं। शायद उन सभी लालसाओं से भरी हुई भी जिनके बीच कोई भी संवेदनशील, सजग आदमी होता है। मुझे नहीं लगता कि उनके मन में दुबारा किसी आदमी के साथ बसने का, उससे प्रेम करने का विचार आया ही नहीं होगा।'

मां के बारे में दो सूचनाएं एक साथ दी गयी हैं। पहली, कि वे पिता के

निधन के समय अड़तीस वर्ष की थीं, देखने में ठीक थीं और नौकरी कर रही थीं तथा दूसरी, कि मां के मन में किसी दूसरे आदमी के साथ बसने तथा उससे प्रेम करने का विचार नहीं आया होगा इस पर विश्वास नहीं करना। नेरेटर अपनी मां के बारे में यह सब कह रहा है इसलिए उसके अविश्वास की रक्षा की जानी चाहिए और यह मानना चाहिए कि वह यह सब भारतीय संस्कारों को जानते-बूझते हुए कह रहा है। कहानी दो स्तरों पर चलती है यानी कहानी में ऐसा द्वंद्व है जिससे वह जीवन यथार्थ को बारीकी से पकड़ रही है और उसे उसी रूप में उकेरने का साहस भी बटोर रही है। मसलन कहानी का जो शीर्षक है वह बताता है कि लेखक कोई ऐसी कहानी कहना चाहता है 'जिसमें मां के भोगे गये का, मां के सहे गये का थोड़ा-सा भी कुछ उतर पायेगा?' वाक्य के अंत में प्रश्नचिह्न की आवश्यकता नहीं थी लेकिन प्रश्नचिह्न लगाकर यह बताना चाहा है कि क्या ऐसा कर पाना उसके लिए संभव होगा? नेरेटर की पूरी सहानुभूति और संवेदना मां के प्रति है यह जानते हुए भी कि 'मामला कुछ और है। शायद मेरे लाइब्रेरियन चाचा ही ऐसे आदमी हैं, जो मां को जानते हैं। समझते हैं। इसीलिए मां उन पर इतना विश्वास करती हैं, अपनी हर पहल, अपने हर कदम में उन्हें शामिल करना चाहती हैं।' इससे बात पूरी तरह समझ में आ जाती है 'मामला कुछ और है' और 'मुझे नहीं लगता' का उत्तर चाचा के प्रति अतिरिक्त सहानुभूति और उनके प्रति अटूट विश्वास से स्पष्ट हो जाता है। यह कहानी की अपनी विशेषता ही है कि मां के जिस चरित्र को उभारा गया है उसके और चाचा के बारे में बहुत कुछ न कहकर, हल्के-से, संकेतों से उनके सम्बन्धों के बारे में कह दिया गया है। ये संकेत जब अपने अर्थ खोलते हैं तो बात दिन के उजाले की तरह साफ दिखाई देने लगती है। किसी भी स्त्री का इस प्रकार दूसरे आदमी पर विश्वास करना, हर निर्णय में उनकी राय को अहमियत देना और हर कदम में उन्हें शामिल करना—सामान्य सम्बन्धों की निशानी हो बिल्कुल नहीं है। ये विशेष सम्बन्ध ही हैं जो कहानी को पठनीय और मानवीय बनाते हैं। यदि मां को आदर्शवादी बता दिया जाता, वह अड़तीस वर्ष की उम्र में विधवा होने पर न तो दूसरा विवाह करती और न किसी दूसरे आदमी के साथ इस प्रकार के सम्बन्ध ही बनाती तो वह असामान्य औरत ही होती। जीवन में मानवीय बने रहने के लिए यह आवश्यक है कि मनुष्य जीवन की प्रकृत आवश्यकताओं को भी पूरा किया जाये। मानव जीवन की प्राकृतिक आवश्यकताओं का दमन करके अपवाद स्वरूप ही कोई बड़ा बन सकता है। शरतचंद्र ने चरित्र के सम्बन्ध में अपने पड़ोस की एक बाल विधवा का जिक्र करते हुए लिखा था कि वह गांव बुआ सबके दुख में शरीक होती, पूरे

मानवीय गुणों से ओतप्रोत थीं लेकिन बुआ के गांव के किसी आदमी से सम्बन्ध भी थे। इन सम्बन्धों से उसका चरित्र नहीं गिर गया, वह चरित्रहीन नहीं हो गयी बल्कि मानवीय गुणों की रक्षा करती हुई गांव के हर बीमार और दुखी आदमी के लिए अपरिहार्य बनी रहीं। मैंने कई ऐसी विधवाओं को देखा है जो सती-सावित्री बने रहने के चक्कर में कर्कश, घृणित और ईर्ष्यालु बनकर रह गयीं। जो रात-दिन पूजा पाठ तो करती रहीं पर किसी के सुख में शामिल होना तो दूर सुख की छाया से भी ईर्ष्या करने में ही अपने जीवन को घोलती रहीं। इसलिए मैं मानता हूं कि यदि चाचा से मां के सम्बन्ध थे तो यह एक मानवीय पक्ष है, इससे मां ने उस कमी को पूरा किया जो किसी भी विधवा स्त्री में नकारात्मक अवगुण लेकर बैठ जाती है। जयशंकर ने इसे पूरे विश्वास के साथ उकेरा है इसलिए यह कहानी की ताकत बनकर उभरा है। उन्होंने उन सम्बन्धों में रस नहीं लिया बल्कि एक सूचना के तहत अपने विश्वास को व्यक्त किया है। कहानी कमजोर वहां पड़ती है जहां कहानीकार ऐसे सम्बन्धों में रस लेने लगता है।

जयशंकर ने सधे ढंग से नगरों के बदल रहे वातावरण और परिवेश पर भी टिप्पणी की है। भूमंडलीकरण ने हमें दुनिया से तो जोड़ दिया लेकिन पड़ोस से काट दिया है। यह अनुभव एक उम्र की व्यस्तता में तो ठीक लगता है लेकिन रिटायर होने के बाद, कोई महत्त्वपूर्ण काम और दिनचर्या न होने के समय अंदर ही अंदर काटता है। अकेलेपन का यह अनुभव विदेशों से सर्वथा अलग है। विदेशों में गये और विदेश प्रवास से लौटे लोगों को इस अनुभव से गुजरना कैसा लगता होगा नहीं कह सकता लेकिन भारतीय परिवेश में रह रहे सामाजिक जीवन के अभ्यस्त लोगों के लिए यह अनुभव कटु और तिक्त है। कहानी में मां और उसके छोटे बेटे यानी नेरेटर को यह अनुभव बस्ती छोड़ने के बाद हो रहा है इसलिए वे असहाय तथा अकेला पा रहे हैं। 'यहां आते ही एक तरह की चुप्पियों, एक तरह के सन्नाटे, एक किस्म के अकेलेपन ने मुझे घेरना शुरू कर दिया था। कहां तो पहले वक्त के बीतने का पता ही नहीं चल पाता था और अब वक्त काटे नहीं कटता है। मां से ही बातचीत हो पाती है और वह भी बहुत कम-कम। भाई के जाने के बाद से वे उदास होती चली गयी हैं और खामोश भी। इधर बीमारी ने भी उन्हें कमजोर, उदास और निराश बनाना शुरू कर दिया है। दूसरों पर आश्रित होते चले जाना मां को धीरे-धीरे, भीतर ही भीतर कुतरने लगा है.... अपनी अट्ठाईस बरस की उम्र में मेरे साथ यह पहली बार हो रहा है।' यह टिप्पणी अपने समय और अपने परिवेश पर सार्थक टिप्पणी है। दुनिया समय के साथ बदलती है लेकिन इस तरह बदल जाये कि आदमी आदमी के लिए

अपरिचित हो जाये, यह चिंता का विषय है। यह चिंता नयी नहीं है इसे हमारे पूर्ववर्ती कहानीकारों ने भी अपने पूरे परिवेश के साथ उभारा है लेकिन बड़ी और भयावह समस्या को बार-बार उठाने से पुनरुक्ति दोष नहीं लगता बल्कि उसके बारे में चिंता सनातन बनी रहती है।

मां के बारे में एक सूचना और महत्त्वपूर्ण है, जिससे उनका चरित्र और बड़ा बनकर उभरता है। 'मां मुश्किल से ही किसी की मदद स्वीकार करती रही थीं।' इस वाक्य से स्पष्ट है कि शुरू से ही वे स्वाभिमानी रही हैं। यह सूचना तो महत्त्वपूर्ण है पर इसके माध्यम से लेखक क्या कहना चाहता है। दरअसल, स्वामिभान कद्दावर तो बनाता है पर अंदर से तोड़ता भी बहुत है। जब दुनिया में जरा से लालच के लिए पैर छूते और नाक रगड़ते लोगों को देखते हैं तब किसी का स्वाभिमानी बना रहना सामने वाले को, बड़े लोगों को, अफसरों और यहां तक कि पड़ोसियों को भी कचोटता है उनके मन में स्वाभिमानी व्यक्ति के बारे में नकारात्मक विचार घर कर लेते हैं। वे ऐसे व्यक्ति से नाक रगड़वाने के लिए नाकों चने चबाने के लिए तैयार रहते हैं। अपनी नौकरी से घर को चलाती, दो बच्चों को बड़ा करती मां के लिए स्वाभिमानी बने रहना कठिन था, पर वे इसमें किसी प्रकार का समझौता नहीं करतीं। इसलिए अब अशक्त होकर बिस्तर पर पड़ी अकेली मां के लिए किसी की सहायता मांगना दुश्वार हो रहा है इसलिए वे चिड़चिड़ी हो रही हैं। बुढ़ापे में जिस बहू से सहायता की उम्मीद थी वह भी घर छोड़कर चली गयी। घर में अब छोटा बेटा है, जो अब अट्ठाईस साल का है लेकिन बेरोजगार है। मां को अकेला छोड़कर वह कहीं जा नहीं सकता। मां की बीमारी और अकेलेपन के कारण घर का खर्च केवल मां की पेंशन पर चल रहा है। छोटा बेटा सोचता है कि 'उजाला कहीं से भी नहीं लौट रहा है। मां का बीमार होते चले जाना, उनका बुढ़ापा और उनकी इधर की निष्क्रियता, उनका इधर का अकेलापन भी है जो मुझे दिनोंदिन खाये जा रहा है। मां स्वस्थ बनीं रहतीं, अपना जीवन जी रही होती तो मैं कहीं पढ़ाने के लिए निकल जाता। किसी अखबार में पार्ट टाइम नौकरी कर लेता। पत्र-पत्रिकाओं के लिए फीचर लिखने के लिए यहां-वहां चला जाता लेकिन वे जिस तरह से बीमार हैं, जिस तरह के अकेलेपन और अवसाद को झेल रही हैं, उसमें मेरा बाहर निकलने की बात सोचना तक उनके लिए भयावह अनुभव रहेगा।'

परिवारों के टूटने पर जयशंकर ने कोई टिप्पणी नहीं की है पर कहानी से ऐसे सूत्र निकलते हैं जो परिवारों के टूटने की पीड़ा और उसके दुष्प्रभावों को अपने आप कह देते हैं। मान लो बड़ा बेटा दूसरे शहर जाकर दूसरी औरत के

चक्कर में नहीं पड़ता तो बहू और नातिन भी घर छोड़कर नहीं जाती। तब छोटा बेटा अपनी रिसर्च भी कर लेता और अध्यापक भी बन जाता। तब मां को न नर्स की जरूरत रहती और न लाचार होकर बिस्तर पर चिड़चिड़ाने की, जिसकी वजह से उनकी याददाश्त भी कमजोर होती जा रही है। तो क्या जो कहानी में नहीं है उसकी कल्पना की जा सकती है और इस कल्पना से क्या कहानी जीवन की कहानी रह सकती है? जीवन यदि ऐसा होता तो फिर परेशानी ही क्यों आती और जयशंकर की कहानी भी इतनी सशक्त कहानी कैसे बनती? इस कहानी की ताकत ही मां का मां बने रहना है। जयशंकर ने उन्हें मानवीय गुणों से ओतप्रोत नहीं किया है बल्कि अपनी कमजोरियों के साथ एक स्त्री बने रहने की ताकत दी है। मनुष्य न पत्थर है और न देवता इसलिए उसमें वे सारी कमजोरियां हैं जो एक मनुष्य में रहनी चाहिए पर उन कमजोरियों पर निरंतर विजय प्राप्त करने का नाम ही मनुष्य है। मां भी ऐसा ही करती है इसलिए वे कहानी का चरित्र बन सकी हैं। जयशंकर कहानी के नेरेटर के साथ ऐसी ही मां की कहानी लिखना चाहते हैं। उन्हें विश्वास नहीं होता कि अंदर एक मरुस्थल को जीने वाली मां की कहानी भी वे लिख सकते हैं 'क्या मैं कभी भी कोई ऐसी कहानी लिख सकूंगा जिसमें मां के भोगे गये का, मां के सहे गये का थोड़ा-सा भी कुछ उतर पायेगा?' मैं समझता हूं कि यह ऐसी ही एक कहानी है, जिसमें मां एक भारतीय स्त्री के रूप में, भरीपूरी स्त्री के रूप में उभरी हैं। मां के संघर्ष, भारतीय परिवारों का अकेले पड़ते जाने का दुख, प्रेम विवाह और प्रेम करने की छूट में पिसते परिवार, चुपचाप बिना किसी अपराध त्याग दी गयी औरतों की पीड़ा, निरीह और अनाथ बच्चे तथा परिवारों की मर्यादा के लिए चिंतित तथा मां को अकेला न छोड़ पाने के कारण अपने कैरियर को दांव पर लगाता छोटा बेटा इस कहानी में अपने पूरे दुख और अकेलेपन के साथ उभरकर आये हैं। 'कोई ऐसी कहानी' में मां का कोई नाम नहीं है इसलिए कि यह एक मां की कहानी भर नहीं है। यह कहानी पूरे भारतीय परिवारों की कहानी बनकर उभरी है इसलिए मैंने कहा कि इसमें मां और छोटे बेटे का जो दुख, घुटन, अकेलापन और उदासी है वह केवल कहानी के पात्रों भर की नहीं है। उपन्यास-कहानियां लिखने वाली मां, पुस्तकालय में खूब पढ़ने वाली वह कम उम्र की विधवा स्त्री, शास्त्रीय संगीत और नृत्य के शौकीन दोनों बेटे कैसे बिखरकर अलग-थलग पड़ गये हैं। जयशंकर ने बहुत धैर्य के साथ मां और बेटे के अलग-अलग चित्र बनाये हैं, जिनमें वे बिल्कुल अंधेरे में अकेले हैं लेकिन रास्ता ढूंढ़ रहे हैं। इसी वजह से कहानी में पिष्टपेषण नहीं है और न ऐसी उदासी है जो पाठक पर छा जाये

बल्कि ऐसा कुछ है जो उस उदासी और दुख को दूर करने की छटपटाहट देता है। इसलिए कहानी के अंत में नेरेटर कहता है 'आज की रात सैर के वक्त, अपनी किसी आत्मीय सड़क से गुजरते हुए मैं ऐसी किसी कहानी में आ रहे पात्रों के बारे में, उनकी उम्र, उनके इलाके, उनके परिवार और उनकी रुचियों के बारे में सोचना शुरू करूंगा। इस पर भी ध्यान लगाना चाहूंगा कि कहानी में सिर्फ गर्मियों की रातों का जिक्र हो, गर्मियों की रातें जो मुझे तसल्लियां देती रही हैं और ऐसा वक्त जिसकी मैं प्रतीक्षा करता रहा हूं।' कहना न होगा कि गर्मियों की रातें ही नेरेटर को क्यों पसंद हैं?

हमारा समाज और स्त्री जीवन का यथार्थ

स्त्री विमर्श को स्त्री जीवन की चुनौतियों से अलग कर नहीं देखा जा सकता। उसके प्रश्न और समाधान स्त्री के संघर्षपूर्ण जीवन से ही निकालने चाहिए। केवल भारतीय समाज ही नहीं बल्कि अधुनातन यूरोपीय समाज में भी स्त्री को सहज जीवन का मुक्त आकाश उस रूप में सुलभ नहीं है जिस रूप में पुरुष को प्राप्त है। यही कारण है कि स्त्री उत्पीड़न के मामले आभिजात्य और विकसित कहे जाने वाले समाज में भी कम नहीं है। स्त्री का नग्न रूप, वेश्यावृत्ति या पैसे के बल पर स्त्री देह का शोषण तथा बाजार में उसे बेचने के लिए तमाम तरह के हथकंडों का प्रयोग विकसित समाज में अधिक है। यह स्वतंत्रता जो हमें यहां बैठे दिखाई देती है वह मात्र दिखावा है, एक छलना है और पाखंड है – जो पूंजी के सहारे पूरे विश्व में प्रचारित किया जा रहा है।

चीन में हो रहे ओलंपिक के दौरान जो सबसे बड़ी खबर प्रचारित की गयी वह वेश्यावृत्ति की है। वेश्यावृत्ति को सुलभ और निरापद बनाने के लिए करोड़ों कंडोम भेजने की खबर पूरी मीडिया ने बड़े उत्साह से प्रचारित की। इस खबर के मायने क्या हैं? क्या यह खबर स्त्री के पक्ष में जाती है और यदि नहीं तो उसके विरोध में स्त्री संगठनों द्वारा आवाज क्यों नहीं उठाई जा रही? इसलिए कि पूंजी की निर्बाध गतिशीलता ने उन प्रश्नों को पीछे धकेल दिया है, जो प्रश्न स्त्री के स्वाभिमान और उसकी निजता से जुड़े थे या उससे उपजते थे। आज सेफ्टी पेड, ब्रा या पेंटी के विज्ञापन के लिए सहर्ष तैयार युवतियां पैसे के अलावा और किस चीज पर प्रसन्न हो सकती हैं, कहने की आवश्यकता नहीं है। कुछ चीजें संकेतों में ही अपने व्यापक
अर्थ खोलती हैं, ये जरूरत की चीजें भी ऐसी ही है लेकिन बाजार हर चीज को नंगा कर दिखाना चाहता है, उसकी संतुष्टि अपने माल को यथास्थान शोभित कर दिखाने में ही होती है, उसके लिए स्त्री देह की गरिमा कोई अर्थ नहीं रखती। उसकी कीमत देकर ही वह अपने विज्ञापन कर रहा है, इसलिए दोनों की शर्म

फूलपुर की फुलवरिया मिसराइन– प्रत्यक्षा

पैसे की चकाचौंध में ढंक गयी है। इस नये विकसित अर्थतंत्र में स्त्री प्रश्नों की बात करना बेमानी है लेकिन क्षरण होते इन प्रश्नों को उठाना और उन पर बहस करना हमारे जागरूक होने की गवाही देता है इसलिए हम बड़े गंभीर होकर इन प्रश्नों पर बात करते हैं। मुझे लगता है कि हिंदी में इसलिए स्त्री विमर्श पर इन दिनों सर्वाधिक चर्चा हो रही है। अपने समाज की मुख्य चिंताओं और भयावह स्थितियों से मुंह फेर कर ऐसे प्रश्न उठाना सुरक्षित जीवन को और अभय बनाता है। कहना न होगा कि सरकारी आंकड़ों के अनुसार स्त्री पहले से अधिक असुरक्षित है, आभिजात्य और कुछ प्रतिशत जागरूक स्त्रियों को अपवाद की तरह ही लेना चाहिए।

हिंदी कहानी के लिए यह सुखद स्थिति है कि पुरुष लेखन के साथ स्त्री लेखन भी उतना ही सशक्त और जीवंत है। इक्कीसवीं शताब्दी की दहलीज पर खड़े समय में अपनी पहचान बनाने के लिए जागरूक जिन महिला कहानीकारों ने अपनी कहानियों से पाठकों का ध्यान आकृष्ट किया है उनमें महुआ मांजी, अल्पना मिश्र, कविता, प्रत्यक्षा, नीलमशंकर एवं वंदना राग आदि प्रमुख हैं। इन कहानीकारों के सामने लंबा रास्ता है, उन्होंने जो सोपान पार किया है, उस पर न रुकने की जगह है और न आराम करने का समय। इसलिए अपनी पहचान को और धवल बनाने के लिए इन्हें निरंतर श्रम करने की आवश्यकता है। यहां मैं 'तद्‌भव' के अंक 17 में प्रकाशित प्रत्यक्षा की 'फूलपुर की फुलवरिया मिसराइन' कहानी पर अपनी बात कहना चाहता हूं।

यह कहानी दो भिन्न स्थितियों में रह रहीं दो स्त्रियों की कहानी है। हमीदन और फुलवरिया मिसराइन की कहानी। कहना न होगा कि प्रत्यक्षा ने स्त्री पक्ष को रखने के लिए दो भिन्न धर्म, भिन्न वर्ग और भिन्न मानसिकता की दो ऐसी स्त्रियों को कहानी की पात्र बनाया है जो अलग होते हुए भी एक जैसी समस्या से पीड़ित हैं। हमीदन विवाह के बारह वर्ष बाद भी संतान सुख से वंचित है और मिसराइन का तो पति ही शादी की पहली रात अपनी पहलवानी दिखाने के बाद से गायब है। यानी एक का पति साथ रहते हुए भी संतान सुख नहीं दे पाया और दूसरी का पहलवान पति उसे छोड़कर न जाने कहां साधु संतों की संगति में अपना इहलोक सुधारने के लिए प्रायश्चित्त कर रहा है। प्रत्यक्षा ने हमीदन और मिसराइन की कथाओं को बारीकी से बुना है और संकेतों से उनके दुख और उनसे मुक्ति की छटपटाहट को भी रेखांकित किया है। केवल दुख बताने से कहानी प्रभावशाली नहीं बन पाती इसलिए चैतन्य होकर दुख को दूर करने के लिए किये जा रहे निजी प्रयासों को वे विशेषरूप से बताती हैं। इन प्रयासों को

सामाजिक दृष्टि से देखने पर वे दोनों स्त्रियां पथभ्रष्ट नजर आयेंगी लेकिन उनके अपने दुखों के प्रसंग में देखने पर वे साहसी दिखाई देंगी। दरअसल, समाज के ताने-बाने में या तो उच्च वर्ग अपने निर्णय लेने के लिए स्वतंत्र है या निम्नवर्ग। मध्यवर्ग तो दोनों के बीच पिस रहा है और सामाजिकता के नाम पर थोथी नैतिकता के चक्कर में घुट रहा है। हमीदन सामान्य परिवार की है और मिसराइन पंडित परिवार की। हमीदन तुरंत निर्णय ले लेती है लेकिन मिसराइन को सोचना पड़ता है इसलिए प्रत्यक्षा उनके बारे में स्पष्ट कुछ नहीं कहतीं बल्कि अप्रत्यक्ष तरीके से उनकी इच्छा को बताती हैं। इन दोनों स्त्रियों के प्रसंग में मुझे मोहन राकेश की 'सुहागिनें' कहानी याद आ रही है। एक कॉलेज की चपरासिन और दूसरी प्राचार्या, दोनों सुहागिनें पर चपरासिन का पति पैसे के लिए उसे पीटता है और प्राचार्या का पति दूसरे शहर में बैठा उसके दम पर गुलछर्रे उड़ा रहा है। कहानीकार का जोर सुहागिन होने पर है, दोनों सुहागिनें हैं लेकिन अपने-अपने दुखों से दोनों ही दुखी हैं। क्या प्रत्यक्षा भी ऐसी ही दो सुहागिनों की कथा नहीं कह रही हैं?

पहले हमीदन का किस्सा। हमीदन मुख्तार की बीवी। शादी के बारह साल बीत जाने पर भी जब कोई संतान नहीं हुई तो हमीदन की अजमेर वाली बहन ने खत लिखा 'आ जाओ दरगाह पर मत्था टेक लो। पीर मुराद पूरी करेंगे। महीने भर रही। लौटते वक्त रास्ते से ही तबियत खराब। चक्कर पे चक्कर, मार उल्टी पे उल्टी। घर पहुंची तो लस्तपस्त।' कहना न होगा कि कहानी में इस बात का कोई जिक्र नहीं है कि हमीदन के साथ मुख्तार भी अजमेर गये थे। इस तथ्य को जानबूझकर छिपाया गया होगा ऐसा भी प्रत्यक्षा ने कोई संकेत नहीं दिया बल्कि यह स्पष्ट कर दिया कि हमीदन के पेट से जो बच्चा पैदा हुआ उसकी शक्ल -सूरत न हमीदन से मिलती है और न मुख्तार से 'कुछ महीनों बाद अजमेरी पैदा हुआ। नाम तो पैदा होने के पहले ही तय था सो खाला ने बाहर आते ही मुख्तार को खबर दी कि अजमेरी पैदा हुआ है। हमेशा का सीधा मुख्तार खुश हुआ, इतना खुश हुआ कि पूछना ही भूल गया कि लड़का हुआ कि लड़की।'

'खैर, अजमेरी धीरे-धीरे बड़ा होने लगा। जैसे-जैसे वो बड़ा होता गया ये बात दीगर होती गयी कि उसकी शक्ल न मुख्तार से मिलती और शायद हमीदन से भी नहीं। कहते हैं कि खुदाबंद ने हर इंसान की शक्ल ऐसी बनायी है कि उसके जैसा और कोई समूची दुनिया में भी न हो। पर ठीक-ठीक अजमेरी की शक्ल का कोई लड़का अजमेर की गलियों में सुरमा लगाये, लेस वाली टोपी पहने घूमता खेलता था और जैसे जैसे अजमेरी बड़ा होता जाता उसकी शक्ल उस अजमेर वाले लड़के से और ज्यादा मिलती जाती।' प्रत्यक्षा क्या कहना चाह रही

हैं, यह स्पष्ट है। ऊपर मुख्तार के अजमेर जाने को जिस तरह अनकहा रखा नीचे उसका स्पष्ट खुलासा कर दिया यानी अजमेरी जिसका बेटा है उसका एक बेटा अजमेर में भी घूम रहा है – उसी की शक्ल सूरत का। तो क्या हमीदन का यह निर्णय आम भारतीय स्त्री का निर्णय है? नहीं। भारतीय स्त्री सारी लांछना झेलकर भी ऐसा निर्णय नहीं लेती, नहीं ले सकती। उसके सामने अपना समाज है, उसके अपने संस्कार हैं इसलिए वह हमीदन के रास्ते पर नहीं जाती या हमीदन का रास्ता केवल हमीदन के लिए ही है, उसने अपना रास्ता स्वयं बनाया है। लेकिन कहा और माना तो यह भी जाता है कि अकेला क्रांतिकारी निर्णय अपवाद होता है और अपवादों पर कहानियां नहीं लिखी जातीं। फिर प्रत्यक्षा ने हमीदन की यह कहानी क्यों लिखी? मैं यह तो नहीं मान सकता कि प्रत्यक्षा को कहानी के बारे में कोई जानकारी नहीं है, उन्हें जानकारी होगी इसके प्रमाण उनकी अन्यत्र कहानियों में भी मिलते हैं। वे सजग पाठक हैं। बारह साल तक इंतजार के बाद जब कोई संतान नहीं हुई तो वे उन्हें अजमेर ले जाती है और गर्भ धारण कर लिए जाने पर उन्हें अपने घर लाती हैं। यदि नैतिकता का प्रश्न उठाना जरूरी हो तो हमीदन का यह निर्णय गलत है और हमीदन की अपनी परेशानियों और लांछनों को ध्यान में रखकर उसके निर्णय पर विचार किया जाये तो हमीदन सही है। हमें यहां यह भी देखना चाहिए कि इस पूरे घटना क्रम में प्रत्यक्षा कहां हैं? प्रत्यक्षा को देखने के लिए कहानी में आये विवरणों पर ध्यान देना होगा। वे बताती हैं कि अजमेरी के पेट में आने के बाद 'हमेशा की पतली हमीदन फैलती जा रही थीं। सिर्फ पेट नहीं, हाथ, पांव, चेहरा सब और जैसे जैसे हमीदन फैलती, घर की बाकी चीजें उसी अनुपात में सिकुड़ने लगीं। इस बार की फसल अच्छी न रही। मुर्गियां एक एक करके पटापट मरने लगीं। कोई ऐसी बीमारी फैली कि बस। बड़ी मुश्किल मशक्कत से आधी दरजन बचाई गयी।' तथा अजमेरी के जन्म लेने के बाद 'मुख्तार मियां पर फालिज पड़ा और वो लग गये चारपाई से। खेत अब तक बंजर ढूह में बदल गया था। गाय भैंस मर मरा गये थे।.... गिरे हुए होठों से लगातार लार चुआते हुए मुख्तार अनझिप आंखों से अजमेरी को देखते और अपने देखे, अनदेखे, दोस्त, दुश्मनों से उसके चेहरे का मिलान करते रहते।... जाना उनको था पर उनके पहले सांप काटे से हमीदन चली गयी। ... उसके कुछ दिन बाद मुख्तार भी चल बसे बिना जाने कि अजमेरी खासमखास उनका ही बेटा था।' जाने से पहले मुख्तार के मन में बसी इस चिंता का कोई समाधान न तो प्रत्यक्षा ने कराया और न ऐसा कराना संभव था। कहानी यदि इस रहस्य को खोल देती और उस आदमी का नाम बता देती तो

फिर कहानी में जो द्वंद्व और तनाव है वह समाप्त हो जाता। कहानी केवल सारी चीजें बताने के लिए नहीं है, कहानी संकेतों में भी कहने से अधिक कह जाती है और प्रत्यक्षा ने यही किया है। इसलिए यहां हमीदन का निर्णय महत्त्वपूर्ण नहीं रहता बल्कि यह खास हो जाता है कि अजमेरी के गर्भ में आने के बाद से ही मुख्तार के परिवार की स्थितियां विकट होने लगती हैं। यह भारतीय धारणा है कि गलत काम के नतीजे यहीं इसी जन्म में देखने को मिलते हैं। इसका अर्थ यह हुआ कि हमीदन ने गलत निर्णय लिया था इसलिए देखते-देखते भरापूरा परिवार समाप्त हो गया। तो क्या प्रत्यक्षा हमीदन के साथ होने का भ्रम बनाये रखकर उसके विरोध में खड़ी हैं। कहानी तो यही कहती है और यदि ऐसा है तो प्रत्यक्षा एक ओर पाखंडों और रूढ़ियों के समर्थन में खड़ी हैं तो दूसरी ओर स्त्री की यौन शुचिता के पक्ष में।

कहानी में दूसरी स्त्री फुलवरिया मिसराइन है, जिसके नाम पर कहानी का शीर्षक है।

फुलवरिया कस्बे के पंडित जी और फूलपुर किराना स्टोर के मालिक की पुत्रवधू है। पंडित जी के एक बेटा है रामावतार जिसके साथ फुलवरिया का विवाह हुआ है। घर में पंडितजी, रामावतार और रज्जू हैं। रामावतार की मां की मृत्यु के बाद पंडित जी की इच्छा थी कि वे ही दूसरा विवाह कर लें लेकिन सामाजिक प्रतिष्ठा की वजह से उन्हें अपने पहलवान बेटे रामावतार का विवाह करना पड़ा। रामावतार कुश्ती, दंगल में भाग लेने, हनुमान भक्ति से ओतप्रोत रहने तथा ब्रह्मचर्य पर जोर देने के कारण विवाह करने के पक्ष में नहीं थे पर फुलवरिया की जन्मपत्री के कारण उन्हें करना पड़ा। प्रत्यक्षा ने दो स्त्री पात्रों के साथ दो पुरुष पति पात्र भी रचे हैं– मुख्तार और रामावतार। मुख्तार की कमजोरी के बारे में पहले बता ही चुके हैं इसलिए अब रामावतार। रामावतार पहलवान युवक हैं। शादी पक्की होने पर दूध, बादाम का सेवन कर सुहागरात की तैयारी करने में लगे हैं। प्रत्यक्षा ने उनके इस रूप का वर्णन यों किया है 'खुसरूपुर की फुलवरिया रामावतार मिसिर की नयी ब्याही बन फूलपुर आ गयीं। सुहागरात के समय रामावतार मिसिर, गोरी गोरी, केले के थम्ब जैसी पीली सुबुक फुलवरिया को देख होश खो बैठे। उनकी हालत ऐसी थी कोई भी औरत उनको खुश कर देती। वो इतनी तत्परता से पत्नी की चाहत रख रहे थे कि रूप, गुण, कुछ भी इस चाहत के आड़े नहीं आता। यहां तो कंटीली आंखों का पानी उन्हें बेसुध कर रहा था। साड़ी के किनारी से निकला चौड़ा गोरा पंजा, उनके अंदर ऐसा रोमांच पैदा कर रहा था जो कि एक सुडौल पांव नहीं कर पाता। स्वस्थ सुडौल बांहों

का आभास भर ही उन्हें मार रहा था। बस सामने ब्याही पत्नी सिमटी सिकुड़ी बैठी थी और रामावतार का कसरत कुश्ती वाला, दूध दही खाया पिया शरीर था, उन्मत्त उन्माद था, बेचैनी थी, बेकरारी थी, जोश था, जुनून था, अनाड़ीपन था। टूट पड़े पत्नी पर, गोलगाल, पन पन, गोरी नारी पत्नी पर। फुलवरिया घूंघट में सपने भरे लजाई सकुचाई बैठी थीं। खुसरूपुर के एकमात्र सिनेमा हॉल में ऐसे कई सुहागरात के फिल्मी दृश्य मां भाभी के साथ देख चुकी थीं, भाभी की चुहल भरी हिदायतें, नयी ब्याही सखियों की खुसफुस बातें, पति को टूटते देख हक्की बक्की रह गयी कुछ क्षण। फिर दर्द का तेज आवेग हुआ, एक उबकाई सी आयी और मुंह से चीख निकल गयी। रामावतार का चौड़ा बलिष्ठ पंजा मुंह पर, होठों को, चीख को दबा गया। रामावतार के मन की पूरी हुई। पर हथेलियों पर दांत के दो गहरे निशान रह गये।' ये दृश्य हैं रामावतार और फुलवरिया की सुहागरात के। इन दृश्यों से पत्नी पर बलात्कार जैसी घटना निकलकर आती है। इसलिए अपने अनाड़ीपन में, अपने दोस्तों के बेवकूफ बहकावे में रामावतार ने पत्नी के साथ का कोमल तार खो दिया। फिर जब भी रामावतार फुलवरिया के करीब आये, उसका शरीर काठ की तरह निष्प्राण हो जाता। रामावतार थे कोमल हृदय। ऐसी जोर जबरदस्ती उनके स्वभाव के विपरीत थी। धीरे-धीरे सिमटने लगे। उन्हीं दिनों कोई स्वामी जी आये हुए थे। कहा जाता है कि उन्हीं स्वामी के डेरे पर रात दिन रामावतार पाये जाने लगे। स्वामीजी की सेवा मनप्राण से करने लगे। सुनी सुनाई बात है कि स्वामीजी ने कहा उनसे, कि स्त्री संसर्ग से दूर रहो। रामावतार ने स्वामी जी के चरणों में सिर रख दिया। स्वामी जी की उंगलियां रामावतार के सर में, बालों में आशीर्वाद स्वरूप फिसलती रहीं। अगले दिन डेरा उठ गया था। फिर रामावतार को किसी ने फूलपुर में नहीं देखा।

फुलवरिया और रामावतार विवाह के बाद केवल एक दिन ही सम्बन्ध स्थापित कर सके बाकी दिनों में तो कहानीकार के अनुसार करीब आते ही उन्हें काठ मार जाता था। यदि पुरुष में और वो भी कस्बे के पुरुष में इतनी संवेदनशीलता है, जितनी कहानीकार ने बताई है तो स्वागतयोग्य है पर वास्तव में ऐसा होता नहीं है। गृहस्थ जीवन में कितनी स्त्रियां हैं जिनकी इच्छा से देह सम्बन्ध स्थापित होते हैं। परिवारों में पति की इच्छा ही सर्वोपरि होती है इसलिए रामावतार को यदि अपनी गलती का अहसास हो रहा है तो यह समझदारी भरा कदम है जो रामावतार का कम कहानीकार का अधिक है। कहानीकार पुरुष से ऐसी संवेदना की उम्मीद करती हैं तो ठीक है पर यथार्थ को भी बताना चाहिए था। कहानी पढ़ते हुए जो खटका होता है वह यह कि रामावतार को अपनी

गलती का अहसास होता है क्योंकि वे कहानीकार की दृष्टि में कोमल हृदय वाले हैं जबकि फुलवरिया के मन के बारे में उन्होंने कुछ नहीं लिखा। उनका विरोध, उनकी नाराजगी, जबर्दस्ती के प्रति उनका अनबोलापन कुछ भी तो कहानी में नहीं बताया गया है यानी यह मान लिया जाये कि फुलवरिया को इन चीजों से कोई एतराज नहीं था क्योंकि उसने फिल्मों में ऐसे दृश्य देखे हुए थे। मैं फिर यह जानना चाहूंगा कि प्रत्यक्षा फुलवरिया के पक्ष में खड़ी हैं या रामावतार के। कहानी से वे रामावतार के पक्ष में खड़ी हैं और यदि ऐसा है तो मैं समझता हूं कि यह रामावतार के उस वहशी रूप का समर्थन है। रामावतार के साधु के संग जाने से कुछ नहीं होता, यह तो उनका पलायनवाद है, जो कभी और किसी उम्र में हो सकता है। सवाल यह है कि जो रामावतार स्त्री देह का स्पर्श पाकर एक क्षण के लिए भी संयम नहीं रख पाये वे इतने निर्मोही क्यों हो गये? यदि पत्नी कुछ कहती, नाराज होती और उन्हें पशुवत् आदतों का शिकार होने की बात कहकर लताड़ती तो वैराग्य होने की बात भी समझ में आती, तुलसीदास रत्नावली के प्रसंग की तरह पर यहां तो ऐसा कुछ भी नहीं था। फुलवरिया ने तो कुछ भी नहीं कहा। यदि कहा होता तो कहानी में आता ही पर फुलवरिया का पक्ष तो अनकहा ही रह गया। ऐसी सीधी और सुंदर स्त्री का पति यदि घर से पलायन कर जाये तो बात समझ में नहीं आती। प्रत्यक्षा जो कहना चाहती हैं वे या तो कह नहीं पाई या आदर्श का शिकार होकर रह गयी। वे स्त्री की अपेक्षा पुरुष को अधिक आदर्शवादी और संवेदनशील दिखाना चाहती हैं। ऐसा क्यों, उन्होंने कुछ नहीं बताया पर कहानी तो यही कहती है।

प्रत्यक्षा ने फुलवरिया का जो रूप और स्वभाव चित्रित किया है वह बहुत खुली और जीवन रस से पगी औरत का है। कहानी की शुरुआत में वे फुलवरिया का परिचय देते हुए लिखती है– 'वे अड़स कर बैठ गयी थीं। साड़ी जांघ और पिंडलियों के बीच दबाकर। पैर उनके खूब गोरे थे। चौड़े पंजे, उंगलियां छोटी छोटी, नाखून खूब धंसाकर काटे हुए। आलते का चौड़ा पाड़। पंजों पर अंगूठे से चप्पल के फीते की नकल करता हुआ चौड़ा लाल रंग। फिर बीच में तीनपत्ती वाला फूल, फिर दो सीधी धारी और अंत में तीन बुदकियां बीचोंबीच से, आलते के कार्य समापन की घोषणा करती हुई।' पति के घर छोड़कर जाने के बाद भी वे श्रृंगार इसी तरह करती इसलिए औरतें उन्हें कठकरेजिन कहतीं और पिंचर लगाने वाला मुछंदर उन्हें देखकर गाने गाता 'बदन पे सितारे लपेटे हुए, ए जाने तमन्ना किधर जा रही हो।' ये बनाव श्रृंगार किसके लिए। पति प्रायश्चित्त में घर छोड़कर चले गये और पत्नी साज-श्रृंगार कर दूसरों के दिल पर आरे चलवा रही हैं।

प्रत्यक्षा लिखती हैं 'माने रामावतार के बिना भी जीवन खूब चल रहा था। फुलवरिया की जवानी अब भी उठान पर थी। मोहल्ले, गली के लौण्डे लपाड़े उन्हें देख आहें भरते, फब्तियां कसते। इस सबसे बेखबर फुलवरिया सज-बज के तैयार होती, सखी सहेलियों से मिलती जुलती, खूब हंसती। रात-बिरात कभी रामावतार की याद आती तो अपमान से चेहरा लहक जाता और उसकी हथेलियों में धंसा अपना दांत याद आता। पर फिर भी ठस्स गर्मी में छरछितांग लेटे, शरीर पर से आंचल दूर हटाते कोई कीड़ा नाभि के नीचे सुरसुराने लगता। लौण्डे लपाड़ों की फब्तियां शरीर पर फिरने लगतीं, मुछंदर का गीत छाती के बीच धड़ाम-धड़ाम थाप देने लगता। ऐसी गर्म रातों को फुलवरिया को नींद नहीं आती। नागिन अपना केंचुल छोड़े तो कैसे?' अब बात स्पष्ट हो गयी यानी उन्हें पति के जाने का कोई मलाल नहीं है उनका यौवन अब भी किसी आदमी की चाहत में उठा पटक कर रहा है इसलिए वे अपने घर में काम करने वाले अजमेरी की ओर आकर्षित होती हैं जो बहुत पहले से छुपकर उनके शरीर को देखा करता था। घर को संभालते हुए फुलवरिया को एक अदद आदमी की जरूरत है, चाहे वह कोई भी हो, चाहे लोग उनके बारे में कुछ भी कहें। इसलिए कहानी के अंत में अनिश्चित लेकिन निश्चित भाव से कहा गया है 'अब पता नहीं फुलवरिया का सपना और अजमेरी का सपना पूरा हुआ कि नहीं। फूलपुर ने पहली दफा एक त्यक्ता स्त्री का दूसरा विवाह देखा कि नहीं, कि पहली दफा एक और ने अपने से छोटे पुरुष का हाथ थामा कि नहीं, कि पहली दफा एक ब्राह्मण पंडिताइन ने एक मुसलमान मर्द का साथ सुख पाया कि नहीं ...।'

प्रत्यक्षा पूरी कहानी में असमंजस की स्थिति में है। उन्हें हमीदन का निर्णय भी अच्छा लगता है और उस निर्णय की परिणति से भी असंतोष है। उन्हें मिसराइन का उभरता-उठता यौवन और खिलंदड़ापन भी अच्छा लगता है तो अजमेरी के साथ विवाह और विवाहेतर सम्बन्धों को बताना भी अनुचित लगता है। उन्हें पुरुष का असमर्थ और कमजोर होना भी कचोटता है तो स्त्री की जगह पुरुष की संवेदनशीलता भी अच्छी लगती है। यह पुराने और नये का द्वंद्व है। एक ओर स्त्री विमर्शकारों में क्रांतिकारी बनकर नाम लिखाने की ललक है तो दूसरी ओर अपनी परंपराओं से बंधे रहने का मोह भी। यह स्थिति सार्थक रचनाशीलता से विमुख करती है। कहानीकार को एक निर्णय तो लेना ही चाहिए और वह निर्णय निश्चित ही सामाजिक, संघर्षपूर्ण और सार्थक जीवन के पक्ष में ही जायेगा।

कब तक नचायेंगी राधा को रंगमहल में

'कथादेश' ने अपने विगत दस वर्षों के अंकों में से विशिष्ट रचनाओं का एक चयन प्रकाशित किया है। वे उन महत्त्वपूर्ण रचनाओं का पाठ चाहते हैं ताकि पाठकों की स्मृति में वे रचनाएँ एक बार फिर ताजा हो सकें। इस अंक की योजना उचित है, इसलिए भी कि कई बार अंकों की मासिक आवृत्ति में कोई विशिष्ट रचना छूट जाती है। यह इसलिए भी संभव है कि आज हिन्दी में ढेरों पत्रिकाएं ऐसी निकल रही हैं जिन्हें बगैर देखे भी चैन नहीं पड़ता और पढ़ने बैठें तो पूरा महीना पत्रिकाएं पढ़ने में गुजर जाता है। इसलिए हर पाठक अपना एक चयन करता है और उसी के अनुरूप वह पढ़ता भी है। बहरहाल, 'कथादेश' के इस अंक की अंतिम चयनित और पुनःप्रकाशित कहानी नीलाक्षी सिंह की 'रंगमहल में नाची राधा' है। नीलाक्षी सिंह अपनी 'परिंदे का इन्तजार सा कुछ' कहानी के लिए अधिक जानी जाती हैं। वह कहानी कथादेश में न छपकर 'तद्‌भव' में प्रकाशित हुई थी इसलिए उसका चयन यहाँ नहीं हो सकता था। चूँकि उन्हें छापना ही था इसलिए उनकी कहानी 'रंगमहल में नाची राधा' का चयन किया गया। इस कहानी पर मैं इसलिए बात करना चाहता हूँ कि यह स्त्री-विमर्श के दौर में ऐसी युवा लेखिका की रचना है जो अपने विचारों के साथ स्त्री-विमर्श के नये पैरोकार के रूप में भी जानी जाती हैं। नीलाक्षी सिंह स्त्री की मुक्ति की प्रबल दावेदार हैं, मैत्रेयी पुष्पा, प्रभा खेतान, लवलीन और लता शर्मा की तरह—जाहिर है कि स्त्री की मुक्ति से कौन इंकार करेगा। लेकिन यह तो तय होना ही चाहिए कि स्त्री किससे मुक्ति चाहती है। मुक्ति तो गुलामी के बंधनों से ही होनी चाहिए। पर हमारी अतिउत्साही लेखिकाएँ ऐसा नहीं चाहतीं। वे ऐसा करके स्त्री मुक्ति के आंदोलन और स्वयं को भटकाती हैं। उनकी मुक्ति मन और शरीर की स्वतंत्रता से है। क्या स्त्री ऐसा ही चाहती है, क्या वह गुलामी और अन्याय-अत्याचार से मुक्त होकर स्वतंत्र जीना नहीं चाहती। क्या वह पुरुष के कंधे से कंधा मिलाकर निर्भय नहीं रहना चाहती? वह ऐसा ही चाहती है, उसके लिए देह मुक्ति बहुत

रंगमहल में नाची राधा – नीलाक्षी सिंह

बड़ी चीज नहीं है, स्वतंत्र और स्वायत्त रहकर वह अपनी देह की भी स्वामिनी होगी फिर किस लंपट में साहस होगा कि उसकी इच्छा के विरुद्ध उसे भोगने का लालच पाल सके? हमारी युवा लेखिकाओं की विवशता और सीमा यह है कि वे परम्परा और यथार्थ को जाने बगैर स्त्री को मुक्त करना चाहती हैं इसलिए उन्हें देह मुक्ति ही सबसे बड़ी और सबसे अहम लगती है।

नीलाक्षी सिंह घर परिवार की एक सामान्य और कर्मठ स्त्री दीवानबाई में स्त्री मुक्ति का यह कुपाठ आरोपित करना चाहती हैं इसलिए उनकी दीवानबाई को बुढ़ापे में जब घर में बहुएँ आ चुकी हैं, नाती पोते हो चुके हैं तथा पति सुदामा प्रसाद अपने पारिवारिक और वैवाहिक जीवन की सारी जिम्मेदारियों से मुक्त हो चुके हैं तब दीवानबाई को पुराने घर और मन के रिश्ते की याद आती है। कहानी के अंतिम पृष्ठ में दीवानबाई को उनके पुराने प्रेमी की पत्नी और बच्चों के मर जाने की खबर सुनाई जाती है। इस खबर से उन्हें आघात लगता है, वे रात भर बिस्तर पर तड़पती हैं और रोती हैं। उन्हें अब अपने प्रेमी का घर याद आता है, उन्हें अपने छोटे-छोटे नातियों को रोटी का कौर खिलाते हुए भी वही प्रेमी याद आता है, उन्हें चिंता है तो अपने उसी प्रेमी की–'अपने पोतों के पीछे थाली लेकर कौर बनाकर घूमते हुए...उनसे खा लेने की मनुहार करते हुए। उनका मुंह अपने आंचल से पोंछते हुए...अक्सर वह भटकने लगीं। आगे-आगे दौड़कर उसे छकाता बच्चा कब कनपटियों पर सफेद बाल वाला रूप धर लेता, कुछ होश ही न रह पा रहा था। कौन रखता होगा उसके खान-पान का ध्यान! रात को सोते में अचानक खांसी का दौर आ जाता होगा तो कौन एक गिलास पानी तक लाकर देता होगा! कुर्ते मैले पड़ रहे हैं या चप्पल घिस रही है या वजन कम हो रहा है...कौन दिलाता होगा इसका ध्यान! दीवानबाई सोयी रातों को उंगलियों से टटोल-टटोलकर बिस्तर पर कुछ ढूँढ़ती। उसका प्रेम एक नवजात शिशु में सिमट आता...पूरी तरह से बस उस पर आश्रित। उसका खाना, सोना, पीना, नहाना सब दीवानबाई पर निर्भर। वह भूखा होता तो उसके होंठ दीवानबाई को तलाशते... उसे नींद आ रही होती तो उसकी आँखें दीवानबाई को ढूँढ़तीं...दीवानबाई ने अपने सीने को दोनों बांहों की गिरफ्त में कसकर जकड़ लिया...ये कैसा प्रेम था जो मातृत्व में, वात्सल्य में घुल-मिल जाता था। क्या औरत एक उम्र के बाद सिर्फ और सिर्फ माँ रह जाती है?' यह पूरा उद्धरण उस मान्य धारणा के विरुद्ध है जो स्त्री की संपूर्णता मातृत्व में मानता आया है। यह उद्धरण इस धारणा के भी विरुद्ध है कि एक उम्र के बाद स्त्री अपने परिवार और नाती-पोतों में ही अपना भविष्य देखना शुरू कर देती है, उसके लिए अतीत भूल चुकी वह घटना

है जो जीवन में कभी भी याद नहीं आती।

कहानी के प्रारम्भ में सुदामा प्रसाद का परिचय देते हुए यह बता दिया गया है कि इस समय उनकी उम्र 62 वर्ष है, स्पष्ट है कि दीवानबाई भी साठ के आसपास ही होंगी। यानी कि भारतीय स्त्रियों से तुलना करें तो एक कृतकार्य स्त्री। मर्द के लिए तो कहा जाता है कि वह साठ की उम्र में भी जवान बना रह सकता है, 'साठा सो पाठा' पर स्त्रियों के लिए ऐसा कहीं नहीं कहा जाता। इसलिए कि वे रजस्वला मुक्ति के उपरान्त स्वयं को स्त्रीत्व से मुक्त मानकर नाती-पोतों और बहुओं में अपने जीवन की सार्थकता ढूंढ़ने लग जाती हैं। वे उसे अपने जीवन की उपलब्धि भी मानती हैं। दीवानबाई जैसी स्त्री उम्र के इस पड़ाव पर अपने भरे पूरे परिवार से संतुष्ट ही हो सकती थी क्योंकि जवानी के दिनों में अपनी मेहनत और किफायत से इस घर को खड़ा किया था, गरीबी के दारुण दुख से बचाने के लिए रात-दिन एक किये थे 'दीवानबाई ने खुशहाल बचपन और सुस्त जवानी के कौमार्यावस्था वाले दिनों के अपने सीखे हुनरों को चमकाया और कुछ सादे कपड़े उसके घर आने लगे और उस घर से जाते वक्त उन कपड़ों पर किस्म-किस्म के फूल-पत्ते डालियां कढ़े होते। कसीदे के पैसों से दाल-नमक का जुगाड़ हुआ। इसी मेहनत के बल पर पति की पढ़ाई पूरी करवाई और ठीक-ठीक जीवन जीने के दिन आये। ऐसी परिश्रमी और परिवार के सुख और समृद्धि के लिए समर्पित स्त्री के लिए इस प्रकार पीछे लौटना संभव नहीं होता। यह सही है कि स्त्री अपने पहले प्यार को नहीं भूल पाती लेकिन यह भी तो सही है कि अपने परिवार के लिए वह एक उम्र के बाद सब कुछ भुला देती है—अपना पहला प्यार भी। दीवानबाई कोई अपवाद नहीं है, उसकी जीवनचर्या और जीवन की विशद घटनाओं से ऐसा नहीं लगता, उसे अपवाद के रूप में प्रस्तुत किया जा रहा है। यह कहानी का सहज विकास नहीं है, यह पात्र का यथार्थ रूप नहीं है बल्कि यह आरोपित रूप है जिसे अपनी बात कहने के लिए खड़ा किया गया है। यदि मान भी लें कि दीवानबाई अपने पहले प्यार को इस उम्र तक नहीं भूलीं तब उसके कुछ जीवन प्रसंग तो कहानी में आने चाहिए थे। पर कहानी में तो उनके आरम्भिक वैवाहिक जीवन के कुछ छुट-पुट दृश्य है जो उनके प्रेम को नहीं भूलने के प्रमाण बनते हैं बाद में तो ऐसा कहीं कुछ नहीं है। दीवानबाई सारी उम्र उसी शहर में रही जिस शहर में उसका प्रेमी रहता है, पर ऐसा कोई दृश्य नहीं है जिससे उनके मिलने, बातें करने और देह को रोमांचित करने वाले कुछ प्रसंग आते हों। लेखिका ने लिखा भी है, 'दीवानबाई की जवान आँखों के सामने उसके प्रेमी का घर बसा। उसकी बाल-बच्चेदार, लदी-फंदी आँखों

के सामने उसके प्रेमी के घर किलकारियाँ गूँजीं। छलनी के उस पार से चाँद और सुदामा प्रसाद को बारी-बारी से देखती, उसकी आँखों के सामने उसका प्रेमी विधुर हुआ। उसके दूर की चीजें धुंधली दिखाई पड़ने वाली आँखों के सामने उसके प्रेमी के बाल सफेद हुए।' यानी सब कुछ सामने ही हो रहा है फिर भी एक दूरी बनी हुई है तब वह प्रेम का घनीभूत रूप कहाँ गया जो जीवन के इस पड़ाव में अचानक बाढ़ की तरह आता है। यदि बाढ़ आनी ही थी तो नदी को तो जीवित रखते। दरअसल, यह स्त्री मुक्ति के छद्‌म को गढ़ने के लिए गढ़ी गयी ऐसी कहानी है जो जीवन की वास्तविकताओं से मुँह मोड़कर क्रांतिकारी उद्‌घोष करना चाहती है। जीवन के इस मोड़ पर दीवानबाई का यह कहना कि शादी से पहले किसी और के साथ मेरे सम्बन्ध थे और मैं उसके पास जाना चाहती हूँ।..... मैं उसके पास लौटना चाहती हूँ। इस घर के सारे कर्तव्य पूरे कर दिये मैंने।...मुझे मुक्ति चाहिए।'

स्त्री मुक्ति का यह सरलीकरण है। दीवानबाई जैसी वयोवृद्ध और घर-परिवार वाली स्त्रियाँ इस प्रकार का निर्णय नहीं लेतीं। निर्णय लेने का यह न तो समय है और न उसकी आवश्यकता। उनका दाम्पत्य जीवन और पारिवारिक जीवन बहुत अच्छी तरह चल रहा था। स्वयं कहानी लेखिका ने लिखा है—'दीवानबाई और सुदामा प्रसाद की गृहस्थी की नींव ऐसी कच्ची थोड़े न थी। दीवानबाई फिर घर-संसार के छोटे-छोटे कामों में उलझ-पुलझ गयी थीं। सुदामा प्रसाद और बेटों को नीम का उबला पानी पिलवाना... पोतों की उंगलियाँ पकड़कर सड़क पार करवाना, बहुओं के लिए फेरीवाले से मोल-तोल कर चूड़ियाँ खरीदना, सूखे धनिया के स्वस्थ मोटे गोटे को सिल पर दरकना, चावल और कंकड़ को एक-दूसरे से अलग करना...दीवानबाई वक्त की रफ्तार से कदम साधकर चलना चाहती थीं।' समय के साथ चलने वाली दीवानबाई का यह समझदारीभरा रूप है, उन जैसी स्त्री का यही रूप हो सकता था और यही कहानी से निकलकर आता है पर कहानी लेखिका को तो कुछ और ही बताना था इसलिए वे उनके स्त्रियोचित रूप की अनदेखी करके क्रान्तिकारी, प्रेम के लिए सब कुछ बलिदान करने वाली आधुनिक स्त्री के रूप में प्रस्तुत कर देती हैं। ऐसा नहीं कि दीवानबाई को प्रेम करने का अधिकार नहीं है, उन्हें अपने परिवार को छोड़ने का भी हक है पर इसके लिए स्थितियाँ तो अनुरूप होनी चाहिए थीं। रांगेय राघव की महत्त्वपूर्ण कहानी 'गदल' में नाती-पोतों और बहुओं वाली गदल घर छोड़कर जाती है तो इसलिए कि देवर और उसके बच्चों ने उसके पति के मरने के बाद मृत्युभोज उदारमन से नहीं किया और जो देवर उन्हें पहली मुलाकात से ही चाहता था—उसने भी

विधवा हुई गदल को हाथ पकड़कर नहीं रोका। पूछने पर गदल स्वयं कहती है 'जगहंसाई से मैं नहीं डरती देवर! जब चौदह की थी तब तेरा भैया मुझे गाँव में देख गया था। तू उसके साथ तेल पिया लट्ठ लेकर मुझे लेने आया था न तब? मैं आयी थी कि नहीं? तू सोचता होगा कि गदल की उमर गयी, अब उसे खसम की क्या जरूरत है? पर जानता है मैं क्यों गयी?..अब मेरा यहाँ कौन है। मेरा मरद तो मर गया। जीते जी मैंने उसकी चाकरी की, उसके नाते उसके सब अपनों की चाकरी बजाई। पर जब मालिक ही न रहा तो काहे का हड़कम्म उठाऊँ? ये लड़के, ये बहुएँ। मैं इनकी गुलामी नहीं करूँगी।... कायर! भैया तेरा मरा, कारज किया बेटे ने और जब सब हो गया तब तू मुझे रखकर घर नहीं बसा सकता था। तूने मुझे पेट के लिए पराई ड्योढ़ी लंघवाई।' गूजर जैसी जातियों में बड़े भाई के मरने के बाद भाभी को रखने की परम्परा है, जिसे उसका देवर डोड़ी नहीं कर सका। गदल के अंदर अपनी परम्पराओं के निर्वाह के लिए ललक है। घर छोड़ना उसकी मजबूरी थी, वह देह मुक्ति के नारे के तहत घर छोड़कर नहीं गयी थी, जबकि उसकी उम्र उस समय कुल 45 वर्ष ही थी, उसे देह की आवश्यकता रही होगी, पर यदि कहानी में यह सब आया होता तो कहानी इतनी बड़ी नहीं बनती।

'रंगमहल में नाची राधा' की दीवानबाई को इतनी बड़ी उम्र में भी देह की आवश्यकता महसूस होती है इसलिए घर छोड़कर प्रेमी के पास चली जाती है। नीलाक्षी सिंह ने लिखा है–''उम्र के इस मोड़ पर ये कैसा भटकाव था जब उम्र थी, इच्छाएँ थीं, भूख थी, तब जो सब नहीं कर पाई उन चीजों की ओर अब. ..इतने सालों बाद। ये तो जीवन का अंत करीब आ रहा था, अब फिर से एक नया जीवन जीने की चाह। वह भी इतने दायित्वों में बंधी होने पर...समाज, घर, परिवार, रिश्तेदार...एक औरत होने के बावजूद। नहीं, उसे अपनी पुरानी दुनिया में ही रहना होगा, उसी में रमा देना होगा अपने को। उसके सुदामा प्रसाद की पीठ को सहलाया अपनी तर्जनी से, उसे मालूम था कि उसके स्पर्श मात्र से सुदामा प्रसाद के मन में हसरतें जाग उठेंगी और...वह हमेशा के लिए अपने को अपनी गृहस्थी में डुबो देंगें। लेकिन ये क्या? कोई हरकत नहीं हुई सुदामा प्रसाद में। उसने अपनी बाँहों का बंधन धीरे-धीरे श्लथ किया। उसके कानों में सुदामा प्रसाद के खर्राटे की महीन आवाज आयी, उसने अपनी बाँहों का बंधन धीरे-धीरे श्लथ किया। उसने सावधानी से पूरी तरह अपने आपको सुदामा प्रसाद से अलग कर लिया। दीवानबाई ने नीले बल्ब की रोशनी में गौर से अपने पति का चेहरा पढ़ा। उस पर साफ-साफ लिखा था कि सुदामा प्रसाद ये बाजी हमेशा के लिऐ हार चुके थे। यानी दीवानबाई को इस उम्र में भी पति, बच्चे, घर परिवार की जगह

देह सम्बन्धों की अधिक आवश्यकता है उनके पूरा न होने पर...''दीवानबाई ने अपने आपको सजाया और अपने प्रेमी के दरवाजे की घंटी बजा दी। मैं एक बार फिर जोर देकर अपनी बात कहना चाहता हूँ कि एक उम्र के बाद स्त्री और पुरुष को देह सम्बन्धों से अधिक घर और उसकी इज्जत अधिक प्यारी होती है, उन्होंने जिस घर को और घर के एक-एक सदस्य को पाल पोसकर बड़ा किया है, उन्हें आगे बढ़ते देखना चाहते हैं। घर की समृद्धि और हंसी खुशी में ही वे अपने भविष्य को सुरक्षित पाते हैं। यह समय पीछे लौटने और प्यार के लिए मर मिटने का नहीं है। दीवानबाई ऐसा करती हैं तो पता नहीं क्यों करती हैं? उन्हें तो अपने संघर्ष भरे जीवन को परिवार की उपलब्धियों में देखना चाहिए।

नीलाक्षी सिंह को भारतीय परिवारों की स्थितियों और स्त्री-पुरुष सम्बन्धों की समझ नहीं होगी, ऐसा मैं नहीं मानता पर इतना तो कहना ही चाहता हूँ कि अपने क्रान्तिकारी परिवर्तनों के बावजूद भारतीय घरों में ऐसा नहीं होता, अपवाद कहीं भी हो सकते हैं लेकिन अपवाद कहानी के विषय नहीं हो सकते। हमारा समाज लाख बुराइयों के बावजूद आगे बढ़ रहा है, स्त्री को वोट देने का अधिकार और अपनी तरह से जीने नौकरी करने का अधिकार इसी समाज ने दिया है। हर समाज की तरह इस समाज में भी विकृतियाँ हैं, जिनसे दोनों को सामूहिक रूप से लड़ना चाहिए। यह लम्बी लड़ाई है, जो एक दिन में हार थक कर पूरी नहीं हो सकती। और यह भी सच है कि असामान्य क्रान्तिकारिता भी किसी महत्त्वपूर्ण लड़ाई के हथियारों को भोथरा करती है, समय उस पर धार धरने का है। यह धार अपने समाज को समझकर ही धरी जा सकती है। नकली कहानियाँ और नकली क्रान्तिकारिता—दोनों ही स्त्री मुक्ति आन्दोलन के विरोध में जाती हैं। स्त्री विमर्श के नाम पर देह मुक्ति और देह की स्वतंत्रता की बात अधिक की जा रही हैं। यह एक प्रकार का भटकाव है, जो स्त्री विमर्श को कमजोर और विमथगामी कर रहा है।

दाम्पत्य सुख के कुंठित सपने

युवा कहानीकार नये तेवर के साथ कहानियाँ कहना चाहते हैं। कहना भी चाहिए क्योंकि समस्याएँ दिनोंदिन बढ़ती जा रही हैं और समाज आंदोलनविहीन होकर स्तब्ध बैठा है। भूमंडलीकरण की चकाचौंध लोगों को दिग्भ्रमित बनाये हुए है। बाजारवाद अब भौतिक ताप न होकर हमारे मन में उतर चुका है। चमचमाती चीजों से लेकर चहकती हुई कालगर्ल तक पाने का अंतहीन लालच मध्यवर्ग के लिए आकर्षण का केंद्र बन गया है। मध्यवर्ग का युवा एक समय तक बहुत बड़ी और आकर्षक चीजों के प्रति कुंठा की हद तक विरक्तिभाव बनाये रखता था, पर अब ऐसा नहीं है। अब वह हर उस चीज को पा लेना चाहता है, जिसे कभी उच्चमध्यवर्ग के उपभोग की वस्तु मानकर उदासीन बना रहता था। इस परिवर्तन को हमारे युवा कहानीकारों को प्रस्तुत करना ही चाहिए। पर प्रस्तुत करने के लिए जिस तटस्थता की आवश्यकता होती है, वह हमारे युवा कहानीकारों में नहीं है।

युवा कहानीकार कुणाल सिंह का ज्ञानपीठ से कहानी-संग्रह आया है– 'सनातन बाबू का दाम्पत्य' यह कहानी 'वागर्थ' के नवलेखन विशेषांक, अक्टूबर 2004 में प्रकाशित हुई थी। तब से लेकर अब तक इस कहानी पर गाहेबगाहे चर्चा होती रही है और अब संग्रह आने पर तो जाहिर है कि चर्चा गर्म है। कई बार चर्चा कहानी पर न होकर कहानीकार के आकर्षण पर होती है और कई बार उस पत्रिका के कारण होती है जिस पत्रिका में वह कहानी प्रकाशित हुई है। कुणाल सिंह के साथ भी ऐसा ही हुआ है। युवा कहानीकार के नाते उन्हेंने अभी तक कहानियाँ गिनती की ही लिखी हैं, उन गिनती की कहानियों में वे इस कहानी को महत्त्वपूर्ण मानते हैं, इसीलिए उन्होंने अपने पहले कहानी-संग्रह का शीर्षक 'सनातन बाबू का दाम्पत्य' रखा है। उन्हें यह कहानी निश्चित ही महत्त्वपूर्ण लगती होगी, लेकिन महत्त्वपूर्ण कहानी तो बगैर किस्सागोई और सहज बुनावट के नहीं हो सकती। कुणाल सिंह सहजता को भी असहज बनाकर प्रस्तुत करने में माहिर हैं। सहज होना और सहज होकर बताना उनकी प्रवृत्ति में नहीं है इसलिए कहानी

सनातन बाबू का दाम्पत्य – कुणाल सिंह

बोझिल हो जाती है। कई बार तो असमझनीय होने की सीमा तक अस्पष्ट। ऐसी कहानी का क्या अर्थ जो कई बार पढ़ने के बाद भी अपना अर्थ धीरे-धीरे खोले, सजाकर कहानी खोलने का कोई मतलब मेरी समझ में नही आता। पर हो सकता है कि कुणाल सिंह अपनी ताकत इसी को मानते हों। मुझें यह कहानी पढ़ते हुए लगा कि उन पर विनोदकुमार शुक्ल का प्रभाव है यानी उस आधुनिकताबोध से कहानी ग्रस्त है, जो आधुनिकताबोध उलझाने में ही अपना महत्त्व दर्ज कराता है। विनोदकुमार शुक्ल का 'खिलेगा तो देखेंगे' उपन्यास अभी तक खिला नहीं इसलिए कुछ दिखा भी नहीं। खिला इसलिए नहीं कि लेखक खुद लिखने से पहले ही उसे तोड़कर मसल चुका है। कुणाल सिंह पर यह प्रभाव स्पष्ट है, क्यों है यह तो वे ही जानें। उनसे यह तो पूछा ही जा सकता है कि इस प्रभाव ग्रहण के पीछे कौन से कारण हैं, उन्हें अपने पाठकों को बताना भी चाहिए। अस्पष्टता और रहस्य बनाये रखने की तमाम कोशिशें कहानीपन में बाधक बनती हैं इस सामान्य-सी बात से कुणाल सिंह परिचित होंगे, यह मैं मानकर चल रहा हूँ फिर ऐसा क्या कारण है कि वे अस्पष्टता और रहस्य को अपनी कहानियों की ताकत मानते हैं और उसके आधार पर कहानी को महत्त्वपूर्ण भी मानते हैं। वे मानें इसमें किसी को क्या एतराज हो सकता है? पर अंततः कहानी लिखी तो पाठकों के लिए ही जाती है इसलिए महत्त्वपूर्ण होने या न होने का निर्णय भी पाठक ही करेंगे।

'सनातन बाबू का दम्पत्य' के सनातन बाबू बंगाल के किसी जिले के किसी छोटे से गाँव में स्थित रेलवे स्टेशन के स्टेशन मास्टर हैं, 'सनातन बाबू हमारे गाँव के स्टेशन मास्टर हैं। लेकिन यह एक ठीक वाक्य नहीं है। गाँव के नहीं, गाँव में पड़ने वाले स्टेशन के स्टेशन मास्टर कहा जाना चाहिए। स्टेशन मास्टर कहिये या गार्ड या टिकट बाबू—सब कुछ वही हैं। मौका पड़ने पर कुली भी बन सकते हैं। सुबह एक पैसेंजर गाड़ी जाती है और शाम को वही लौट आती है। सप्ताह में इक्के-दुक्के लोग ही चढ़ते-उतरते हैं।' कहानी के हिसाब से सनातन बाबू स्टेशन के सब कुछ हैं वहां और कोई कर्मचारी नहीं है। रेलवे के हिसाब से ऐसा नहीं होता, स्टेशन चाहे कितना भी छोटा हो दो-चार कर्मचारियों का होना जरूरी है। एक ही रेल क्यों न आती-जाती हो पर उसकी व्यवस्था करने के लिए एक आदमी पर्याप्त नही होता। यह कोई क्रांसिग नहीं है, रेलवे स्टेशन है। पर कहानीकार ने कहानी के प्रारम्भ में एक उद्धरण देकर अपना पल्ला इस तरह झाड़ लिया है—'जो नहीं है, मेरे होने में इस तरह जगह घेरता हुआ स्थित है कि मैं गवाह होता हूँ उसके नित नहीं होते जाने का।' यह उद्धरण उस उलझन का स्पष्टीकरण है, जिसके आधार पर कहानी होने न होने के वीच झूलती है।

इसी अविश्वसनीय ढंग से सनातन बाबू का चरित्र गढ़ा गया है। वे बिल्कुल अकेले हैं, उनके अकेलेपन को बताने के लिए अकेलेपन के रहस्य को बुनना भी जरूरी था, इसलिए इस बुनने में इतनी गांठें पड़ गयीं कि सनातन बाबू का वास्तविक रूप गांठ-गठीला होता गया, सनातन बाबू का दूर-दूर तक कोई ऐसा नहीं जिसे अपना कह सकें। वैसे तो जान पहचान वाले बहुत हैं—लगभग सारा गाँव उन्हें पहचानता है। सबसे राम-राम, दुआ-सलाम है। लेकिन कर कुटुम नाते रिश्तेदारी में कोई नहीं। एक ही अकेले हैं। शादी की नहीं और उम्र के जिस पड़ाव पर हैं, अब कोई गुंजाइश भी नहीं निकलती। सिर के चौथाई बाल गायब और बचे खुचे के चौथाई पर चांदी का पानी चढ़ रहा है। देह की रंगत तवे की चिकनाई लिए हुए। चेहरे के नुकूश तीखे और इतने पहचाने कि लगे कहीं देखा है। हमेशा मुस्कुराते रहते।...उनकी उम्र का पता मुझे नहीं। गाँव में किसी को नहीं। सनातन बाबू को देखने वाले उन्हें कई वर्षो से ऐसे ही देखते चले आ रहे हैं। यानी सिर्फ नाम भर से नहीं, सचमुच सनातन बाबू एक सनातन आदमी हैं। क्या पता ऐसे ही पैदा हुए हों। स्वप्न कथा की तरह हैं सनातन बाबू रहस्यमय आदमी न जिसकी उम्र का पता और न उनके गाँव आदि का। उदाहरण के लिए सनातन बाबू के पिता तारापद बाबू मालदा या सिलीगुड़ी के निवासी थे, जैसा कि नहीं थे। उदाहरण के लिए वे रेल में किसी ऊँचे ओहदे पर थे, जैसा कि नहीं थे। मालदा में जो उनका घर था उसमें दीवारें नहीं थीं। उन दीवारों पर एक छत नहीं थी। उस छत पर सनातन बाबू पतंग नहीं उड़ाते थे। पतंग उड़ाते सनातन बाबू थक जाते तो उनकी बहन मुन्नी दूध का गिलास लेकर नहीं आती थी। वे दूध पीकर सो नहीं जाते थे इस तरह वे बड़े नहीं हुए। शादी-व्याह कर घर नहीं बसाया। इस घर में उनकी पत्नी नहीं रहती थी। पत्नी सुंदर नहीं थी। भात के साथ मछली की तरी सान कर खाते हुए सनातन बाबू को पानी लाकर नहीं देती थी। चार लोटा पानी पीकर सनातन बाबू सो जाते तो पत्नी जूठे बर्तनों को उठाती नहीं थी। वे जागते तो पत्नी सोती नहीं थी। वे सोते तो पत्नी भी सो जाती थी। पत्नी बनने के पहले वह एक कुँवारी लड़की थी। कुँवारी लड़की धीरे-धीरे बड़ी हुई तो स्त्री बनी। सनातन बाबू ने शादी नहीं की तो स्त्री पत्नी नहीं बनी—हमेशा। उलटबांसी की यह भाषा कहानी में अवरोध पैदा करती है, उसकी सहजता को खत्म करती है।

छोटे से गाँव में वर्षों से रह रहे स्टेशन मास्टर सनातन बाबू की उम्र और जन्म स्थान के बारे में कोई नहीं जानता, यह भारतीय गाँवों की सामूहिक जिंदगी में संभव नहीं। पर कहानीकार की जिद है कि वे असंभव को संभव और संभव को असंभव बनाना ही चाहते हैं इसलिए उनके बारे में कुछ नहीं बताना चाहते

पर कहानी तो कहानी है। कुछ तो कहना ही है, इस कहने मात्र में ही कहानी और सनातन बाबू के कुछ सूत्र खुलते जाते हैं। मसलन सनातन बाबू बहुत ही नेक, सच्चरित्र और सम्मानित व्यक्ति हैं, स्टेशन मास्टर होने की वजह से गाँव के लोग सनातन बाबू की कद्र करते हैं। वे आदर से उन्हें रेल बाबू कहते। कभी कोई समस्या उठ खड़ी होती तो उनसे राय ली जाती। स्त्रियां उन्हें भली नजरों से देखतीं। किसी के घर कुछ अच्छा पकता तो सनातन बाबू के लिए भी पकता। गन्ने के सीजन में गुड़ की पहली भेली सनातन बाबू के हिस्से में पड़ती। सनातन बाबू खुश रहते। उन्हें कोई काम पड़ जाता तो घर से बाहर निकल खुले में आकर रेल की सीटी बजाते। कई घरों के दरवाजे खुल जाते और लड़के एक के पीछे एक लगकर मुँह से रेलगाड़ी की आवाज करते हुए दौड़ते निकल आते। गाँव में पुरुष, बच्चे और स्त्रियों से सम्मानित सनातन बाबू निश्चय ही अच्छे आदमी होंगे, इसलिए उनका इतना सम्मान है। पुरुष और बच्चों की बात छोड़ भी दें लेकिन स्त्रियां तो अपनी छठी इंद्रिय से तुरंत परख लेती हैं आदमी की जात को। स्त्रियां उन्हें भली नजरों से देखती हैं तो वे भले ही होंगे। यदि वे इतने भले हैं तो कहानी में भी वैसे ही भले दिखने चाहिए पर ऐसा है नहीं। सनातन बाबू भले आदमी नहीं हैं, वे भला दिखना चाहते हैं। कई लोग होते हैं जो अंदर से महा लंपट पर बाहर बहुत भले आदमी का चेहरा लिए फिरते हैं। ऐसे आदमी कुंठा की हद तक स्त्रियों का उपभोग करना चाहते हैं, पर अपनी खोल से बाहर निकलने से डरते हैं। कहीं पकड़े गये तो, किसी को उनका असली रूप दिखाई दे गया तो। सनातन बाबू भी वह सब करना चाहते हैं जो इसी गांव का लंपट और रंगबाज नरेन करता है पर वे अपनी बनाई गयी छवि में कैद होकर रह गये हैं, उस अच्छी छवि से बाहर निकलने के खतरों से उन्हें डर लगता है। यह डर उनके पूरे व्यक्तित्व पर हावी हो गया है 'पांचला मोड़ हाट बाजार में सनातन बाबू से उसकी मुठभेड़ हो जाती तो सनातन बाबू को अपनी आँखें नीची कर लेनी होती। धीरे-धीरे पूरी दुनिया में यह बात फैल सकती थी कि उसी स्त्री के सामने पड़ते ही सनातन बाबू की आँखें नीची हो जाती हैं।' सनातन बाबू इसके लिए बाध्य होते कि उनकी आधी जिंदगी बीत चुकी है और अब आँखें चार करने की उम्र नहीं।'

सनातन बाबू के डर का कारण सामाजिक मान-सम्मान है। उनके मन में उस स्त्री से आँखें चार करने की इच्छा तो है पर पूरी दुनिया से छुपकर। उन्हें भय है कि पूरी दुनिया को मालूम पड़ जायेगा, तब क्या होगा। तब उनका वह सम्मान नहीं रहेगा, गाँव की स्त्रियां उन्हें भली नजरों से नहीं देखेंगी, बच्चे उनका

काम फुर्ती से नहीं करेंगे, धोबी उनके कपड़ों पर लोहा मुफ्त में नहीं करेगा। इसी भय ने उनकी इच्छाओं को बस में कर रखा है। यह अकेले आदमी का भय है। अकेला आदमी आगे-पीछे की बहुत सोचता है, उसे लगता है कि कल हारी-बीमारी में कौन साथ देगा, इसलिए वह अपनी आदिम इच्छाओं को मारकर भी भला बना रहना चाहता है—सनातन बाबू भी ऐसे भले बने रहने में अपनी भलाई देखते हैं बावजूद इसके उनके मन में किसी स्त्री से प्रेम करने और पत्नी बनाकर दाम्पत्य सुख भोगने की अदम्य लालसा है। उस दाम्पत्य सुख के लिए कुछ भी करने को तैयार हैं, यहाँ तक कि किसी लंपट की हत्या भी। कहानी में जिस स्त्री को वे सामाजिक भय के कारण पत्नी बनाकर नहीं रख सके स्वप्न में उसके साथ रहने का सुख लेते हैं। 'तुम्हारा कोई प्रेमी तो नहीं? एक दिन मैं दोपहर में तुम्हारे हाथ का रांधा हुआ मांछ भात खाने के बाद विश्राम करूं तो तुम्हारा प्रेमी आये तुम्हें भगा ले जाने के लिए। मुझे सोता देख तुम्हारा मन बदल जाये और तुम जाने से इंकार कर दो। तुम्हारा प्रेमी जिद करे तो तुम मुझे जगा दो। मैं तुम्हारे लिए लड़ूँ। लड़ाई में पढ़ाई-लिखाई, पद-ओहदे, सभ्यता, सलीके का कोई मूल्य नहीं। मैं हिंसक हो जाऊँ। तुम्हारे प्रेमी की हत्या कर तुम्हें अपने बाहुबल से जीतूँ। हम दोनों सुखी हो जायें।' यह मनुष्य की आदिम इच्छा है जो सनातन बाबू के मन में कुंठित होकर जीवित है। आदिम समाज में स्त्रियों को वस्तु की तरह बाहुबल से जीतकर और अपहरण कर ही लाया जाता था। सनातन बाबू अपने दाम्पत्य सुख के लिए ऐसे ही आदिम प्रसंग को अनिवार्य मानते हैं।

गाँव के ही बुलाई मोकाज्जी ने उनकी आदिम इच्छा को एक दिन अचानक जगा दिया 'पत्नी के हाथ का रांधा मसालेदार झींगा मांछ के साथ पानीदार भात खाना सबसे अच्छा लगता है। पत्नी के सुख में दिन कब गुजर जाता है पता ही नहीं चलता।' पत्नी विहीन अकेले सनातन बाबू दुःस्वप्न देखते हैं— एक ओर बुलाई मोकाज्जी की जगाई आदिम इच्छा पत्नी सुख-दाम्पत्य सुख और दूसरी ओर जब तक कुछ न कर पाने की कुंठा जो पराजय में बदल गयी है। उन्हें लगता है कि लंपट और रंगबाज नरेन उनकी पत्नी को ले जा रहा है उन्हें सोता देख पत्नी उन्हें नहीं जगायेगी। लोहे के दरवाजे की तरह चौड़े सीने वाला नरेन आने में देर नहीं करेगा। उसके साथ पत्नी चलने लगेगी तो वो सोते रहेंगे। उनकी आँखों में जेठ की चांदनी में दूर तक नंग-धड़ंग खेत पसरे होंगे। सनातन बाबू सपने में पत्नी को नरेन के साथ जाते देखते हैं। रेलगाड़ी सनातन बाबू के सिग्नल की प्रतीक्षा नहीं करेगी और सरपट दौड़ती चली जायेगी। सनातन बाबू उसे अंत तक जाते हुए देखेंगे और सोते रहेंगे। उनकी नींद अधबीच ही नहीं टूटेगी। पहले दृश्य में वे

अपनी पत्नी के प्रेमी की हत्या तक कर देना चाहते हैं लेकिन दूसरे दृश्य में पत्नी को लंपट नरेन के साथ जाते हुए देखेंगे और सोते रहेंगे। यह बुढ़ापे की कुंठा है, कुछ न कर पाने का पराजय बोध है और भले दिखने की चाहत के पाखंड से उपजी कमजोरी और निराशा है। इन दो अलग-अलग मनःस्थितियों के दृश्यों के अलावा एक तीसरा दृश्य भी है, जो सनातन बाबू की मानसिकता का परिचय कराता है। 'इतने पर अब दिन के जागते में कल्पना कर ली जाये कि उस दिन यात्रा में अनायास ही स्टेशन घर की रोशनी देखने वाला यात्री हूँ। दफ्तर से निकल कर एस्प्लेनेड की सड़क को पार करने के लिए सिग्नल की प्रतीक्षा में खड़ा हूँ। अभी सिग्नल लाल है। और ठीक सड़क के उस पार उस बंगाली भद्रलोक के बाएं जो लड़की खड़ी है—वो चश्मे वाली, मैं जानता हूँ वह कहाँ नौकरी करती है। सुदक्षिणा या सुदेशना जैसा कुछ हरे रंग का नाम है उसका।...आधी रात सुदक्षिणा को प्यार करते हुए नींद टूट जाती है। वैसे भी गर्मियों में टूटी बिखरी सी नींद बटोरता रहता हूँ हर रात। बिस्तर पर नींद में गाफिल सुदक्षिणा बिछल विछल रही है जैसे। उसकी बांह मेरे सिर के नीचे दबी है। मैं सोचता हूँ कल सुबह उससे पूछूंगा कि वह अपने बगलों के बाल क्यों नहीं तराशा करती जैसे सिनेमा में हीरोइने किये रहती हैं। सहसा सोती हुई सुदक्षिणा को देखकर मेरा प्यार उमड़ता है। वह सुदक्षिणा ही है या कोई और? सोते में उसके चेहरे पर कैसी अजनबीयत के भाव खेलते हैं। चेहरे की हवा में एक मोहमह अंधकार तिर रहा है। मैं उसके कानों में फुसफुसाता हूँ—आइ लव यू। वह सिर्फ अंगिया और जांघिये में थी। पत्नी को फिल्मी हीरोइनों की तरह अंगिया-जांघिया में देखने की सनातन बाबू की इच्छा बहुत पहले की थी। सुबह चाय पीने के बाद वे पत्नी के पास जाकर बोले—तुम ब्लाउज के नीचे अंगिया क्यों नहीं पहनती हो, जैस सिनेमा में हीरोइनें पहनती हैं।' और अपना उदाहरण देकर कहा, 'ब्लाउज या पेटीकोट के नीचे तुम्हें नंगापन नहीं लगता होगा? हवा का खुलापन होगा। इसलिए ऊपरी कपड़ों के नीचे मैं बनियाइन और लंगोट पहनता हूँ।'

सनातन बाबू का दाम्पत्य उनके भले होने के विरुद्ध खड़ा है। वे गाँव में जिस सम्मान के पात्र हैं और स्त्रियों की नजरों में भले आदमी हैं—वह सम्मान और भलापन कुंठित वर्जना बनकर उनके जीवन में स्थायी रूप से बस चुका है इसलिए वे सपने देखते हैं, कल्पना करते हैं। सपनों और कल्पनाओं में स्त्री के उस रूप को भोगना चाहते हैं, जो रूप उनके मन मस्तिष्क में आदिम इच्छा के रूप में पसर चुका है। बाह्य जीवन में वे बाहरी आडम्बर को ही प्राथमिकता देते हैं। यह सनातन बाबू का द्वैत है, जो एक अकेले और डरे आदमी को इस

उम्र में और अधिक कमजोर बना देता है। ऐसे आदमी अपनी इस कमजोरी की पूर्ति सपने और कल्पनाओं में करते हैं–सनातन बाबू भी उनमें से एक हैं। नयी रचनाशीलता के उत्कर्षों की तलाश करते हुए कुछ ऐसे ही छुपे रुस्तम इस कहानी को हमारे समय के आदमी की महान कहानी बता सकते हैं पर यह कहानी उत्तर पूंजीवादी युग में अपने तक सीमित अकेले आदमी की स्वैरकल्पनाओं की कहानी मात्र है। सामाजिक जीवन से किनारा कर अपने में सिमटे आदमी की नियति का रूप ही सनातन बाबू हैं, जो अपनी कुंठाओं से अंत तक मुक्ति नहीं पा सके।

जातिगत संस्कारों की लू के बवंडर

पिछले दिनों नोबल पुरस्कार विजेता लेक्लेजियो का साक्षात्कार पढ़ रहा था, जिसमें उन्होंने कहा था कि 'मुझे लगता है कि जो हो रहा है, लेखक उसका एक तरह का मात्र द्रष्टा होता है। लेखक मसीहा नहीं है, न वह दार्शनिक है। वह केवल अपने आसपास जो हो रहा है, उसका साक्षी है। इसलिए लेखन एक बेहतर तरीके से गवाही देना है, साक्षी होना है।' बहुत छोटे-से साक्षात्कार में उन्होंने उस बहस को पुनर्जीवित किया जो लेखन कर्म पर, उसकी प्रासंगिकता और भूमिका पर होती रही है। आज भी यह बहस पुरानी या अप्रासंगिक नहीं है। जो लोग लेखन कर्म और लेखक को मसीहाई अंदाज में प्रस्तुत करते हैं यह उनके लिए सही जबाव है। दरअसल ऐसे लोग लेखक की सामाजिक भूमिका को या तो नजरअंदाज करते हैं या लेखक के जनआंदोलनों में भागीदारी को नकारने की कोशिश करते हैं। कबीर ने जब कहा था 'तू कहता कागज की लेखी, मैं कहता आँखन की देखी' तो यह इसी बहस का हिस्सा था, जिसे पांडित्य और अध्यात्म के चमत्कारों में विस्मृत कर दिया गया। लेकिन यह बहस निरंतर जारी रहनी चाहिए और हर युवा पीढ़ी को इस पर अपनी तरह सोचना-विचारना चाहिए। इससे उसकी रचनात्मक प्रतिबद्धता स्पष्ट भी होगी और धारदार भी। अपने समाज और अपने आसपास की अनदेखी करके कोई लेखक कितना भी बड़ा होने का दंभ पाल ले पर वह बड़ा होता नहीं है। साहित्य जब जीवन की सच्चाई है तो जीवन की धड़कनों के बिना किसी साहित्य का क्या अर्थ है? मो. आरिफ की कहानी 'लू' पढ़ रहा था। मो. आरिफ ने बहुत ज्यादा कहानियां नहीं लिखी हैं। इसी शताब्दी के पिछले कुछ वर्षों से उन्होंने लिखना आरंभ किया है। अपनी कहानियों के प्रति वे बहुत गंभीर हैं, जितने अपनी पीढ़ी के कहानीकारों के प्रति। उन्हें अपनी पीढ़ी के कहानीकारों की कहानियाँ याद हैं और उन कहानियों की अच्छाई-बुराई भी वे झट से बता देते हैं। इसे मैं एक रचनाकार के लिए अच्छा मानता हूँ कि वह अपनी पीढ़ी को जाने, जो लिख रहा है उससे बेहतर लिखने के लिए यह

लू – मो. आरिफ

जरूरी है। इसलिए मो. आरिफ बहुत सधे कदमों से कहानी संसार में चल रहे हैं। देखा जाए तो 'लू' कहानी में जितनी लू है उससे ज्यादा जातिगत संस्कारों की गर्मी, लू और तापघात अधिक है। मौसम की लू से तो बचा जा सकता है लेकिन जाति की लू तो बच पाना संभव नहीं। यह एक विषय है जो मो. आरिफ के मानस में घूम रहा होगा, कहानी लिखने से पहले। अब बहुत छोटे-से कथानक पर बड़ी कहानी की रचना कैसे की जाए, यह प्रश्न मो. आरिफ के मन में रहा होगा। वे यह भी चाहते हैं कि जो कहानी वे लिखें वह सच भी लगे और उसमें किस्सागोई भी हो। किसी भी कहानी की पहली शर्त तो उसकी विश्वसनीयता ही होती है और दूसरी किस्सागोई। कहानीकार लिखते समय दुहरी तलवार पर नंगे पैर चलता है जो गप्प और गल्प है उसे सच बनाये रखने की कोशिश ही कहानी है। यदि पाठक को पहले ही मालूम हो जाए कि यह सिर्फ गप्प है तो वह क्यों कहानी पढ़ेगा? वह पढ़ता इसलिए है कि वह अपने सच से लेखक के सच का मिलान करता है और अपने अनुभव जगत को इससे बड़ा बनाता है। मो. आरिफ पाठकों के इस मनोविज्ञान से परिचित हैं इसलिए वे कहानी के शुरू में ही विश्वसनीयता के सवाल को हल करते हुए कहते हैं 'यह कहानी मैंने रतन सिंह चौहान के मुँह से सुनी थी। चौहान मेरे करीबी तो नहीं थे पर जब मैं मुंबई में था तो कभी-कभार कांदीवाली स्थित उनके दो खोली वाले फ्लैट पर जाना होता था। कारण था मेरा मित्र संदीप मिश्र जो चौहान का पड़ोसी था। दोनों पुलिस में थे और दोनों में खूब छनती थी। उस दिन चौहान ने दारू पी रखी थी। उनकी पत्नी भी घर पर नहीं थी। वह पूरे मूड में थे। अपने उत्तर प्रदेश दौरे से बस लौटे ही थे। तभी उन्होंने यह कहानी संदीप को सुनाई थी। वहाँ मैं भी था। मुझे कहानी सच्ची और मजेदार लगी थी। इसलिए बड़ी आसानी से मस्तिष्क के एक कोने में ठहर गयी। सच्ची इसलिए कह रहा हूँ कि सुनने में आता है कि पुलिस वाले आपस में झूठ नहीं बोलते हैं। और मजेदार? आप खुद ही देख लीजिए।' कहानी रतनसिंह चौहान संदीप मिश्र को सुना रहे हैं, नेरेटर वहाँ स्वयं उपस्थित है। अपनी उपस्थिति को दर्ज कराना इसलिए जरूरी था कि कहीं पाठक को यह कहानी झूठी न लगे। इससे भी मो. आरिफ संतुष्ट नहीं हुए। वे जैसे स्पष्टीकरण देते हुए कहते हैं, उस दिन चौहान ने दारू पी रखी थी, उसकी पत्नी भी घर पर नहीं थी, वे पूरे मूड में थे और सुनने में आता है कि पुलिस वाले आपस में झूठ नहीं बोलते। यह केवल कहानी का ढंग ही नहीं है बल्कि अपने पाठक को बाँधे रखने का कमाल भी है।

मूल कहानी तो यह है कि इंस्पेक्टर रतनसिंह चौहान इस्लामपुर गाँव

में राजकुमार सिंह को पकड़ने जा रहे हैं, जिस पर बीस हजार का इनाम है। इस्लामपुर इलाहाबाद से 91 किमी दूर है। 85 किमी बेलागंज और 6 किमी वहां से इस्लामपुर। बेलागंज तक तो सड़क है, बसें हैं पर वहां से इस्लामपुर जाने के लिए बहुत कम साधन हैं। गर्मियों के दिन, धरती और आसमान जैसे आग उगल और बरसा रहे हैं, ऐसी गर्मी और लू में मुंबई के इंस्पेक्टर रतनसिंह चौहान इस्लामपुर जा रहे हैं। मो. आरिफ ने इलाहाबाद के पास वाला इलाका ही इसके लिए चुना है, इसलिए नहीं कि वे इलाहाबाद के पास के रहने वाले हैं बल्कि इसलिए कि यह इलाका आजकल देश में आतंकवाद की सुर्खियों में है। आजमगढ़ को तो लोग आतंकगढ़ कहने ही लगे हैं और यहीं सरायमीर हैं, जहां के आतंकवादियों ने पिछले दिनों दिल्ली में नरसंहार किया था। अबु सलेम को लोग भूले नहीं हैं वह भी इसी इलाके का रहने वाला है। इंस्पेक्टर चौहान इसी इलाके में राजकुमार सिंह जैसे खूंखार आतंकवादी को पकड़ने आये हैं। यह घटना है पर कहानी के लिए घटना का होना न होना मायने नहीं रखता। इसलिए यह घटना भी कहानी का ढाँचा तैयार करती है। पुलिस वाले एक शहर से दूसरे शहर और एक प्रांत से दूसरे प्रांत में अपराधियों की धरपकड़ के लिए जाते आते रहते हैं पर यह किसी कहानी का हिसा न होकर उनकी रोजमर्रा की गतिविधि का हिस्सा होता है। मो. आरिफ इसे कहानी का हिस्सा बताते हैं इसलिए यह घटना महत्त्वपूर्ण हो उठी है। इंस्पेक्टर चौहान को बेलागंज से इस्लामपुर जाना है, दोपहर का एक-डेढ़ बजा है, सूरज ऊपर से आग बरसा रहा है और नीचे धरती जल रही है। इस जानलेवा गर्मी में पूरा कस्बा जैसे ठहर गया है, चारों ओर मुर्दनी छाई हुई है। बस, तांगा या कोई सवारी उन्हें नजर नहीं आ रही थी। इस पर उन्हें जल्दी थी, लौटकर आना था अपराधियों के गाँव में रात को नहीं ठहरा जाता। अचानक उन्हें एक रिक्शेवाला दिखाई दिया। उन्होंने जैसे-तैसे उससे मोलभाव किया और दोपहर और गर्मी की चिंता किए बगैर चल दिये रिक्शे में बैठकर। 'इंस्पेक्टर चौहान को जीवन में ऐसी गर्मी से सामना नहीं पड़ा था। ऐसी लू, ऐसी तेज गर्म हवा, लगा वे नरक में पहुँच गये हैं। खेतों में बवंडर के गोले बन-बिगड़ रहे थे।' इस गर्मी में इंस्पेक्टर चौहान की हालत बिगड़ गयी, 'उनका गला सूखने लगा था। उन्हें जोरों की प्यास लग रही थी। सिर भारी हो रहा था। उन्होंने रिक्शे वाले से कहीं रोकने के लिए कहा, जहाँ पानी मिल सके। कुछ देर चलने के बाद एक आम के बाग के पास उसने रिक्शा रोक दिया। पास के घर से दौड़कर पानी ले आया। इंस्पेक्टर गटागट दो लोटा पानी पी गये उनका चेहरा लाल पड़ गया था। आँखों में जैसे काँटे चुभ रहे थे। सिर फट रहा था। पानी से विशेष फायदा नहीं हुआ।

लू ने अपना काम कर दिया था।'

लू ने अपना काम दो स्तरों पर किया। एक तो इंस्पेक्टर की हालत खराब कर दी और दूसरे जोगी पासवान का हाल खराब करने की स्थितियाँ पैदा कर दीं। कहानी का यह निर्णायक मोड़ है। यहीं पर जोगी पासवान को इंस्पेक्टर चौहान की सेवा करते हुए रिवाल्वर दिखाई दी जिससे उसने सहज ही अनुमान लगा लिया कि यह आदमी पुलिस का है और इस्लामपुर में राजकुमार सिंह को पकड़ने जा रहा है। अब तक इंस्पेक्टर चौहान उसके लिए मुंबई के बाबू थे जो इस्लामपुर में अपने किसी दोस्त से मिलने जा रहे थे लेकिन अब स्थिति साफ थी। अब वे पुलिस के आदमी थे। कहानी में जो स्थिति बताई गयी है उसके अनुसार इस्लामपुर में पुलिस अक्सर आती रहती है। जोगी पासवान को सब कुछ मालूम है, वह ऐसी स्थितियों से रोज निबटता है, वह किसी पुलिस वाले से इसलिए डरता नहीं है। यही कारण है कि इंस्पेक्टर चौहान का रहस्य खुलने के बाद भी वह सहज बना रहता है। मो. आरिफ जोगी पासवान को सहज और संवेदनशील बनाये रहते हैं ताकि कहानी के उस कंट्रास्ट को दिखा सकें जो कहानी का आधार है। जोगी इंस्पेक्टर की सेवा करता है और उन्हें स्वस्थ करने के लिए पना पिलाने की बात करता है। जाहिर है कि पना लू के लिए रामबाण है। वह उन्हें तापघात से बचाने के लिए अपने घर ले जाता है, पना पिलाने के लिए। उसका गांव इस्लामपुर से दो किमी पहले है, यानी बेलागंज से चार किमी पर है। इंस्पेक्टर बीमार है और जोगी पासवान उसकी सेवा कर रहा है। कहानी सिर्फ इतना ही बताती है। अभी तक न इंस्पेक्टर के मन का कोई खोट दिखाई दिया और न जोगी की चालाकी। एक मुंबई की पुलिस का क्षत्रिय इंस्पेक्टर और दूसरा रिक्शाचालक दलित जोगी पासवान। यहां तक कहानी नेरेटर के हाथ में रहती है, वह जो बता रहा है वही दिखाई और सुनाई दे रहा है पर आगे की कहानी नेरेटर के हाथ से बहुत दूर चली जाती है। कहानीकार जो कहना चाहता है अर्थ उससे बहुत आगे जाकर खुलने लगते हैं। लू और पना अपने रंग दिखाते हैं। लू से बचने के लिए पना पीने इंस्पेक्टर चौहान जोगी पासवान के घर जाते हैं– यहाँ तक कोई जातिवाद नहीं है, जातियों के अंतर को लेकर कोई घृणा नहीं है। क्षत्रिय इंस्पेक्टर चौहान जानते हुए भी जोगी पासवान के घर पना पीने जाने को तैयार होता है क्योंकि यहां उसके जीवन-मरण का सवाल था। यदि पना नहीं मिलता तो उसका बच पाना मुश्किल था। इस मुश्किल समय में जोगी पासवान उसका साथ देता है। जोगी एकदम सहज और संवेदनशील है जबकि कहानीकार ने उसके रूपरंग का जो वर्णन किया है उसके अनुसार वह लंपट जैसा है। पर लंपट लोग किसी के

दुख में इस प्रकार सहायक होंगे, कहना कठिन है। जाने-अनजाने लेखक ने दोनों पात्रों को आमने-सामने लाकर खड़ा कर दिया है। जोगी की चिंता इंस्पेक्टर चौहान को गर्मी और तापघात से बचाने की है, इसके लिए वह कुछ भी माँग सकता था पर इस प्रकार का कोई संकेत कहानी में नहीं है।

इंस्पेक्टर को लेकर जोगी पासवान अपने घर गया। पत्नी को पना बनाने के लिए कहा। घर पहुंचने और पना तैयार करने के लिए पत्नी को कहने तक जोगी की चिंता साफ दिखाई देती है लेकिन यहां कहानी अपने असली रंग में आती है। इंस्पेक्टर चौहान उसकी पत्नी धनिया को देखता है 'धनिया पानी लेकर आयी। इंस्पेक्टर चौहान ने धनिया से पानी लिया, पिये और वहीं औसारे में रखी खटिया पर लेट गये। धनिया चली गयी। धनिया फिर आयी। पना लेकर। चौहान ने धनिया से पना लिया और पीने लगे। धनिया खड़ी रही। पना अच्छा लग रहा था। धनिया चली गयी। तबीयत फिर बिगड़ने लगी। धनिया वापस आयी। गुड़ लेकर। गुड़ मीठा था। पानी ठंडा था। धनिया अच्छी थी। पना चटकदार था।' बहुत कुछ शब्दों में मो. आरिफ कहानी के परिवर्तन और इंस्पेक्टर चौहान की रसिकता को उजागर करते हैं। जो इंस्पेक्टर इनाम के लालच में राजकुमार सिंह को पकड़ने के लिए इस गर्मी और लू में आया था, वह धनिया को देखते ही सब कुछ भूल जाता है। 'अब इंस्पेक्टर चौहान को इस्लामपुर पहुंचने की जल्दी नहीं थी।' यह कहानी का एक वाक्य है, जो अलग पैरा में लिखा गया है। इसलिए इसकी विशिष्ट ध्वनि और अर्थ है। इसका अर्थ और आगे खुलता है। जोगी इस्लामपुर जाने की कहता है तो इंस्पेक्टर नाराज होता है। जो इंस्पेक्टर जाकर लौटने की जल्दी मचा रहा था वही अब नाराज होकर कहता है 'मेरी तबीयत का खयाल नहीं। अब मैं और रिक्शेबाजी नहीं कर सकता। सुबह देखेंगे। ऐसे भी इस्लामपुर जाकर खतरा मोल लेना ठीक नहीं है। साठ की जगह अस्सी ले लेना। आज रात यहीं रुक जाने दो। और ये लो पैसे। कहीं से मुर्गा और एक बोतल का इंतजाम करो। न हो तो बेलागंज से जाकर ले आओ।' जोगी इंतजाम करने चला गया। धनिया ने नहाने के लिए पानी भर दिया। 'अब मुर्गे का इंतजार था, बोतल का इंतजार था, थके-हारे जोगी का इंतजार था, रात का इंतजार था।' कुछ कहानियां बहुत धैर्य की मांग करती हैं, वे अपने अर्थ बहुत धीरे-से खोलती हैं। यह कहानी भी ऐसी ही मांग करती है। थके हारे जोगी और रात का इंतजार क्यों था इसे कहने की जरूरत नहीं है। बहुत छोटे वाक्यों में मो. आरिफ कहानी के निहितार्थ को खोलते चलते हैं। बाद में वे लिखते हैं 'चौहान ने ज्यादा मुर्गा खाया, थोड़ा दारू पिया। जोगी ने थोड़ा मुर्गा खाया ज्यादा दारू पिया। धनिया

ने न मुर्गा खाया न दारू पिया। वह भूखी थी, वह प्यासी थी। जोगी पी-पीकर अघा गया। फिर वहीं नीम के पेड़ के नीचे लुढ़क गया। रात आने लगी। लू चलने लगी। गर्मी बढ़ने लगी। चौहान ने धीरे-से धनिया से कहा, पना बनाओ।

धनिया ने पूछा आम का या निबूड़ा का? चौहान ने कहा, जो-जो फल हों सब का बनाओ। धनिया बोली फल तो सारे हैं पर अकेले सब कैसे बना पाऊँगी। मदद करो। मैं बनाऊँगी तुम पीना। फिर तुम बनाना मैं पिऊँगी। फिर दोनों बनायेंगे दोनों पियेंगे। साथ-साथ। एक साथ। इन वाक्यों में इंस्पेक्टर चौहान और धनिया के संबंधों की नयी दुनिया पूरी तरह खुलती जा रही है। जो जोगी रिक्शे में बैठाकर भर गर्मी और लू में इंस्पेक्टर चौहान की जान बचाने के लिए उसे अपने घर लाया था वही चौहान जोगी को ज्यादा दारू पिलाकर उसकी पत्नी के साथ रंगरेलियां मना रहा है। इसलिए लेखक को यह लिखना जरूरी लगा कि 'रात तीन बजे कहीं जाकर दोनों की आँख लगी।'

कहानी का एक मोड़ और बाकी है जो पूरी कहानी पर भारी पड़ता है। इंस्पेक्टर इस्लामपुर नहीं जाते, सुबह वे अपना निर्णय बताते हैं और लौटकर बेलागंज जाने की कहते हैं। यहां तक सब कुछ ठीक-ठाक है। जोगी को रात में घटित घटना के बारे में कुछ नहीं पता। इंस्पेक्टर चौहान रात की खुमारी में है। उनकी यात्रा सफल हो गयी। धनिया ने उन्हें तृप्त कर दिया, बीस हजार का इनाम क्या मायने रखता है? लेकिन कहानी इसके लिए थोड़े ही कही जा रही थी। बेलागंज लौटते हुए जब इंस्पेक्टर चौहान धनिया की तारीफ करते हैं, उसकी सुंदरता की बड़ाई करते हैं तब उत्साह में जोगी पासवान कह उठता है 'ऊँच जात की है सिंहनी। भगा के लाया हूँ मालिक। वहीं इस्लामपुर से। राजकुमार सिंह की रिश्तेदार है। असली नाम सुशीला है, सुशीला सिंह।' रतनसिंह चौहान को यह बात नागवार गुजरी। पासवान होकर सिंहनी को भोगे, यह उन्हें स्वीकार नहीं था। यह स्थिति रात के बाद की है। रात जिस स्त्री को दलित समझकर इंस्पेक्टर चौहान भोग रहे थे, जिसके हाथ का पना पी रहे थे, सारे फलों का पना वही इंस्पेक्टर उसकी जाति जानकर भड़क उठते हैं। कहानीकार ने इस निर्णायक स्थिति का आकलन करते हुए लिखा है 'उसके इस वाक्य ने रतन सिंह चौहान को गड़बड़ा दिया। माथे में टन्न से कुछ आया।' क्या हुआ जो असामान्य था, जिसकी वजह से चौहान के माथे में कुछ टन्न हुआ? मो.आरिफ की कहानी यहां आकर अपने अर्थ खोलती है कि जो इंस्पेक्टर क्षत्रिय होकर दलित सुंदर स्त्री को भोग रहा था वह नहीं चाहता कि कोई दलित जोगी पासवान उसकी सिंहनी को भोगे। यहां यह भी ध्यान में रखना होगा कि वह सिंहनी अपराधी राजकुमार सिंह

की रिश्तेदार है। वे राजकुमार सिंह को ही तो पकड़ने जा रहे थे। अपराधी के लिए जाति बीच में नहीं आती लेकिन स्त्री तो जाति का गौरव है। किसी सिंहनी को कोई दलित भोगे यह उन्हें स्वीकार नहीं था इसलिए वे राजकुमार सिंह को छोड़ जोगी पासवान को ही गिरफ्तार कर मुंबई ले जाते हैं। उसको मारते-पीटते हैं। इंस्पेक्टर चौहान उसे पकड़े हुए चौक पर पहुंच गये थे। वे एक बार फिर गरजे "माँचो, साला, मर्डर करके यहाँ छुपा है। गैंग में काम करता है, सुपारी लेता है बैंचो, बीस हजार का इनाम है साले के ऊपर, पुलिस से कैसे बचेगा साले, भाग रहा था माँचो, घुसा दूँगा साले पूरी रिवाल्वर अंदर। चल साले मुंबई की जेल की हवा खा, चल अपने असली घर, तब पता चलेगा। जोगी पासवान जिस इंस्पेक्टर चौहान को लू से बचाता है, वही जातिवाद की लू की चपेट में आ जाता है। जातिवाद की लू मौसम की लू से ज्यादा खतरनाक है। दलित और स्त्री विमर्श के दौर में इस कहानी का महत्त्व इसलिए भी है कि इसमें स्त्री की कोई जाति नहीं है। वह जोगी पासवान के प्रेम में अपने घर से भागी लेकिन इंस्पेक्टर चौहान के साथ भी उसे कोई दिक्कत नहीं थी। दिक्कत तो इंस्पेक्टर चौहान को थी। वह क्षत्रिय था इसलिए निर्भीक होकर दलित को मारता-पीटता है, उसकी स्त्री का शारीरिक शोषण करता है। गरीब दलित और गरीब स्त्री की गाँव में क्या स्थिति है, जोगी और धनिया इसके प्रमाण हैं।

आजादी की पूर्व संध्या में तिलमिलाते युवकों की व्यथा-कथा

पत्रकारिता से जुड़े रामकुमार सिंह कुल चौंतीस वर्ष के हैं और कहीं भी प्रकाशित होने वाली यह उनकी पहली कहानी है। कहने को तो यह भी कहा जा सकता है कि भारतेंदु की चौंतीस वर्ष दस माह की अवस्था में तो मृत्यु हो गयी थी लेकिन यह केवल कहना भर है, हर लेखक भारतेंदु नहीं हो सकता। हरेक की अपनी सीमा है और अपनी सीमाओं में रहकर ही हर लेखक अपनी तरह से लिखता है। रामकुमार सिंह की तुलना भारतेंदु से नहीं की जा सकती, नहीं की जानी चाहिए। रामकुमार सिंह की विशेषता यह है कि यह उनकी पहली कहानी है और कहना न होगा कि पहली कहानी में जिस कच्चेपन की उम्मीद पाठक को होती है, वह इसमें नहीं है। कहानी अपने कथ्य से लेकर शिल्प और भाषा तक में खरी और सधी हुई है। यह महारत उन्होंने कैसे अर्जित की, इसे वे जानें लेकिन कहानी पढ़कर यह विश्वास जमता है कि रामकुमार सिंह के पास एक विचार है जिसे वे जीवन अनुभवों से जोड़कर कहानी में ढालते हैं।

कहानी स्वतंत्रता दिवस की पूर्व संध्या यानी चौदह अगस्त की शाम की है। यह कहानीकार का अपना चयन-विवेक है कि उन्होंने आज़ादी की वर्षगांठ की पूर्वसंध्या को समाज के अंतर्विरोध दिखाने के लिए चुना। वरना आप हम सभी भलीभाँति जानते हैं कि इस देश में अभी तक पंद्रह अगस्त और छब्बीस जनवरी राष्ट्रीय त्योहार नहीं बन पाये। जनता ने उन्हें अपनी राष्ट्रीय अस्मिता और गौरव की पहचान के रूप में स्वीकार नहीं किया। इसकी वजह हमारे राजनेता भी हैं और राष्ट्रीय आंदोलन की वे भूलें भी जिनका खमियाजा हम आज तक भुगत रहे हैं। 'मैला आंचल' में जिस प्रकार गांधी जी के श्राद्ध के दिन जिला कांग्रेस का सचिव सीमा पार से तस्करी करता है और शराब तथा शबाब का सेवन करता है, उस चित्रण से हमें और हमारे राजनेताओं को सीख लेनी चाहिए थी लेकिन हमने उन चित्रणों को केवल उपन्यास के चित्रण मानकर उपेक्षित कर

पूर्व संध्या और पांच यार– रामकुमार सिंह

दिया, जिसका परिणाम आज देखने को मिल रहा है। इस कहानी को मैं यदि उसी प्रसंग के भयावह रूप में देखता हूँ तो इसमें न कोई अतिशयोक्ति है और न बड़े उपन्यास से तुलना करने जैसी कोई बात। रामकुमार सिंह ने सामान्य चौदह अगस्त को नहीं चुना बल्कि कारगिल युद्ध के बाद के चौदह अगस्त को चुना है। इसका कारण है कि ऐसे युद्धों के बाद राष्ट्रीयता सड़कों और मंचों पर उत्तर आती है, जिसे देखो वह राष्ट्रीयता का कीर्तन करता नजर आता है। मंचों पर तुक्कड़ कवि भी अपनी प्रतिभा को ऐसे ही अवसरों पर चमकाते दिखाई देते हैं। कारगिल युद्ध के बाद हमारी केंद्र सरकार भी राष्ट्रीयता का ढिंढोरा पीटती नहीं थक रही थी। जब देश की सीमाओं पर चोरी छुपे पड़ोसी देश ने खाई और खंदकें बना ली हों, जब उसने हमारी महत्त्वपूर्ण चौकियों पर न केवल कब्जा कर लिया हो वरन उसके आसपास पक्की चौकियां बना ली हों तब हमें हमारी कमजोरियों को छुपाने के लिए ऐसे कारगिल युद्ध लड़ने को विवश होना पड़ता है। जो घटना राष्ट्रीय शर्म की थी उसे राष्ट्रीय गौरव के रूप में प्रचारित किया गया। यही नहीं सीमा पार शहीद हुए नौजवानों के शवों के साथ भी राजनीति की गयी। राजस्थान में शहीद का शव उसके गाँव आने पर उसकी माँ, पिता और पत्नी के माध्यम से यह कहा जाता था कि हमें इसके शहीद होने पर गर्व है। जबकि उसके गाँव जाने पर जो हृदय विदारक दृश्य उपस्थित होता था उसके प्रत्यक्ष गवाह बने प्रशासनिक तथा पुलिस अधिकारियों का कहना है कि गांव और घर वाले इस तथाकथित राजनीति और उसकी राष्ट्रभक्ति पर लानत भेजते हैं। कारगिल युद्ध में जिस तरह फौज को फँसाया गया था उसकी पोलपट्टी मीडिया ने जल्दी ही खोल दी थी। अब अंग्रेजों के जमाने की फौज तो है नहीं जिसे अंग्रेज साहब के हुक्म के अलावा और कुछ नहीं मालूम रहता था और न उस तरह के फौजी रह गये हैं जो राष्ट्रभक्ति के लिए कुछ भी करने को तैयार रहते हों। अब सिपाही भर्ती होने वाले लड़के उच्च शिक्षा प्राप्त होते हैं इसलिए उन्हें वह सब मालमू रहता है जो उनके अफसर को मालूम है। वे फौज में देश सेवा करने नहीं गये हैं वरन् कहीं और नौकरी न मिलने की स्थिति में फौज में भर्ती हुए हैं। इसलिए कारगिल युद्ध से लौटने के बाद इंदर साफ-साफ सोचता है 'उसने युद्ध इसलिए लड़ा कि उसके बच्चे अभी छोटे हैं। पिता को इलाज के लिए पैसे की जरूरत है। उसके गाँव के लोग अभी से हिसाब लगाने में जुटे होंगे कि घायल फौजियों को कितना धन मिलता है?' बहुत छोटे से वक्तव्य में इंदर ने फौजियों के यथार्थ को स्पष्ट किया है। घर और गाँव वालों के लिए सीमा पर लड़ते हुए जवान की देशभक्ति किसी काम की नहीं है। उनके लिए वह

धन है जो उसके शहीद होने और घायल होने पर सरकार की ओर से मिलता है। इंदर और उस जैसे फौजी इस यथार्थ से परिचित हैं इसलिए उसके मन में किसी प्रकार की ऊहापोह नहीं है, उसकी मजबूरी ही उसे फौज में ले गयी है वरना वह कभी भी उससे मुक्त हो सकता था। पश्चिमी राजस्थान के जैसलमेर और बाड़मेर के गांवों में न जाने कितनी विधवा हैं जिनके पति फौज में शहीद हो गये और सरकार से मिली धनराशि उनके घरवालों ने हथिया ली। अब उन्हें पूछने वाला कोई नहीं है। गांव में शहरों से अधिक व्यक्तिवाद आया है। वहां पैसे की मारामारी अमानवीय स्तर तक पहुंच गयी है इसलिए उनके लिए शहीद की विधवा होना कोई अर्थ नहीं रखता, उनके लिए वह सरकारी मदद मायने रखती है जो जमीन और पैसे के रूप में मिलती है, उस पर कब्जा करने की होड़ परिवार और घर वालों में मची रहती है।

इंदर को कहानी में प्रातिनिधिक रूप में लिया गया है, वह केवल व्यक्ति नहीं है बल्कि फौज के सिपाहियों का प्रतिनिधि पात्र है इसलिए उसके माध्यम से जो भी कहानी में कहा गया है वह एक अकेले आदमी की पीड़ा या अनुभव नहीं है। इस तरह की कहानियाँ एक व्यक्ति के मनोभावों को व्यक्त नहीं करतीं बल्कि अपने जातीय रूप में पूरे समुदाय की भावनाओं को स्पष्ट करती हैं। घायल अवस्था में सीमा से लौटने के बाद इंदर ने अस्पताल में इलाज कराया था, वह आज शाम ही अस्पताल से लौटा है। डॉक्टरों की नजर में उसके घाव भर गये हैं, वह अब स्वस्थ हो गया है पर उसे ऐसा नहीं लगता। वह अपने समाज और दोस्तों को देख रहा है, देश के राजनीतिज्ञों को देख रहा है और अनुभव कर रहा है कि जो फौज देश की रक्षा के लिए सीमाओं पर अपना खून बहा रही है, उसके साथ यह कैसी राजनीति हो रही है। 'वह अपने कारगिल युद्ध के संस्मरण सुना रहा था कि उसके कंधे का ताजा घाव उसे बार-बार नफरत से भर रहा था। नशे में उसे यह भी लगता था कि सामने बैठे तीनों लोग भी उसी पॉलिटिक्स और सिविल सोसायटी का हिस्सा हैं। इसलिए बीच-बीच में गालियाँ उनको भी देता था। भैन चो यहाँ बैठकर कांटेसा रम पीते हो। मजे लेते हो। मेरी अभी से फट रही है कि लड़ाई फिर होगी। फिर पॉलिटिशियनों के लिए हम लड़ेंगे।' कहना न होगा कि फौजी इंदर को देश के लिए लड़ने में कोई आपत्ति नहीं है, उसे ग्लानि इस बात की है कि जिन लोगों के लिए वह लड़ रहा है, उनके मन में उस लड़ाई और त्याग का कोई अर्थ नहीं है। केवल राजनेता अपनी राजनीति को चमकाने के लिए देश की सीमाओं पर फौजियों का इस्तेमाल करते हैं। इस प्रकार के इस्तेमाल के प्रति उस जैसे फौजी के मन में हिकारत है, वह नहीं चाहता

कि राजनीतिज्ञ उनका इस्तेमाल करें पर उसकी मजबूरी है, जिसे ऊपर बताया जा चुका है। ऐसी मजबूरी ही जवानों को फौज ले जाती है। यही वजह है कि फौज में जब भर्ती होती है तो रेल के अंदर क्या उसकी छत पर भी नौजवानों का रेला होता है और जिस शहर में भर्ती होती है, उस दिन वह शहर उन्हीं नौजवानों के लिए होता है। कई बार नौजवानों की भीड़ को नियंत्रित करने के लिए पुलिस गोलियाँ तक चलाती है। जिस पुलिस में उन्हीं के भाई भतीजे हैं, वही पुलिस अपने ही सगे संबंधियों पर इसलिए गोली चलाती है कि वे रोजगार माँगने के लिए पूरे दिन धूप में लाइन में खड़े रहते हैं और शाम को पैसे न देने के कारण उन्हें अयोग्य घोषित कर दिया जाता है। कई बार तो सुबह से भूखे प्यासे, रातभर के जगे और अपनी जिम्मेदारियों से दुखी नौजवान भर्ती के समय बेहोश होकर भी गिर और मर जाते हैं। यह विडंबना ही इंदर जैसे युवकों को फौज में जाने का आधार बनती है। लेकिन वहाँ जाकर उन्हें जिस यथार्थ से रू-ब-रू होना पड़ता है, वह भोहभंग करने वाला है। कहानी में यह संदेश कई बार और कई तरह से आया है।

नायक कारगिल युद्ध की विजय के बाद घायल होकर लौटता है तो उसके मन में अपने घायल होने का दुख कम इस बात का गर्व है कि वह देश की रक्षा के लिए लड़ा है, पर वह अपने साथी यात्री, जेबकतरे और कुली द्वारा की गयी उपेक्षा देखता है तो उसका वह गर्व कपूर की तरह उड़ जाता है। उसे लगता है शुद्ध रूप से इनके लिए गोली खाई। मैं तो स्साला अमीरों को ही संवेदनहीन समझ रहा था। यहाँ तो कुएँ में ही भाँग पड़ी है। उसे लगा कि लड़ाई में शामिल होकर उसने राष्ट्रीय अपराध किया है। वह सोचता रहा 'युद्ध क्यों हुआ? हुआ तो उसमें हिस्सा क्यों लिया। भाग जाता वहाँ से। ऐसे निकम्मों, भ्रष्ट और बेकार लोगों के लिए हजार युद्ध लड़ो तो भी इनकी तकदीर नहीं बदले।' समाज अपनी तरह चल रहा है, सबको अपनी पड़ी है, राजनेता अपने पिटे मोहरों को विजय में बदलने के लिए सीमा पर युद्ध थोप देते हैं और मरता है वह सिपाही जो अपने और अपने परिवार का पेट भरने की मजबूरी के चलते फौज में भर्ती हुआ था। फौज के सिपाही का यह मोहभंग है। उसके सामने जो यथार्थ उभरा है, उसमें वह स्वयं को निरीह अनुभव कर रहा है इसलिए शराब पीकर हताशा में सबको गालियां दे रहा है। कहानीकार ने कहानी के आरंभ में ही शराब का जो चित्र खींचा है, वह धीरे-धीरे खुलता है। पवित्रता के हामी पाठकों को कहानी का आरंभ दुखी कर सकता है लेकिन जिन लोगों में यथार्थ को देखने और समझने की दृष्टि और सोच बाकी है, वे कहानी के साथ चलते हैं और पाते हैं कि देश

की रक्षा करने वाले फौज के सिपाही की क्या दुर्गति है? उसकी इस अवस्था का दोषी कौन हैं?

कहानी के पाँच लोगों में इंदर के अलावा दूसरा रामनाथ है जो पुलिस में सिपाही है। इंदर की तरह लोग उसे भी भाग्यशाली मानते हैं कि उसकी सरकारी नौकरी लग गयी। सरकारी नौकरी हमारे देश में एक समय तक बहुत बड़ी नियामत मानी जाती थी। यह तो निजी और बहुराष्ट्रीय कंपनियों ने लाखों का पैकेज देकर उसकी प्रतिष्ठा धो दी। पर ऐसे कितने प्रतिशत युवा हैं जो ऐसी बड़ी कंपनियों में नौकरी कर रहे हैं या नौकरी करने की आशा पाले हुए हैं। हिंदी प्रदेश में अधिकांश युवक अंग्रेजी न जानने, मूलभूल सुविधाओं एवं मार्गदर्शन के अभाव में फौज और पुलिस की नौकरी के लिए भटक रहे हैं या निजी ठेकेदारों के यहां चौकीदारी कर रहे हैं। ऐसे में रामनाथ का पुलिस में सिपाही बनना मायने रखता है। पर समाज की आपाधापी और बेईमानी से रामनाथ जैसे सिपाही दुखी हैं। उदयपुर में लॉ कॉलेज में प्रवेश पा चुके सुरेंद्र के खुशी जाहिर करने पर कि 'मामा तुमने अच्छा किया। वक्त रहते गवर्नमेंट जॉब में हो गये।' रामनाथ कहता है 'क्या घंटा हो गये। ट्रैफिक पुलिस का सिपाही हूँ। सुबह से शाम तक सैल्यूट करने के लिए इतनी भींचनी पड़ती है कि शाम को दर्द होने लगता है। स्साला इस देश में तेरे मेरे अलावा हर तीसरा आदमी अफसर या मंत्री दिखता है। किसी का चालान कर दो तो नब्बे फीसदी लोग एडीशनल एसपी के जानकार। दो फीसदी एसपी के। चार फीसदी डिप्टी एसपी के। दो फीसदी मिनिस्टर के। दो फीसदी गरीब रिक्शेवाले होते हैं। उनका क्या चालान करूँ? सौ पचास रुपये दिन में कमायें और मैं उनकी रसीद कैसे काट दूँ? उसके घर में भी बच्चे हैं।' पूर्व प्रधानमंत्री राजीव गांधी ने कहा था कि ब्रिटेन में एक सिपाही भी बड़े से बड़े आदमी से उसका पास या आइडेंटी कार्ड माँग सकता है पर यह भारत में संभव नहीं है? यहाँ इसलिए संभव नहीं है कि इस तरह की ईमानदार संस्कृति का निर्माण हमने आरंभ से ही नहीं किया। हमने मान लिया कि जो बड़े हैं उनके लिए कोई नियम कायदे नहीं हैं। बड़े लोग अपने संबंधों और पैसों के आधार पर अपना रौब जमाते रहे और नियमों की खिल्ली उड़ाते रहे। बड़े अफसरों और राजनेताओं ने इस संस्कृति को विशेष रूप से पाल-पोसकर बड़ा किया ताकि वे उसमें सुरक्षित रह सकें। यही कारण है कि जिन सामंतों के विरुद्ध लड़ाई लड़ी वे सामंत आज भी उसी ठाठ बाट से ज़िंदा हैं और उनकी तरह हजारों सामंत आजादी के बाद और पैदा हो गये हैं जो विलासपूर्ण जिंदगी जीते हुए कानून को ठेंगा दिखा रहे हैं। ऐसे सामंती मानसिकता के लोगों में राजनीति से जुड़े लोग

विशेष रूप से हैं, जो अपनी राजनीतिक ताकत के बल पर किसी को कुछ नहीं मानते। इसलिए मंत्री जी अपनी सुरक्षा के लिए लगे सिपाहियों से जो चाहें सो कराते हैं। रामनाथ के साथ भी ऐसा हुआ, जिसे कहानीकार ने बहुत ही संक्षिप्त में लेकिन पूरी ताकत के साथ रेखांकित किया है 'एक दिन उससे बाथरूम में कपड़े धोने के लिए कहा गया। उसने मना कर दिया। लंबे समय लाइन में हाजिर रहा। कुछ समय पहले ही किसी जुगाड़ से ट्रैफिक पुलिस में आ गया है। रामनाथ के दिमाग में वही दृश्य तैर रहा था। अफसर की पत्नी के अंडरगारमेंट धोने में क्या कोई गर्व की अनुभूति हो सकती है। अफसर ही बेशर्मी पर उतरें तो क्या करें? सब के सब चोर। मैं सिपाही, अकेला आदमी, क्या घंटा क्रांति करूँगा?' यह वक्तव्य सिपाही रामनाथ का है। इस वक्तव्य के अंतिम वाक्य के तीन खंड हैं लेकिन तीनों ही ताकतवर हैं। पहला— मैं सिपाही-यह सिपाही होने की विवशता है। पहले फौज के सिपाही के मोहभंग के बारे में हम पढ़ चुके हैं कि जो आदमी विजयी भाव में युद्ध मैदान से लौट रहा हो, उसके सपनों को हमारा समाज कैसे ध्वस्त करता है। यहाँ पुलिस के सिपाही की निरीहता जिस रूप में व्यक्त हुई, उसके विवरण के लिए हजार शब्द भी कम हैं। इस देश में मंत्री के सामने एक सिपाही की हैसियत क्या है, वह चाहे जो कराये। मंत्री की नजर में वह सिपाही अपने ही देश का एक होनहार नवयुवक नहीं है बल्कि एक बेचारा सिपाही है जो उसकी रक्षा में बहुत कम पैसों में दरवाजे पर खड़ा है। दूसरा वाक्य खंड है— अकेला आदमी, वाकई अकेला आदमी कुछ नहीं कर सकता। यह वाक्य संगठन का आधार वाक्य है पर अकेला आदमी पुलिस में सिपाही रहते हुए कैसे संगठन बनाये, कैसे वह अपने जैसों को समझाये कि अकेले रहे तो ये राजनेता इस देश को पीसकर पी जायेंगे इसलिए संगठित होकर अपने अधिकारों की रक्षा करनी चाहिए। अकेला आदमी कुछ नहीं कर सकता। तीसरा वाक्य खंड—क्या घंटा क्रांति करूँगा। यानी पुलिस का सिपाही, अकेला आदमी क्रांति नहीं कर सकता? रामनाथ का यह वक्तव्य चाहे कितनी ही निराशा में निकला हो पर है आदर्श वाक्य। वह जानता है कि मुक्ति के रास्ते अकेले नहीं मिलते पर वह यह भी जानता है कि जिस पद पर है वहाँ उसके लिए संगठन बनाना संभव नहीं है। इंदर, रामनाथ के बाद तीसरा पात्र रामसिंह है जिसकी पिछली जुलाई में शादी हुई है। चौथा पात्र सुरेंद्र है जिसका पिता रोडवेज में ड्राइवर है। उसका इसी वर्ष उदयपुर के लॉ कॉलेज में एडमिशन हुआ है जो शराब नहीं पीता इसलिए इस पार्टी की सारी व्यवस्था वह कर रहा है। वह सारी घटना का प्रत्यक्षदर्शी है। उसने चारों के वक्तव्य सुने हैं, चारों की निराशा और हताशा तथा शराब पीने

के बाद की स्थितियों से परिचित है। कहानी आजाद भारत के सामाजिक पाखंड से परिचित कराती है। भूमंडलीकरण की चकाचौंध में खोये अपनी साधारण-सी जिंदगी जीते इन युवकों की दयनीय स्थिति पर भी प्रकाश डालती है। ये पाँचों युवक इसी देश के हैं ओर ये अकेले नहीं है बल्कि समाज के बहुसंख्यक युवकों का प्रतिनिधित्व करते हैं। लाखों के पैकेज वाले युवक आज भी बहुत कम हैं। ज्यादा संख्या में तो ऐसे ही युवक हैं और अब अमेरिकी मंदी के दौर में ऐसे ही युवकों की संख्या लगातार बढ़ रही है।

मुक्ति के अनुपम राग की कामना

स्त्री विमर्श हिंदी में बहुत हो रहा है पर स्त्री की वास्तविक समस्याओं से अलग। दरअसल, हमें गांव और शहर की स्त्री की समस्याओं में अंतर करना होगा क्योंकि भारत में गांव और शहर में अब भी चौदहवीं और इक्कीसवीं शताब्दी का अंतर है। जिन गांवों में यह अंतर कम हैं वे या तो शहर के पास हैं या किन्हीं विशेष राजनीतिक कारणों से आगे आ गये हैं। गांव में जो बदलाव आया है या जिसे हम बदलाव कह रहे हैं वह केवल दिखावा है। यह दिखावा गांव की जिंदगी में कोई अर्थ नहीं रखता। गांव में पारिवारिक संबंध या स्त्री पुरुष संबंध आज भी सामंतीकाल की परंपराओं से संचालित हैं। स्त्री के लिए वे सुविधाएं जो शहर में सहज उपलब्ध हैं गांव में अब भी दूर की कौड़ी है। सास बहू नाते रिश्तेदार और पति पत्नी के संबंधों के परिवर्तन में ही हमें बदलावों का मूल्यांकन करना चाहिए। गांव की अपेक्षा शहर में परिवर्तन हुए हैं, हमारी शिक्षा और संचार माध्यमों ने संस्कारों को बदला है, सामाजिक जीवन को बदला है तथा हमारे विचारों को बदला है। लेकिन बहुत उम्मीद के साथ नहीं– यह सचाई है। यदि वह बदलाव है तो उच्च मध्यवर्ग या मध्यवर्ग के बहुत कम प्रतिशत घरों में हैं। इसकी वजह यह है कि सामाजिक चिंताओं को लेकर हमारे यहां कोई आंदोलन नहीं हुए। नवजागरण काल या स्वाधीनता आंदोलन में भी इन बिंदुओं पर कोई विशेष ध्यान नहीं दिया गया। जिस समाज में आज भी कन्यादान प्रचलित हो, उस समाज में स्त्री की क्या स्थिति होगी, यह सहज अनुमान लगाया जा सकता है।

स्त्री लेखन की सीमा एक समय तक घर परिवार थी और अब यह सीमा देह संबंधों में सिमटकर रह गयी है। जो स्त्री देह संबंधों को खुलकर लिख रही है, वह स्त्री विमर्श की सबसे प्रबल-सबल लेखिका मानी जाती है पर जो मूल प्रश्नों को उठा रही है, घर परिवार की उन समस्याओं को उठा रही है जो समस्याएं आज भी जस की तस बनी हुई हैं वे हाशिये पर हैं। बाढ़ के पानी के निथरने के बाद स्थिर और शांत जल में जो है वही दिखाई देता है। वास्तविक समस्याएँ ही

मुक्ति प्रसंग – अल्पना मिश्र

एक समय बाद मूल्यांकन का आधार बनेंगी और उन्हीं से समय का मूल्यांकन होगा। किसी भी कृति या लेखक का मूल्यांकन अपने समय की नब्ज को पकड़ उसके बहुआयामी चित्र उकेरने के कारण होता है– होना चाहिए। अल्पना मिश्र की कहानियों को पढ़ते हुए मुझे बार-बार यह लगा कि वे स्त्री विमर्श और देह विमर्श के हवाई मुद्दों से अलग हटकर स्त्री की उन तकलीफों को अपने लेखन का आधार बनाती हैं जिन तकलीफों से एक स्त्री का रोजाना मुकाबला होता है। इस प्रकार की तकलीफें तथाकथित स्त्री विमर्श में पीछे छोड़ दी जाती हैं या फैशन के नाम पर अपने आप पीछे छूट जाती हैं क्योंकि वहाँ होड़ कुछ नया कर दिखाने की है। कुछ ऐसा जिससे प्रगतिशील छवि उभरती हो। जीवन में कई बार बहुत बड़ी समस्याएं व्यक्ति के भविष्य को नहीं बदलतीं बल्कि बहुत छोटी लेकिन निजी समस्याएं समाधान के लिए आसपास हमेशा मंडराती रहती हैं। यदि इन आसपास की समस्याओं की अनदेखी कर राष्ट्रीय बनने के चक्कर में भाषणबाजी होती रही तो उस भयावह यथार्थ का क्या होगा जो हमारे आसपास विद्यमान है। अल्पना मिश्र इसी भयावह यथार्थ को व्यक्ति के स्तर पर, निजी अनुभव के आधार पर और पूरे निजीपन के साथ अपनी कहानियों का आधार बनाती हैं इसलिए वे सुनार की चोट की तरह बहुत धीरे पर बहुत रचनात्मक काम कर रही हैं। इससे उनकी अलग पहचान बनी है जो अलग से दिखाई भी दे रही है। मुझे लगता है कि अल्पना मिश्र को अपनी पहचान की न तो बहुत चिंता है और न वे इसके लिए कुछ अतिरिक्त सतर्क हैं इसलिए बढ़िया और निरंतर लिख भी रही हैं।

अल्पना मिश्र की कहानियों में एक ऐसी स्त्री साँस लेती मिलती है जो अपनी घर-गृहस्थी के लिए दिन रात एक किए हुए है पर उसी गृहस्थी में उसका पति उसके इस श्रम और त्याग पर कुंडली मारकर बैठा है। यह अनायास नहीं है। अमृतलाल नागर के उपन्यास 'अग्निगर्भा' में इसकी बानगी देखी जा सकती है कि कैसे कॉलेज में प्राध्यापकी और बाद में प्राचार्य पद पर बैठी सीता नाम की स्त्री को उसी का पति जीवन से अलग कर देता है। जब तक पत्नी का शोषण कर सकता था, किया और जब वह विद्रोह तक पहुंची तो उसे रास्ते से हटाने में उसी पति को देर नहीं लगी। जैसे शोषण के हजार रास्ते हैं वैसे ही उसके बचने के रास्ते भी हो सकते हैं पर ये रास्ते अकेले में नहीं मिलते और न अकेले तैयार किए जा सकते हैं। इन रास्तों पर अकेले चला भी नहीं जा सकता। सीता का विद्रोह उसकी पराजय के साथ समाप्त नहीं होता, यह एक संदेश है। ऐसा संदेश जो आगे आने वाली पीढ़ियों को दिया गया है। कई बार अपनी कुर्बानी देकर

भी संदेश दिया जा सकता है– सीता ने ऐसा ही संदेश दिया है। जीत संघर्ष में जरूरी नहीं है, संघर्ष करते हुए पराजित होने से भी संघर्ष की ही जीत होती है। यह जीत अल्पना मिश्र की कहानियों के अंत में एक उजास और कौंध की तरह देखी जा सकती है। भूमंडलीकरण के बाद सबसे अधिक नुकसान संगठित शक्ति का हुआ है। सातवें-आठवें दशक में पढ़ते हुए हम लोग नारे लगाते थे, मजदूर एकता की बातें करते थे और टाटा-बिड़ला को और उनकी सरकार को अंगूठा दिखाते हुए दिल्ली की सड़कों पर मजे से नये भारत के निर्माण के सपनों को खोजते फिरते थे। पर भूमंडलीकरण ने उस संगठित शक्ति को समाप्त कर दिया। हर आदमी के मन में आगे बढ़ने और दूसरों का हक छीनकर करोड़पति बनने के सपने दिखा दिए। विश्व बैंक ने जो आंकड़े दिए हैं उनके अनुसार पाकिस्तान और बांग्लादेश से भी अधिक गरीबी हमारे देश में है। हमसे नीचे कुछ अफ्रीकी देश ही हैं। फिर भी हम विश्व की ताकत बनने का भ्रम पालकर खुश होते रहते हैं।

अल्पना मिश्र की कहानियाँ इसी आम आदमी या आम स्त्री के लिए जगह ढूंढ़ने की कहानियाँ हैं। उनकी अधिकांश कहानियाँ स्त्री के संघर्ष की कहानियाँ हैं, अपने परिवार के लिए पूरी निष्ठा के साथ जीने की कहानियां हैं, पर मन का एक कोना है जो हमेशा खाली रहता है। मैं उनकी कहानी 'मुक्ति-प्रसंग' का उदाहरण देना चाहूंगा जिसमें वे यानी एक विवाहित और कामकाजी स्त्री रोजाना की भागदौड़ और रोजाना अनेक लोगों की दृष्टि कुदृष्टि का सामना करते हुए एक ऐसे लड़के से मिलती है जो चाहकर भी दुबारा नहीं मिल पाता। कहानी के अंत में वे लिखती हैं 'वह उतर गया। वे मन ही मन आकर्षित हुईं। अपनी इस कुंठा को वे कुंठा तक नहीं कह पाईं, बल्कि इसे मन ही मन उन्होंने कुछ अलग तरह की मुक्ति का अनुपम राग माना। बरसों वे टिहरी से आने-जाने वाली बसों में उसकी एक झलक पाने को आतुर रहीं। पर पता नहीं, वह कभी इधर आया ही नहीं या आया और वे पहचान नहीं पाईं या उन्हें झुठलाया किसी दूसरी बस से आकर चला भी गया? कुछ भी हो, वक्त उनके हाथ से चिड़िया की तरह उड़ गया था।' ये शब्द गहरी चाह से उपजे हैं। वे चाहती थीं कि रोजाना की बस यात्रा में कोई ऐसा साथी हो जो बहुत सलीके से उनके साथ बैठे और अच्छी तरह बातें करे। मैं इस कहानी को यहां से पढ़ना चाहूंगा इसलिए पाठ भी यहीं से आरंभ करूंगा। यदि पहले और बातों को ले लिया जाए तो कहानी अपने मंतव्य से भटक सकती है इसलिए कहानीकार के साथ चलकर ही कहानी को समझा जा सकता है और यही उचित भी है। मुझे लगता है कि कहानी का शीर्षक 'मुक्तिप्रसंग' भी इसी संदर्भ से समझ में आता है बाकी कहानी तो प्रसंग

के तौर पर कही गयी है। कहानी की नायिका अर्थात् वे ऋषिकेश के सरकारी डिग्री कॉलेज में प्राध्यापिका हैं। पति डॉक्टर हैं जो देहरादून में बच्चों के साथ रहते हैं। पत्नी देहरादून से ऋषिकेश रोजाना जाना-आना करती हैं। घर में और कोई नहीं है। मध्यवर्गीय परिवारों की तरह छोटा परिवार है। अब ऐसे परिवारों में आप चाहें भी कि हारी-बीमारी कोई रिश्तेदार-नातेदार सहायता करने आ जाए तो नहीं आता, सबकी अपनी-अपनी व्यस्तताएँ हैं। बच्चे अब कहीं तालमेल नहीं बिठा पाते क्योंकि मध्यवर्ग के बच्चे अपने घरों में जिस मस्ती के साथ रहते खाते-पीते हैं उसे छोड़कर वे कहीं नहीं जाना चाहते। इसलिए जो भी है, जैसा भी है आपका परिवार है। उसे संभालने का काम भी आपका ही है। उन्होंने जब नौकरी का निर्णय लिया था तब भी यही स्थितियाँ थीं इसलिए वह निर्णय अपने बलबूते पर था जिस पर वे आज भी अडिग हैं और मुक्ति की सांस ले रही हैं।

अतः बड़े आत्मविश्वास से कहती हैं 'अब वे उन्हें घर बैठने को कहें भी तो वे नहीं बैठेंगी। वह मुक्ति की सांस क्या घर बैठे मिलेगी? अब तो वे जान की बाजी लगाकर भी नौकरी करेंगी। यह उन्होंने आज नहीं, बल्कि उसी दिन ठान लिया था, जब देहरादून से ऋषिकेश तक इसी बस में बैठकर पहले दिन गयी थीं। यह पहला दिन ही उन्हें मुक्ति का एक हल्का-सा अहसास करा गया था।' उसी दिन डॉ. साहब ड्यूटी पर लेट होने के चक्कर में बस स्टैंड पर छोड़कर ही चले गये थे यह निर्देश देकर कि 'ऋषिकेश वाली बस जो आ रही है इसी में बैठ जाना।' तब भी उनके मन में कुछ खटका था 'क्या डॉ. साहब के लिए अपनी नौकरी इतनी महत्त्वपूर्ण है, जिसके आगे वे नातों, रिश्तों, व्यक्ति और समाज को बौना करके देखते हैं? तो फिर उनके लिए भी नौकरी यानी महाविद्यालय की मास्टरी महत्त्वपूर्ण होनी चाहिए। इस स्टेशन पर खड़े ही खड़े उन्होंने अचानक अपने जीवन को संशोधित करता एक निहायत जरूरी फैसला ले डाला।' पहले दिन के दो निर्णय—घर से निकलकर नौकरी के लिए बाहर आने तक में मुक्ति का अहसास तथा नौकरी की महत्ता का विचार। दोनों निर्णयों में डॉ. साहब यानी पति साथ भी हैं और नहीं भी हैं। वे साथ आते हैं पर बीच में ही छोड़कर चले जाते हैं। पत्नियाँ ये तो चाहती ही हैं कि जिस परिवार के लिए वे रात-दिन एक किए हुए हैं, जिस परिवार की आर्थिक स्थिति को सुदृढ़ बनाने के लिए वे अप-डाउन की नौकरी कर रही हैं, उस परिवार में उनको वाजिब हक मिले, उनका पति कम से कम पहले दिन तो उन्हें बस में बैठाकर जाता। यह इच्छा केवल उनकी नहीं है बल्कि हर उस स्त्री की है जो घर से पहली बार निकल रही है। दो बच्चों के होने तक घर गृहस्थी में ही सिमटी रहने वाली वे जब घर से नौकरी के लिए पहली बार निकली हैं तो उनकी

यह उम्मीद अनुचित नहीं है। इसलिए पहले दिन ही आदर्श जमीन पर धड़ाम से आ गिरे। उनके दोनों निर्णय इसी मनःस्थिति की देन हैं।

नौकरी पेशा स्त्री की विडम्बना यहीं समाप्त नहीं होती। पहले वे भावुकता में सारा हिसाब पति को देती हैं और बाद में पति अधिकारपूर्वक उनसे हिसाब लेता है। कहा जाता था कि स्त्री जिस दिन आर्थिक रूप से सुदृढ़ हो जायेगी उस दिन वह अपने निर्णय खुद लेने के लिए स्वतंत्र होगी लेकिन भारतीय परिवारों में ऐसा नहीं होता। स्त्री और पुरुष दोनों के संस्कार उसे ऐसा नहीं करने देते। उसका दुहरा शोषण होता है, वह नौकरी भी कर रही है और आर्थिक अधिकारों से वंचित भी है। उम्र में ग्यारह साल बड़े डॉ. साहब का मानना है कि 'रोटी-कपड़ा-छत के बाद और इन उपर्युक्त चीजों के बाद भला उन्हें अलग से पैसा किसलिए चाहिए? वैसे भी औरत के हाथ में पैसा रखने से औरत बिगड़ जाती है। जब से उन्हें इस भाग-दौड़ का इनाम मिलना शुरू हुआ अर्थात् वेतन, तो पहले दो चेक डॉ. साहब ने अपने एकाउंट में जमा करवाये, लेकिन तीसरे महीने विद्यालयीय अनिवार्यता के चलते उन्हें अपना एकाउंट ऋषिकेश में खोलना पड़ा। उनके वेतन से संबंधित सारे मामले डॉ. साहब ही देखा करते। यहां तक कि सारी इनकमटैक्स बचत ज्वाइंट होती। सोचा था उन्होंने, इस नौकरी में आते ही उनके दुख-दारिद्र्य के दिन समाप्त हो जायेंगे। घूरे के भी दिन फिरते हैं पर कहाँ? डॉ. साहब इतने चुपचाप उनकी नौकरी पर कुंडली मारकर बैठे कि वे देखती रह गईं। अगर पैसा न दें तो घर में टेंशन, पारिवारिक अशांति का कारण पैसा? छिः वे कभी सोच भी नहीं सकती थीं, लो ले जाओ पैसा, पर शांति बने रहने दो, पर शांति किस की? डॉ. साहब की या उनकी?' बस में अनेक तरह की परेशानियां, लोगों की नजरें, पास में बैठ स्पर्श कर दुखी करने की पुरुष मानसिकता, अतृप्त संबंध और हर नयी चीज को पाने की पुरुष लालसा—सब कुछ घटित-अघटित को वे इसलिए सहन कर जाती हैं कि अपना परिवार चलाना है, सुख और शांति बनी रहे इसलिए किसी प्रकार का प्रतिरोध नहीं और प्रतिरोध है भी तो वह स्त्रियोचित ही है। हर स्त्री अपने सम्मान और परिवार की मर्यादा को बचाये रखने के लिए ऐसा करना चाहती है। पर क्या उसका सम्मान और परिवार की मर्यादा स्त्री के चुप रहने से सुरक्षित रह पाती हैं? स्त्री जैसा सोचती है वैसा हो नहीं पाता, वह जिस पति से प्रेम की उम्मीद करती है क्या उसे वह प्रेम मिलता है, 'एक दोस्त और प्रियतम का जो स्वप्न देखा था उन्होंने....।' खाली बिंदियाँ बता रही हैं कि वह उन्हें नहीं मिला। वे परेशान होकर सोचती हैं 'उन्होंने अपना सिर पकड़ लिया। क्यों नहीं वे एक सामान्य खाती-पीती-सोती औरत की तरह रह पातीं? क्यों उन्हीं के दिमाग

में ऐसे खयाल चक्कर काट-काटकर बेचैन करते रहते हैं? आखिर अगर प्रेम जैसा कोई अलग अहसास नहीं, तो उसकी अतृप्ति इतनी बड़ी क्यों है?'

कहानी के बीच में गुनगुनाती धूप में रतिक्रीड़ा करने का डॉ. साहब का प्रस्ताव है, 'इसके लिए चाहो तो थोड़ा-सा ड्रिंक कर सकती हो।' यह प्रस्ताव प्रेम पर विमर्श करने के लिए है। अल्पना मिश्र ऐसे प्रसंग कहानियों में अक्सर ले आती हैं इसलिए कि एक ओर पुरुष स्त्री की स्वतंत्रता का हरण कर रहा है और दूसरी ओर चाहता है कि उसकी स्त्री उसके साथ जब चाहे तब प्रेम प्रदर्शन करे, रतिक्रीड़ा करे और वह जैसे चाहे वैसे नाचे। मैं इस प्रसंग को इसी अर्थ में देखता हूँ। कहानी में जो स्थितियां हैं उनमें डॉ. साहब इस कदर हावी हैं कि स्त्री के लिए स्वतंत्रता के साथ सांस भी लेना दूभर है। ऐसे में प्रेम और बराबरी के अहसास की बात तो सोची भी नहीं जा सकती। इसलिए प्रेम और देह पर विमर्श स्त्री पुरुष की स्थितियों को बताने भर का साधन है लेकिन स्थिति तो घटनाक्रम से स्वतः ही रूपाकार हो गयी है। इसके लिए बहुत कुछ कहने की आवश्यकता नहीं थी। टिहरी जाने वाले बैंक मैनेजर युवक से फिर मिलने की इच्छा मन की खाली जगह को भरने की अविरल इच्छा का ही परिणाम है। जो डॉ. साहब से नहीं मिला उसे किसी खूसट और प्रौढ़ आदमी में नहीं बल्कि उस मधुर सलोनेपन से निहारते युवक में पाने की आकांक्षा है। कहानी का यह संदेश उनके पूरे अभावों को भरने के लिए काफी है। यह संदेश बहुत कम शब्दों में अंकित किया गया है, इसलिए और भी भव्य है।

मैं फिर से कहना चाहूंगा कि स्त्री विमर्श के मानदंड स्त्री के अपने छोटे-छोटे संघर्षों से ही निर्मित किये जा सकते हैं। बहुत बड़े और भारी भरकम शब्दों से या देह की क्रांति से स्त्री के जीवन को नहीं बदला जा सकता। स्त्री के अपने निर्णय ही उसे जीवनी शक्ति देते हैं। वह हर विपरीत परिस्थिति में अपनी शक्ति तलाश लेती है 'मुक्ति प्रसंग' की वे भी अपनी जीवनी शक्ति उस युवक में तलाश करती हैं जो उन्हें बस की उकताऊ भीड़ में एक दिन मिला था, जिसकी याद अब भी उनके मन को हरा बनाये हुए है।

शर्म से तार-तार बंजर रिश्ते

युवा कथा लेखिका शिल्पी की पहली कहानी 'पापा, तुम्हारे भाई' 'हंस' नवंबर, 2004 अंक में प्रकाशित हुई है। मुझे सबसे अधिक कहानी के कथ्य और कहने के ढंग ने प्रभावित किया है इसलिए मैं सबसे पहले उसी पर अपनी बात कहना चाहता हूं। शिल्पी की 'हंस' में प्रकाशित यह पहली कहानी है इसलिए इस कहानी ने मेरा ध्यान और अधिक आकर्षित किया। पहली कहानी लिखना किसी भी कहानीकार के लिए चुनौती है, यह चुनौती शिल्पी के लिए भी रही होगी पर कहानी पढ़ते हुए वे जिस प्रकार कहानी को खोलती चलती हैं उससे लगता है कि वे कहानी पर बहुत दिनों से हाथ आजमा रही हैं। मेरा यह मानना अपनी तई है, कहानी लेखिका का इस मत से सहमत होना जरूरी नहीं है। कोई कहानीकार आलोचक के मत से सहमत हो यह कभी भी और कहीं भी जरूरी नहीं होता, कहानीकार अपनी तरह से कहानी लिखता है और आलोचक अपनी तरह से उसकी व्याख्या करता है। आलोचक की यह व्याख्या कहानी को समझने और समझाने की प्रक्रिया का अंग होती है, जिसमें वह कहानीकार से आगे भी जा सकता है और पीछे भी रह सकता है यह दोनों स्थितियां आलोचक के जीवनानुभवों पर निर्भर करती हैं। शिल्पी की पहली कहानी पढ़ते हुए आश्चर्य इसलिए भी हुआ कि परिवारों में पल रही कुंठा और खांप पंचायतों के सच पर इससे पहले मैंने कोई कहानी नहीं पढ़ी थी। खांप पंचायतों पर सर्वोच्च न्यायालय भी अपनी नाराजगी जता चुका है और सामाजिक कार्यकर्ता तो निरंतर उनके विरुद्ध लिख और कह ही रहे हैं। लेकिन खांप पंचायतें बिना किसी शर्म के कबाइली संस्कृति का प्रसार करते हुए लगातार आयोजित की जा रही हैं और लोग उनके निर्णयों को मानकर अपने मासूम बच्चों को फांसी पर लटका रहे हैं। अपने गोत्र को बचाकर अपनी ही जाति में शादी करने की परंपरा वर्ण-संकर संकट से बचने के लिए आरंभ की गयी थी, बाद में इसे धार्मिक रूप दे दिया गया।

पापा, तुम्हारे भाई – शिल्पी

यदि इसे धार्मिक रूप न देकर केवल रक्त की शुद्धता के रूप में ही प्रचलित माना जाता तो इस प्रकार की कट्टरता नहीं आती। विडंबना यह है कि जिस समय यह परंपरा आरंभ हुई उस समय कबीलों के पास यातायात और संचार के साधन नहीं थे, इसलिए उन्होंने अपनी सीमाओं को समझते हुए इस प्रकार के निर्णय किये थे, जो प्रकारांतर में और अधिक गहरे होते गये। यह वह समय था जब पितृसत्ता उत्पादन के साधनों पर अपना कब्जा जमा रही थी और धार्मिक शुद्धता का रूप देकर स्त्री को घर के अंदर कैद करने का प्रयास किया जा रहा था। बहुत शातिर तरीके से स्त्री को घरवाली बनाकर उसे सम्पत्ति और उत्पादन के साधनों से वंचित कर दिया गया। यह सब धर्म और स्त्री की पवित्रता के पाखंड के लिए किया गया धत्कर्म था, पर बेबस स्त्री ने इसे स्वीकार कर लिया, पर्दा प्रथा, रजस्वला की अपवित्रता, धार्मिक कार्यों में विशेष परिस्थितियों में ही उसकी उपस्थिति तथा पिता की संपत्ति पर उसका कोई अधिकार न होने के नियम इसी समय बनाये गये थे। यह ऐसा समय था जब एक कबीले के सम्बन्ध दूसरे कबीले से बहुत कम होते थे, साधनों की सीमा को ध्यान में रखते हुए अपने आसपास को ही दुनिया माना जाता था। ऐसे समय जाति में ही शादी करने का प्रस्ताव परिस्थितिजन्य था। लेकिन आज जब दुनिया चांद पर पहुंच गयी है तथा विश्व के बाजार एक दूसरे की लूट के लिए मुक्त भाव से खोल दिये गये हैं, स्त्री और पुरुषों को विवाहेतर और बिना विवाह एक साथ रहने तक को मान्यता मिल गयी है तब इस खुली और संचार के साधनों से हरदम धड़कती दुनिया में जाति बाहर विवाह करने पर फांसी की सजा सुनाया जाना, इक्कीसवीं शताब्दी का सच न होकर आदिम व्यवस्था का भयावह यथार्थ है। यदि कोई समाज आज के समय में विकास की सीढ़ियां चढ़ते हुए पीछे की ओर देखने लगे तो उसके निर्णयों पर शंका होनी ही चाहिए। यह शंका शिल्पी की कहानी में पूरी तरह तारी है। उन्होंने इन निर्णयों के मूल में अपना काम कर रहे दूसरे कारणों को भी विस्तार से बताया है, जिन्हें जानने के बाद इस कबीलाई समाज के निर्णयों पर अविश्वास उठना स्वाभाविक हो जाता है। मैं मानता हूं कि कहानी की ताकत वे दूसरे कारण ही हैं, जिनकी वजह से युवक-युवतियों को फांसी चढ़ाया जाता है। यदि कहानी को केवल गल्प न माना जाये और यह मानकर चला जाये कि कहानी अपने समय के यथार्थ को व्यक्त करने का उचित माध्यम है तो हमारे समय का यह यथार्थ डरावना है। कहना न होगा कि खांप पंचायत देश की राजधानी और महानगर दिल्ली के आसपास के इलाकों में हो रही हैं– पश्चिमी उत्तर प्रदेश और हरियाणा इन पंचायतों के गढ़ हैं। पहला प्रश्न तो यही उठता

है और उठना भी चाहिए कि दिल्ली के आसपास जहां सबसे अधिक रोजगार के साधन हैं, किसानों की जमीनें करोड़ों के भाव में बिक रही हैं, जहां सबसे अधिक विकास हुआ है, आधुनिक साधन सबसे अधिक इन क्षेत्रों में उपलब्ध हैं, दिल्ली का बाजार उनका अपना है, वे हर समय वहां आ-जा सकते हैं, उनके बच्चे दिल्ली और उसके आसपास के क्षेत्रों में नौकरी, व्यापार और अन्य कार्य कर रहे हैं, उनके बच्चे हजारों की तादाद में इन अत्याधुनिक शिक्षा संस्थानों में पढ़ रहे हैं, इस इलाके के कई गांव, कस्बे और शहर चकाचौंध के कारण अब पहचाने भी नहीं जाते, वहां चौधरियों की खांप पंचायतें जो निर्णय सुना रही हैं, वे एक ओर तो लोकतांत्रिक व्यवस्था को ठेंगा दिखा रही हैं और दूसरी ओर विकास की धारा में पढ़-लिखकर बड़े हुए बच्चों की स्वतंत्रता को छीन रही हैं।

इस कहानी को पढ़ने से पहले मेरे मानस में खांप पंचायतों के निर्णय के पीछे केवल जाति तत्व ही होता था लेकिन शिल्पी की कहानी पढ़ने के बाद स्पष्ट हुआ कि जाति तो असरदार है ही, उसका प्रभाव तो निर्विवाद है ही लेकिन व्यक्ति की कुंठाएं जिस तरह इन हत्याओं के पीछे अपना काम कर रही हैं, वह भी महत्त्वपूर्ण है।

शिल्पी ने बहुत कुशलता के साथ कहानी के पहले ही पृष्ठ में उस लड़की के आत्मविश्वास को उकेरा है जो अपने ही चाचा की कुंठा का शिकार होकर मौत के मुंह से बाहर आयी है 'लेकिन तुम क्या जानो, इस बार मैं कैसा घेरा तोड़कर भागी हूं, अचानक बहुत बड़ी होकर शर्म से लिथड़ गयी हूं। खून, रिश्ते, समाज, प्यार मेरे लिए सब बंजर-ऊसर हो गये हैं। अभी तो अपने कमरे से बाहर भी नहीं निकल सकती। अभी तो स्पोर्ट्स हास्टल के कमरे की इन चहारदीवारों के बीच सिर्फ तुम से बात की जा सकती है लेकिन यकीन रखो, एक दिन मैं सच्चे खिलाड़ी की तरह सबका सामना करूंगी। घेरा चाहे कितना मजबूत हो, विरोधी चाहे जितने क्रूर और कमीने हों, तुम्हीं मैच के बीच चिल्लाया करते थे 'मुश्किल वक्त, कमांडो सख्त' और मैं फिर एक बार उठकर जूझने के लिए तैयार हो जाती थी।' ये संवाद अपने पापा से है, जो अब इस दुनिया में नहीं है। लेकिन पापा के आदर्श और उनके द्वारा निर्दिष्ट मार्ग पर पहुंच अब भी अधूरी है। यह लड़की जो अपने पापा से अपने आत्मविश्वास के बारे में बता रही है, बहुत बड़े संकट से उबरकर आयी है। पर इस संकट के दौरान उसके सामने दृढ़ साहसी पापा हमेशा रहे। इसलिए कहानी के आरंभ में भी वह अपने पापा को ही संबोधित कर कह रही है 'इस तस्वीर को देखिये, यह मैं हूं। झबरे वालों वाली लड़की जो जूते से अपनी एक आंख ढके हुए है। सामने घुटनों तक मोजे पहने हुए स्टिक को गिटार की तरह बजाते हुए जो आदमी नंगे बदन नाच रहा

है, मेरे पापा हैं। आसमान पर बादल हैं, पानी बरसने वाला है, हम लोग बारिश में भी नाचेंगे और गरम जलेबी खाते हुए घर लौटेंगे। मेरे पापा को नहीं जानते आप। क्रिकेट से फुर्सत मिले तब न। जाट रेजिमेंट के थर्ड आर्टीलरी डिवीजन के सूबेदार मेजर भारत सिंह, वही वर्सिलोना ओलंपिक के गेममेकर मास्टर माइंड लेफ्ट इन... और गेंद एक बार फिर भारत के कब्जे में, लचकदार कलाइयों की खूबसूरत ड्रिब्लिंग, दो को छकाया बहुत आसान लगती जादुई फ्लिक, प्रतिद्वंद्वी भौचक, एकदम कार्नर से रिवर्स क्रास, फारवर्ड ने गेंद को ट्रेप करके समय गंवाने का जोखिम नहीं लिया, बेहिचक शॉट, गोलकीपर के बायें पैर को छूती हुई गेंद अंदर और ये गोओओ... गांव के लोग पापा की मौत को भी इसी तरह याद करते हैं। वह कारगिल की लड़ाई में मारे गये, नये ताबूत की वार्निश की भीगी महक और उनका सोया चेहरा मुझे याद है।'

यह कहानी का पहला पैरा है। शिल्पी ने न केवल अपने पापा के शौर्य और क्रिकेट के प्रति उनकी दीवानगी को बताया है बल्कि परिवार में उनके खिलंदड़ेपन को भी रेखांकित किया है। एक ऐसा सैनिक पिता जो अपनी बेटी को अपनी ही तरह क्रिकेट का बड़ा खिलाड़ी बनाना चाहता था, जिसने हर मुसीबत और कठिन समय में अपनी बेटी को साहस के साथ लड़ना सिखाया था, आज जो उसमें हिम्मत है वह अपने पिता की दी हुई है, इसलिए वह अपने पिता को साक्षी मानकर कहती है 'ओह पापा तुम जिंदा होते तो देखते, लोग कहते हैं, मैं एकदम तुम्हारी तरह खेलती हूं। विरोधियों के घेरे में उन्हें ललचाते हुए, खिलवाड़ करते हुए लेकिन घेरा तोड़ने की नयी-नयी चालें सोचते हुए। तुम्हारी तरह अचानक छूटी गोली जैसी दौड़ अब मेरी पिंडलियों में जिंदा है। तुम्हारी वह स्टिक हमेशा मेरे किट में रहती है जिस पर किसी अल्हड़ लड़की की चलाई कैंची का निशान है।' कहना न होगा कि वह अल्हड़ लड़की बचपन की अनीता ही हो सकती है। पर इस विस्तार की यहां आवश्यकता नहीं है।

कहानी अनीता और उसके पापा के शौर्य, साहस, खेल के प्रति दीवानगी तथा दोनों के असीम आत्म-विश्वास से आरंभ होती है और अंत शर्मनाक, अमानवीय तथा घृणित घटना से होता है। यह कहानी की ताकत है। याद करें 'गोदान' का आरंभ धनिया और होरी की ठिठोली से होता है और अंत होरी की कारुणिक मृत्यु पर होता है, जहां घर की निरीहता और चिरंतन विपन्नता में धनिया पछाड़ खाकर बेहोश हो जाती है। यह तुलना खतरनाक भी हो सकती है कि एक महान उपन्यास से एक नवोदित कहानी लेखिका की पहली कहानी से तुलना करना। लेकिन मुझे लगा कि कहानी का प्रस्थान बिंदु कहीं पर यह संकेत नहीं दे रहा

है कि कहानी इतने कारुणिक और स्तब्धकारक प्रसंग पर समाप्त होगी। यह शिल्पी की अपनी कहानी-कला है, जिसके लिए उनकी प्रशंसा की जानी चाहिए। कोई भी कहानी अपने विषय से तो नापी ही जा सकती है लेकिन उसके साथ कहने के विशिष्ट ढंग से उसके बड़प्पन को भी नापा जाना चाहिए, इस संदर्भ में शिल्पी की 'पापा, तुम्हारे भाई' को नापा जाये तो यह कहना अतिशयोक्ति न होगा कि कहानी के ट्रीटमेंट ने भी कहानी को बड़ा बनाया है। यद्यपि कहानी में 'मान लो' जैसी कल्पना का अधिकार आलोचक को नहीं होता तथापि मैं अवांछित छूट लेते हुए यह कहूं कि यदि आरंभ में पिता और बेटी का उद्दाम साहस और खिलंदड़ापन न रेखांकित किया गया होता और केवल कहानी चाचा द्वारा की जाने वाली अमानवीय और विकृत घटना से ही शुरू की जाती तो निश्चित ही कहानी कमजोर होती। इस कहानी का सौंदर्य उसके कंट्रास्ट में अधिक निखरकर आया है। एक ओर उसके पिता हैं तो दूसरी ओर उसके पिता के भाई। इस व्यंग्य की ताकत को दिखाने के लिए ही कहानी का शीर्षक 'पापा, तुम्हारे भाई' रखा गया है। इस शीर्षक में दो पद हैं, एक पापा और दूसरे उनके भाई। दोनों की विपरीत मनःस्थिति से कहानी बड़ी बनती है।

कहानी के शीर्षक से स्पष्ट है कि अनीता के पापा जिस खुले मस्तिष्क के व्यक्तित्व के धनी थे, उसके चाचा उतने ही कुंठित, विकृत, घृणित और अपराधी व्यक्ति थे। भारतीय परिवारों की मिलीजुली संस्कृति संबंधों की पवित्रता को बचपन की घुट्टी में ही पिलाती आयी है। कुछ पारिवारिक संबंध ऐसे हैं, जिनके लिए किसी को कहने की आवश्यकता नहीं होती। घर में पापा के भाई का वही पवित्र रिश्ता है और पापा के न रहने पर तो घर की सारी जिम्मेदारी उसके कंधे पर स्वतः आ जाती है, वह अपने घर की चिंता छोड़ अपने भाई के घर की परिवरिश अपने से अधिक करता है। इसके लिए उसे न कुछ दिखावा करना होता है और न कोई एहसान। यह सहज स्वीकृत जिम्मेदारी है, जिसे निभाना उसका कर्तव्य है। मैं यहां एक बार फिर 'गोदान' के होरी के कर्तव्यबोध को याद करना चाहता हूं, जो अपने भाई, जिसने उसकी गाय को जहर दिया था, उसके घर से चले जाने पर उसकी फसल और घर को अपने कर्तव्य की तरह निभाता है। यह भारतीय परिवार की सच्ची तस्वीर है, जिसे हम सब जानते-मानते हैं। लेकिन शिल्पी ने उसी परिवार के मुखिया की बीमार मानसिकता को चित्रित कर यह बता दिया कि अब परिवार जैसी कोई चीज अगर है तो वह विकृत हो चुकी है। कहानी की नायिका अनीता अपने चाचा अर्थात् उसके पिता के भाई को एक दिन अचानक देखती है 'उन्होंने पता नहीं कहां-कहां से तस्वीरें काटकर

महिला जिमनास्टों, तैराकों और टेनिस स्टारों का मोटा-सा अलबम बना रखा था, उसे ताले में बंद रखते थे। नादिया कोमानेची, ओल्गा कोरबुत, बुला चौधरी, निशा मिलेट, गैबरीला सबातीनी, अन्ना कुर्निकोवा, मोनिका सेलेस ... और भी ढेरों तस्वीरें। मैं उन्हें खिड़की की झिरी से उचककर देखती थी और बहुत बड़ा खेल प्रेमी समझती थी। मुझे लगता था, उनकी यह झक डाक टिकट, सिक्के या सिगरेट की डिब्बियां जमा करने जैसा ही कोई शौक है। लेकिन पापा, एक दिन अचानक मैं समझ गयी। मैंने देखा, अपने पजामे के ऊपर वह मेरी लाल रंग की स्कर्ट पहनकर, बंद कमरे में बेवकूफों की तरह घूम रहे थे और बार-बार वह एलबम पलट रहे थे, रह-रहकर उसे उठाकर डरावनी आंखों से उसमें कुछ घूरते थे और फिर फेंक देते थे। मुझे लगा वह बुखार में हैं और उनका दिमाग चल गया है ... मैंने कहा न, मैं समझ गयी थी।' अंतिम वाक्य 'मैंने कहा न, मैं समझ गयी थी' इसलिए महत्त्वपूर्ण है कि अनीता अपने पापा को इस घटना के बारे में बता रही थी। पापा को उनके भाई की इस घृणित करतूत के बारे में बताकर शिल्पी पूरी परिवार-व्यवस्था पर प्रश्न लगाती हैं। उसके पापा को अपने छोटे भाई से निश्चित ही बहुत सारी उम्मीदें होंगी और अनीता और उसकी मां को भी ये उम्मीदें सहजभाव से रही होंगी। पापा के छोटे भाई अपने बड़े भाई के न रहने पर इस प्रकार की उम्मीदों पर खरे उतरते रहे हैं, पर यहां तो बीमार मानसिकता काम कर रही है इसलिए वे रिश्ते ही तार-तार हो गये हैं। अनीता का अपने पापा से यह कहना कि 'मैंने कहा न, मैं समझ गयी थी।' गहरी पीड़ा से उपजा वाक्य है। पापा के भाई यहीं तक सीमित नहीं रहते बल्कि अनीता के अविनाश से प्रेम करने पर उनकी कुंठा और अधिक विकृत हो जाती है। वे अनीता को यानी अपने ही भाई की बेटी को कमरे के अंदर बंद कर उसके साथ जो व्यवहार करते हैं, वह कहीं से सभ्य समाज की परंपरा में नहीं आता और न यह प्रेमी-प्रेमिका को दंड देने के लिए किये जाने वाले उपक्रम में आता है। शिल्पी बताती हैं– 'घर की औरतों बच्चों को पड़ोस के घर में बंद कर चाचा आये, सिटकनी चढ़ाई, जलती आंखों से घूरते रहे। अचानक बालों से पकड़कर उन्होंने मुझे उठा लिया। कान से मुंह सटाकर भिंची आवाज में बोले, गरमी शांत करने के लिए कोई बिरादरी का छोरा नहीं मिला जो सुअर गुज्जर को बुला लाई हमारी नाक कटाने। जमीन पर पटककर मेरे ऊपर बैठ गये। फिर वही यहां-वहां नोचता हुआ जंगली जानवर का पता। घबड़ाकर मैंने रोते हुए कहा, यह क्या कर रहे हैं आप। वही जो साले गुज्जर इतने दिनों से कर रहे थे।' और फिर धमकी देते हुए कहा 'सोच ले, अभी मैंने पंचायत के लिए हां नहीं कही है। अगर एक

बार पंच बैठ गये तो तुम दोनों फांसी पर लटका दिये जाओगे। चाचा सौदेबाजी कर रहे थे, मैं सुन्न बैठी रोती रही।' चाचा अपने ही भाई की बेटी से उसके शरीर की सौदेबाजी करे तो बेटी के पास सुन्न बैठकर रोने के अलावा बचता ही क्या है? यह सामान्य स्थिति है। पर यह कहानी अनीता के सुन्न होकर रोने की कहानी नहीं है। यह कहानी तो उसके संघर्ष के विजय की कहानी है। यह कहानी खांप-पंचायतों के अंदरूनी सच को अनावृत करने की कहानी है।

खांप पंचायतें आज भी उसी जोर-शोर से हुक्का गुड़गुड़ाते हुए अपने निर्णय दे रही हैं पर इन निर्णयों की वास्तविक तस्वीर तो शिल्पी जैसी कहानी लेखिका ही दिखा सकती हैं। हममें से बहुत सारे लोग खांप-पंचायतों के निर्णयों से कभी सहमत नहीं रहे पर हमें यह भी नहीं मालूम था कि इन निर्दय निर्णयों के पीछे कुंठित मानसिकता भी काम करती रही है। दो प्रेमियों को मार देना, फांसी पर लटका देना निश्चित ही क्रूर है, किसी भी लोकतांत्रिक व्यवस्था में कलंक की तरह है पर अनीता का सच तो और भी क्रूर और निर्दय है वह सिर्फ चौंकाता भर नहीं है बल्कि शर्म से सुन्न करता है क्या हमारी पारिवारिक व्यवस्था इतनी सड़ गयी है जो चाचा भतीजी के संबंधों को भी कलंकित कर दे। इस कुव्यवस्था का एक पहलू यह भी है यह बताना ही इस कहानी का उद्देश्य है।

अनीता ने किसी प्रकार का समर्पण नहीं किया, वह हिम्मत के साथ पंचायत के निर्णय का सामना करने के लिए तैयार थी। अपने चाचा की बीमार मानसिकता का इलाज उसके पास नहीं था, वह किन्हीं कमजोर क्षणों में इस प्रकार का इलाज करना भी नहीं चाहती थी, वह अपने खिलंदड़े पापा की बेटी थी इसलिए अविनाश द्वारा दिये गये शादी के प्रस्ताव पर कहती है 'आखिरकार, मैंने कह ही दिया कि अपना पहला नेशनल खेलने के बाद उससे शादी कर लूंगी और फिर कभी गांव नहीं लौटूंगी।' चाचा की परेशानी का कारण उसका यह स्वभाव ही था, पर चाचा क्या केवल जाति से बाहर गूजर के लड़के अविनाश से उसकी शादी के विरोधी थे – नहीं अविनाश से प्रेम तो बाहरी विरोध का बहाना था, अंदर तो नंगी और सुडौल टांगें भोगने की वासना थी, चाहे वह अपनी भतीजी की ही क्यों न हों? कहानी में चाचा की मानसिकता के अलावा और जो बात उभरकर आयी है वह है गांव के पंचों का परिचय। सामान्यतः परिचय देने की जरूरत नहीं होती लेकिन इस कहानी में इसकी जरूरत थी ताकि यह भी स्पष्ट हो सके कि वे कौन-से पंच हैं, जिनकी इज्जत अनीता और अविनाश के प्रेम करने से समाप्त हो रही थी। अनीता अपने पापा को संबोधित करते हुए कहती है– 'सन्नाटे से अचानक चौंककर मैंने पंचों की ओर देखा। उनके बीच में हुक्का सुलग रहा था। लेकिन

उसे किसी ने छुआ तक नहीं। बगल में एक बांस की टोकरी में गुड़ की डलियों का ढेर था और एक ड्रम में पानी रखा था। और पंच भी कौन थे पापा! हुकुम सिंह, जिनके दादे-परदादे जानवर चुराते थे और उनकी सीगें तराशकर बेच देते थे, वे अब मानिंद किसान और गांव सभा के मुखिया हो गये। वे अपनी अधपगली पत्नी को सरेआम लाठियों से पीटते थे। चौधरी राजिंदर सिंह जिनकी डेयरी में यूरिया मिलाकर सैकड़ों लीटर दूध तैयार होता था और बेचा जाता था। शहर में उनका बड़ा होटल था, जहां अफसरों-ठेकेदारों को लड़कियां सप्लाई की जाती थीं। मानसिंह, सारा गांव जानता है कि अफीम खिलाकर अपनी भांजी के साथ उन्होंने कई महीने बलात्कार किया। जब वह गर्भवती हो गयी तो उसे पागल बताकर पता नहीं कहां छोड़ आये। मैनेजर सिंह कोटेदार, जो दहेज के लिए अपनी बहू जलाकर जेल हो आये थे और उनकी दुकान का सारा राशन और तेल ब्लैक में बिक जाता था और पट्टे बांधे डकैत लग रहे मेरे चाचा खुद जिन्होंने आज सुबह ही अपनी भतीजी से सौदेबाजी की थी।' और फिर पीड़ा से दुखी होकर कहती है 'तो ये मेरा न्याय करेंगे अपनी इज्जत बचाने के लिए। उनकी इज्जत और मेरी इज्जत अलग-अलग है। मेरी इज्जत बर्बाद किये बिना, यहां तक कि मेरी जान लिए बिना उनकी इज्जत बच ही नहीं सकती। अकेली मैं, अकेला अविनाश और इतने सारे इज्जतदार लोग। पंच, सरपंच। मैं अकेली।' यहां अनीता की चिंता सार्वजनीन हो जाती है। वह केवल अपनी फांसी का विरोध नहीं करती बल्कि यह बताती है कि अब गांव में कैसे पंच हैं, जो गांव और घर की इज्जत को बचाये रखने के लिए उस जैसी लड़की और अविनाश जैसे लड़के को फांसी की सजा देने जा रहे हैं। जिनकी स्वयं कोई इज्जत नहीं वे दूसरों की इज्जत जाने के भय से निष्पक्ष फैसला देंगे, यह प्रश्न अनीता दागती हैं जो केवल उस तक सीमित नहीं रहता बल्कि पूरी व्यवस्था को नंगा कर देता है। कहानी के अंत में जब उसके चाचा को अविनाश के भाई सत्यप्रकाश ने गोली मारी थी, तब भी चाचा के शरीर पर उसकी लाल स्कर्ट थी। अनीता के लिए यह खबर सामान्य नहीं थी, वह जिस इज्जत को बचाये हुए थी वह अब दूसरों द्वारा उछाली जा रही थी। इस अवसर पर फिर एक बार और अंतिम बार अपने पापा को संबोधित करते हुए वह कहती है 'उनके औंधे शरीर पर कपड़े के नाम पर बस मेरी वही सुर्ख लाल स्कर्ट है। खून में भीगी हुई।... पापा!

चलो थोड़ी देर को मान लिया कि मैंने बिरादरी की इज्जत खराब की, लेकिन मैं अपनी इज्जत तो सहेज कर रखना चाहती थी। लेकिन वह अब एक लाश की कमर पर खून से भीगकर हमेशा के लिए चिपक गयी है। लेकिन पापा यह

बताओ! मान लो, अगर इस वक्त तुम जिंदा होते तो, कहीं तुम भी तो इज्जत के रहस्यमय प्रेत के असर में पंचों के साथ तो नहीं खड़े हो गये होते? नहीं पापा, ऐसा मत करना, मेरा यह भ्रम बनाये रखना। माफ करना यह पूछा इसलिए कि अब मैं तुम्हारे जितनी बड़ी हो गयी हूं और तुम्हारे जूते मेरे पैर में आने लगे हैं।'

यह कहानी का अंत है और अनीता का अंतिम प्रश्न। यह प्रश्न उसने अपनी जीवित मां से नहीं पूछा इसलिए कि वह जानती है कि मां अकेली है, विधवा है उसे चाचा के संरक्षण की जरूरत है, एक बार मां की चुप्पी का अर्थ उसने यही लगाया भी था 'मां, अकेली विधवा, शायद अलग होकर नहीं जी सकती थी, चुप लगा गयी' इसलिए अब उससे पूछने का कोई औचित्य नहीं रह गया था। वह अपने पापा को अपना आदर्श मानती है, इसलिए उनसे ही पूछती है। यह प्रश्न इसलिए और बड़ा हो जाता है क्योंकि पापा अब इस दुनिया में नहीं है, मृतकों से पूछे गये प्रश्न जिंदा लोगों के अस्तित्व पर गहरे सवाल उठाते हैं।

अनीता का जीवित रह जाना या अविनाश को फांसी चढ़ाकर मृत जानवरों के साथ गड्ढे में डाल दिया जाना, हमारे समाज की अमानवीय और क्रूर स्थितियों का द्योतक है। इस कहानी को पढ़कर यह कह पाना कि हम सभ्य समाज में रह रहे हैं या हमारी संस्कृति समृद्ध रही है कठिन है। लगता है मनुष्यता की लड़ाई हम हार गये हैं इसलिए कि आदिम और बर्बर समय में लौट रहे हैं।

बाजार की ताकत

'मान लो अगर दाऊ या महाराज तुम्हें चार हजार दे रहे होते तो तुम क्या हमें बेच दिये होते?' यह संवाद कैलाश बनवासी की कहानी 'बाजार में रामधन' का लगभग अंतिम संवाद है, जो बाजार से लौटते हुए बैलों से कहलवाया गया है। पशुओं को बोलना नहीं आता, यह सौभाग्य मनुष्य को ही मिला है पर जब पशु बोलते हैं, तो मनुष्यता पर बड़ा सवाल लगाते हैं। रामधन के बैल भी सामान्य नहीं हैं, उन्हें बाजार होता समाज और समाज को निगलता बाजार स्पष्ट दिखाई दे रहा है। वे बाजारवाद पर भाषण तो नहीं दे सकते लेकिन उसकी निर्मम अनिवार्यता से परिचय अवश्य कराते हैं। इसलिए तीसरी बार बाजार से लौटते हुए जब रामधन उन्हें बेचने से मना करता है तो वे कहते हैं 'बेचना तो पड़ेगा एक दिन! आखिर तुम हमें कब तक बचाओगे, रामधन? कब तक?' बाजार के दबाव के सामने टिक पाना रामधन जैसे छोटी जोत के किसान के लिए संभव नहीं है पर वह किसानी संस्कारों की वजह से यह मानने को भी तैयार नहीं है कि वह अपने पिता की धरोहर को इस प्रकार बेच सकेगा। इसलिए उपस्थित परिस्थितियों को अनदेखा करते हुए जवाब में रामधन मुस्करा दिया– एक बहुत फीकी और उदास मुस्कान ... अनिश्चितता से भरी हुई। रामधन अपने बैलों से कह रहा है, 'देखो... हो सकता है अगली हाट में मुन्ना तुम्हें लेकर आये।' जैसे रामधन कह रहा हो मेरे लिए तुम्हें बेच पाना संभव नहीं है और यदि तुम्हें बेचना अनिवार्य है तो मुन्ना ही बेचेगा। कहानी अंत से आरंभ की ओर चलती है। बैलों को बेच पाना रामधन के लिए संभव नहीं है पर उसी के छोटे भाई मुन्ना के लिए संभव है। इस पर कहानी के आरंभ में विचार किया गया है। मुन्ना पढ़ा-लिखा है, उसने बाजार को देखा है इसलिए बाजार के तर्क भी उसके पास हैं। रामधन मुन्ना के तर्कों से सहमत तो नहीं है पर आज के समाज में उन्हें नकारने की सीमा से भी परिचित है। इसलिए बैलों को नहीं बल्कि स्वयं को सांत्वना देते हुए मुन्ना का नाम लेता है।

बाजार में रामधन – कैलाश बनवासी

कुछ लोग 'बाजार में रामधन' पर चर्चा करते हुए प्रेमचंद की बहुचर्चित कहानी 'दो बैलों की कथा' का जिक्र करते हैं। पर मुझे लगता है कि दोनों कहानियां अलग-अलग धरातल पर लिखी गयी हैं। दोनों को पढ़ते हुए उनके समय को विशेष ध्यान में रखना चाहिए। प्रेमचंद सामंती समाज में मानवीय संबंधों की कहानी लिख रहे थे, जिसमें दो बैल किसान के साथ जिस आत्मीयता के साथ जुड़े रहते हैं उससे जो परिवार बनता है उसमें बैल भी परिवार के मनुष्य सदृश्य सदस्य ही होते हैं। सामंती समाज में किसान के लिए बैलों का कोई विकल्प नहीं होता था, इसलिए दरवाजे पर अच्छे और मातबर बैल प्रतिष्ठा का प्रश्न माने जाते थे। वह किसान क्या जिसके पास गाय और बैल न हों। कहना न होगा कि 'गोदान' की कथा का मूल किसान के लिए गाय की अनिवार्यता ही तो है। आश्चर्य की बात यह कि पूरी कहानी बैलों के द्वारा लिए जाने वाले निर्णयों और निष्कर्षों पर केंद्रित है। झूरी काछी, उसकी पत्नी, उसका साला, साले की बेटी तथा कांजीहाउस इत्यादि कहानी के विस्तार तथा मनुष्य की प्रकृति को दिखाने भर के लिए आते हैं। इस कहानी में बाजार और उसके दुर्गुण कहीं दिखाई नहीं देते इसीलिए घर लौटते हुए बैलों को देखकर जो आत्मीय भाव उमड़ता है, उसका जिक्र प्रेमचंद करते हैं 'झूरी द्वार पर बैठा धूप खा रहा था। बैलों को देखते ही दौड़ा और उन्हें बारी-बारी से गले लगाने लगा। मित्रों की आंखों से आनंद के आंसू बहने लगे। एक झूरी का हाथ चाट रहा था।' तथा 'उसी समय मालकिन ने आकर दोनों के माथे चूम लिए।' कहना न होगा कि इसमें मित्र बैल हैं– किसान के मित्र, जिनके बिना परिवार और जीवन अधूरा है। यह मनुष्य और पशु दोनों के मानवीय पक्षों को रेखांकित करने वाली मार्मिक कहानी है, जिसे पढ़कर भारतीय कृषक समाज को आसानी से समझा जा सकता है।

'बाजार में रामधन' सर्वथा भिन्न प्रकार की कहानी है। इसमें आरंभ से अंत तक बाजार है। बाजार चाहे कितना भी छोटा हो, पर अपनी खरीद-फरोख्त में वह उतना ही अमानवीय और लेन-देन में क्रूर, जितना अमेरिका के किसी बड़े शहर का बाजार या कोई अमेरिकन बड़ी डील। कैलाश बनवासी इस छोटे बाजार का चित्र बनाते हुए कहते हैं 'यह बालोद का बुधवारी बाजार है। बालोद इस जिले की एक तहसील है। कुछ साल पहले तक यह सिर्फ एक छोटा-सा गांव हुआ करता था। जहां किसान थे, उनके खेत थे, हल-बक्खर थे, उनके गाय-बैल थे, कुएँ और तालाब थे, उनके बरगद, नीम और पीपल थे। पर अब यह एक छोटा शहर है– शहर की सारी खूबियां लिए हुए। आसपास के गांव-देहातों को शहर का सुख और स्वाद देने वाला। इसी बालोद के हफ्तावार भरने वाले बुधवारी

बाजार की बात है। रामधन अपने एक जोड़ी बैल लेकर यहां बेचने पहुंचा था।'

यह भारत के एक छोटे-से गांव का शहर में बदलते जाने का परिचय है, जिसमें सारी परंपरागत चीजें तथा किसानों से संबंधित आवश्यक वस्तुएं समाप्त होती जा रही हैं। यहां अब वे चीजें आ रही हैं जो गांव-देहातों को शहर का सुख और स्वाद देने वाली हैं। शहर का सुख और स्वाद अपनी पूरी चालाकियों के साथ गांव पर छा गया है, इसलिए गांव की सामूहिकता और परस्पर आत्मीयता समाप्त होती जा रही है। पूरे देश में जिस प्रकार का शहरीकरण हो रहा है, वह किसी से छिपा नहीं है। अब देहातों पर कहानी न लिखे जाने का कारण उनका आमूल और त्वरित गति से परिवर्तन है, जिसे समझ पाना कठिन हो रहा है। हमारे अधिकांश कथाकारों के मानस में या तो बहुत पुराना गांव है या शहर और गांव की संवेदना को एकमेव करने वाला कल्पनातीत गांव। ऐसे गांवों पर कहानियां लिखकर कोई कहानीकार बड़ा और प्रामाणिक नहीं बन सकता। कैलाश बनवासी की 'बाजार में रामधन' इसलिए बड़ी कहानी है कि इसमें झरती संवेदनाओं के बीच उन्हें सहेजने की असफल मानवीय समझ को बहुत करीने से उकेरा गया है। यह कहानी दो विपरीत ध्रुवों पर चलकर बड़ी बनती है। एक ओर रामधन है तो दूसरी ओर मुन्ना। रामधन किसानी संस्कारों का आदमी है, जो वर्तमान परिवर्तनों और दबावों से अनभिज्ञ अपने अतीत से चिपका हुआ है। वह यह सोच भी नहीं सकता कि जो बैल उसके पिता की धरोहर हैं, वे कभी बेचे भी जा सकते हैं। 'बैल उसके पिता के खरीदे हुए हैं, यह बात सच है। जाने किस गांव से भागकर इस गांव में आ गये थे बैल, तब ये बछड़े ही थे और साथ में बंधे हुए थे। किसी ने पकड़कर कांजी हाउस के हवाले कर दिया था उन्हें। नियम के मुताबिक कुछ दिनों तक उनके मालिक का रास्ता देखा गया ताकि जुर्माना लेकर छोड़ सकें। लेकिन जब इंतजार करते-करते ऊब गये और कोई उन्हें छुड़ाने नहीं पहुंचा तो सरपंच ने इनकी नीलामी करने का फैसला किया था। यह संयोग ही था कि रामधन के गंजेड़ी बाप के हाथ में कुछ रुपये थे। और सनकी तो वह था ही। जाने क्या जी में आया जो दोनों बछड़े वहां से खरीद लाया। तब से ये घर में बंध गये और रामधन की निगरानी में पलने लगे। खेत जोतना, बैलगाड़ी में फांदना, उनसे काम लेना और उनके दाना-भूसा का खयाल रखना, उनको नहलाना-धुलाना और उनके बीमार पड़ने पर इलाज के लिए दौड़-भाग करना—सब रामधन का काम था। तब से ये बैल रामधन से जुड़े हुए हैं। इनके जुड़ने के बाद रामधन इतना जरूर जान गया कि भले ही बेचारों के पास बोलने के लिए मुंह और भाषा नहीं है, लेकिन अपने मालिक के लिए भरपूर दया-माया रखते

हैं। इनकी गहरी काली तरल आंखों को देखकर रामधन को यह भी लगता है, ये हमारे सुख-दुख को खूब अच्छी तरह समझते हैं– बिल्कुल अपने किसी सगे की तरह। तभी तो वह उन्हें इतना चाहता है। इतना लगाव रखता है।' इसके अलावा 'बैल हमारे घर की इज्जत हैं... घर की शोभा हैं। और इससे बढ़कर हमारे पिता की धरोहर हैं। उस किसान का भी कोई मान है समाज में, जिसके घर एक जोड़ी बैल नहीं हैं ! कैसे समझाता कि हमारे साथ रहते-रहते ये भी घर के सदस्य हो गये हैं। जो भी रूखा-सूखा, पेज-पसिया मिलता है, उसी में खुश रहते हैं।'

किसान जीवन के तीन स्थायी मूल्यों के लिए रामधन बैलों को बेचने के पक्ष में नहीं है। पहला, बैल पिता की धरोहर हैं, दूसरा, बिना बैलों के किसान का कोई सम्मान नहीं होता तथा तीसरा, ये बैल अब हमारे घर के सदस्य हो गये हैं। तीनों मूल्य तर्क से भी नहीं काटे जा सकते कोई भी किसान या गांव का आदमी इन तीनों को नकार नहीं सकता पर रामधन जैसे किसानों की स्थिति यह है कि वह इन अकाट्य तर्कों को अपने ही भाई मुन्ना से कह नहीं पा रहा है, उसे समझा नहीं पा रहा है 'रामधन मुन्ना को समझा नहीं पा रहा था। वह समझा भी नहीं सकता था।' वह समझा भी नहीं सकता था कहकर कैलाश बनवासी न केवल रामधन की मनःस्थिति से परिचित कराते हैं बल्कि मुन्ना की जिद और उस पर हावी होते बाजार की अनिवार्यता को भी रेखांकित करते हैं। कहानी में रामधन और मुन्ना के लिए अलग-अलग तर्क दिये गये हैं, इन तर्कों की निर्मिति भी बाजार के दबाव ही हैं 'खैर! तो रामधन और उसकी पत्नी मेहनत-मजूरी करके ही अपना पेट पाल सकते हैं और पाल रहे हैं। लेकिन मुन्ना क्या करे ? वह तो यहां गांव का पढ़ा-लिखा नौजवान है, जिसे स्कूली भाषा में कहें तो देश को आगे बढ़ानेवालों में से एक है। वह पिछले दो सालों से नौकरी करने के या खोजने के नाम पर इधर-उधर घूम रहा है। परंतु अब वह इनसे भी ऊब चुका है और कोई छोटा-मोटा धंधा करने का इच्छुक है। लेकिन धंधा करने के लिए पैसा चाहिए और पैसा? भइया, बैलों को बेच दो।' रामधन के पास तर्क नहीं है केवल भावुकता है, इसलिए वह बड़ा भाई होने का लाभ उठाते हुए गुस्से में कहता है 'अगर कुछ बनना है, कुछ करना है तो पहले उतना कमाओ! इसके लिए घर की चीज क्यों खराब करता है? पहले कमा, इसके बाद बात करना। हम तेरे लिए घर की चीज नहीं बेचेंगे, समझे।' घर की चीज बेकार में पड़े रहने के लिए नहीं होती। हर चीज की अपनी उपयोगिता होती है, यदि उसकी उपयोगिता समाप्त हो गयी है या उसका बेहतर विकल्प विकसित हो गया है तो उसे बेचने में कोई हानि नहीं है– यह मुन्ना का तर्क है। गांव में अब ट्रेक्टर आ गये हैं, अधिकांश किसान उन्हीं से अपनी खेती करा रहे हैं, घर पर बैलों को बांधकर

रात-दिन उनकी सेवा में लगे रहना अब मुन्ना जैसे आधुनिक पढ़े-लिखे नौजवान के लिए गर्व का विषय नहीं रह गया है। बाजारवाद के जमाने में झूठे गर्व का कोई मतलब नहीं है, गर्व करने के पुराने आधारों पर बाजार प्रहार करता है, उन्हें धीरे-धीरे अप्रासंगिक करार कर समाप्त करता है और उनकी समाप्ति के लिए उसी घर से तर्क और आधार खड़ा करता है। वह बाहर से आक्रमण नहीं करता बल्कि घर के अंदर से ही उन्हें तोड़ता है। इस कहानी में भी रामधन और मुन्ना के तर्कों को पुराने और नये के अंतर के रूप में ही देखा जाना चाहिए। हर युवक की तरह मुन्ना को भी रोजगार चाहिए। नौकरी मिल नहीं रही इसलिए कोई धंधा ही शुरू करे और धंधा अब पुराने बनिये की दुकानों की तरह नहीं रह गया है। धंधे के लिए चमक-दमक की अधिक जरूरत है। घर में पैसा है नहीं। बेचने के लिए बैलों के अलावा और कोई चीज प्रत्यक्ष नहीं दिखाई दे रही है। इसलिए बैल ही हैं जिन्हें बेचकर खेती और धंधा दोनों साथ-साथ किये जा सकते हैं। मुन्ना का यह तर्क उचित ही है। कहानी का कसाव यह कि रामधन का अतीत उसका पीछा नहीं छोड़ता और मुन्ना की आवश्यकताएँ निरंतर नये तर्क गढ़ती हैं। इन तर्क-वितर्कों से परिवार की स्थिति तनावपूर्ण हो जाती है 'सचमुच मुन्ना को कुछ दिखाई नहीं देता। उसके सिर पर तो जैसे भूत सवार है धंधा करने का। रोज-रोज की झिक-झिक से उसकी पत्नी भी तंग आ चुकी है —रोज के झंझट से तो अच्छा है कि चुपचाप बेच दो। न रहेगा बांस न बजेगी बांसुरी।' रामधन की पत्नी का यह सोच उन स्थितियों से उपजा है जो स्थितियां रामधन को कोई निर्णय नहीं लेने देती लेकिन मुन्ना लगातार अपनी बात पर आरूढ़ होकर बैलों को बेचने पर आमादा है। कई दिनों तक उसकी बात को अनसुना किया जाता रहा तो एकदिन उसने सारी सीमाएं लांघते हुए कह ही दिया 'कहने को तो मुन्ना यहां तक कह गया था कि इन बैलों पर सिर्फ तुम्हारा ही नहीं मेरा भी हक है।' जाहिर है कि कहानी में जिस संयुक्त परिवार का वातावरण निर्मित किया गया है, उसमें छोटे भाई मुन्ना का यह कहना अपनी तमाम सीमायें लांघने के समान है।

कहना न होगा कि पिता की मृत्यु के बाद मुन्ना और बैलों को रामधन ने ही पाला है। इसलिए वह दोनों से प्यार भी करता है वह नहीं चाहता कि मुन्ना की जिद के कारण पिता की धरोहर बैल बेचे जायें। यह कहानी ऊपर से तो ऐसी लगती है मानो बैलों का बेचा जाना और न बेचा जाना ही इसका प्रमुख उद्देश्य है। पर वास्तव में ऐसा है नहीं। बैल तो घर, गांव और निजी संबंधों में आ रहे बाजारवाद की अनिवार्यता को साकार करने के माध्यम हैं। सच तो यह है कि बाजारवाद उन चीजों पर प्रहार कर रहा है जो आपकी धरोहर रही हैं या

आप जिन्हें अपने घर की शोभा मानकर सहेजते रहे हैं। बाजार उन्हें एक जरूरी जिंस बना देना चाहता है। ऐसा नहीं है कि रामधन बहुत समझदार आदमी है, वह बाजारवाद से लड़ना जानता है या चाहता है। बाजारवाद उसकी समझ की सीमा में है ही नहीं, वह तो उन मर्यादाओं की रक्षा के लिए अकेला खड़ा है, जो उसके पिता ने निर्मित की थीं। कहना न होगा कि घर में अभी तक मां जिंदा है, हालांकि पूरी कहानी में मां के जिंदा होने की सिर्फ सूचना भर दी जाती है बाकी वह चुप है। जाहिर है कि मां भी नहीं चाहती होगी कि उसके पति की धरोहर को इस प्रकार बाजार में बेचा जाये। रामधन के द्वंद्व का कारण भी यही है वरना क्या कारण है कि रोजाना की झिक-झिक से परेशान पत्नी भी बैलों को बेचने की कह रही है पर रामधन सबकी उपेक्षा करते हुए उन्हें बेचने को तैयार नहीं होता। आखिरी बार भी वह उन्हें बचा ही लाता है यह जानते हुए कि 'गांव वाले उसके इस उजबकपने पर फिर हंसेंगे। घर में पत्नी अलग चिड़चिड़ायेगी और मुन्ना फिर गुस्सायेगा। गांव के लोगों को जब से इसका पता चला है वे अक्सर उससे पूछ लेते हैं कैसे जी रामधन, तुम तो कल बैल लेकर हाट गये थे। क्या हुआ? बैल बिके कि नहीं। वे रामधन पर हंसते हैं, अच्छा आदमी हो भाई तुम भी। इतने बड़े बाजार में तुमको एक भी मन का ग्राहक नहीं मिला। कुछेक अनुमान लगाते हैं, शायद रामधन को बाजार की चाल-ढाल नहीं मालूम। उसे मोल-भाव करना नहीं आता। उसे अपना माल बेचना नहीं आता या फिर साफ बात है रामधन को अपने बैल बेचने नहीं हैं।' रामधन इन बातों को अच्छी तरह समझता है। वह सब कुछ जानते हुए भी बैलों को नहीं बेच सकता। यह निर्णय केवल रामधन का नहीं है बल्कि भारतीय किसान का प्रातिनिधिक निर्णय है। इसके विरोध में मुन्ना है, जिसे अपना भविष्य बैलों को बेच देने में ही दिखाई दे रहा है। कहानीकार ने बहुत समझदारी के साथ पण्य वस्तु के रूप में बैलों को ही दिखाया है। घर में ऐसा कुछ है भी नहीं, जिसे बेचकर मुन्ना धंधा कर सके। यदि जमीन बेची जाती तो रामधन क्या करता और यदि घर बेचा जाता तो वे सब कहां रहते? घर में पैसा और जेबर नहीं हैं इसलिए बैल ही पण्य वस्तु बचते हैं जिन्हें बेचकर मुन्ना अपना धंधा शुरू कर सकता है। कहानी में तनाव बैलों को लेकर ही है। बैल की जगह और कोई वस्तु होती तो शायद इतना तनाव न हो पाता। कहना न होगा कि बैलों को बेचने के पीछे जो तर्क दिया जा रहा है वह ट्रेक्टर से खेती कराने का है। बैलों के विकल्प के रूप में मशीन को रखा गया है। मशीन का बेचा जाना बाजार की अनिवार्यता है। मशीन आधुनिक है, वह क्रमशः अत्याधुनिक भी हो सकती है। उसे रोजाना बदला जा सकता है।

एक मशीन का विकल्प दूसरी मशीन हो सकती है पर बैलों के विकल्प के रूप में मशीन को रखा जाना कठिन है, दुरूह भी। यह न केवल विकल्प की समस्या है बल्कि रूढ़बद्ध संस्कारों को किसी आधुनिक विकल्प के लिए तैयार करने की समस्या भी है। इसलिए इस प्रकार के निर्णय सहज नहीं लिए जा सकते। कहानी में रामधन के परिवार को जिस यंत्रणा से गुजरते हुए दिखाया जा रहा है, उसके मूल में परिवार की निजी और अपरिहार्य वस्तु बैलों को बेचकर किराये की मशीन यानी किराये के ट्रेक्टर से काम कराना है। जाहिर है कि अपनी दुनिया में सिमटा भारतीय किसान इस प्रकार के किसी आधुनिक विकल्प को स्वीकार करने के लिए बहुत दिनों तक तैयार नहीं था। जो चीज उसके पास है उसकी जगह किराये की वस्तु को स्वीकार करना निश्चित ही कठिन निर्णय है।

क्या रामधन वास्तव में बैलों को बेचने का नाटक कर रहा है? बैल तो आखिरी बार लौटते हुए यह प्रश्न रामधन से ही पूछते हैं लेकिन उनके साथ यह प्रश्न इस कहानी पर भी तारी रहता है। वास्तव में रामधन बैलों को बेचने ले जाता रहा है। यदि ऐसा होता तो वह कभी का बेच चुका होता। बाजार में वही दाम नहीं मिलता जिसकी उम्मीद लगाकर आप वहां गये थे। बाजार के रेट बाजार ही तय करता है। पर यहां तो रेट पहले से ही तय हैं, बाजार की जरूरतों और उसकी चालाकियों से दूर रामधन रेट स्वयं तय करता है और अपने निर्णय पर अडिग भी रहता है इससे लगता है कि वह नहीं चाहता कि बैल बेचे जायें या कभी वह खाली हाथ लौटकर घर आये। खाली हाथ लौटना उसके लिए मरणांतक स्थिति से गुजरने जैसा है। यह बात वह किसी से कह तो नहीं पाता पर अपने निर्णय के लिए चालाक तर्क जरूर गढ़ता है। जिस रामधन को गांव के लोग, बाजार के दलाल, पत्नी और भाई बहुत सीधा और उजबक समझते हैं, उस रामधन को अपने बैलों के साथ लौटते हुए कितना आनंद आ रहा है, कहानीकार के शब्दों में इसे पढ़िये 'रामधन अपने बैलों की रस्सी थामे, बीड़ी पीते हुए चुपचाप लौट रहा है। पैदल। सांझ खूब गहरा चुकी है और अंधेरा चारों ओर घिर आया है। वह किसी गांव के धूल अटे कच्चे रास्ते से गुजर रहा है। जब आप ध्यान से देखेंगे तो पायेंगे, वे दो बैल और रामधन नहीं, बल्कि आपस के तीन गहरे साथी जा रहे हैं। हां, तीन गहरे साथी। बैलों के गले की घंटियां आसपास की खामोशी को तोड़ती हुई, उनके चलने की लय में आराम से बज रही हैं टुन-टुन-टुन-टुन ... क्या आप सिर्फ यही सुन रहे हैं ? तो फिर गलत सुन रहे हैं। आप ध्यान से सुनिये, वे आपस में बातें कर रहे हैं।' बैलों से रामधन बातें कर रहा है और बैल भी आम आदमी की तरह रास्ता काटने के लिए गप्पें नहीं मार रहे, किस्सा नहीं सुना रहे बल्कि बाजारवाद

की चिंता से आहत हुए प्रश्न करते हैं। 'मान लो अगर दाऊ या महाराज तुम्हें चार हजार दे रहे होते तो तुम क्या हमें बेच दिये होते?' यह सामान्य प्रश्न नहीं है इसलिए घर और बाजार से दूर सांझ के झुटपुटे में अकेले और अंधेरे रास्ते में पूछा गया है। बैलों को अपने बेचे जाने की चिंता नहीं है, इसलिए कि वे जानते हैं 'बेचना तो पड़ेगा एक दिन!' चिंता उन्हें रामधन की है, जो अपने निर्णय के कारण घर और गांव में अकेला पड़ गया है। अकेला आदमी बाजार से नहीं लड़ सकता, इस तथ्य को बैल जानते हैं पर रामधन नहीं। भारतीय किसान अपनी परंपरा, धरोहर और घर की मर्यादा को बचाये रखने के लिए बहुत दिनों तक वास्तविकता की अनदेखी करता रहता है, यह उसकी नियति है। उसकी इस नियति का लाभ बाजार उठाता है, होरी के साथ भी यही हुआ और रामधन के साथ भी यही होगा। होरी जमींदार और मिल मालिक के गठबंधन को समझ नहीं पाता इसलिए मानकर चलता है कि जमींदार के तलुये सहलाकर वह बच जायेगा। इसी तरह रामधन अपने भोलेपन में यह मानकर चलता है कि उसके नहीं बेचने से बैल नहीं बिकेंगे?

कहानी का अंत रामधन की अनिश्चितता से भरी फीकी और उदास मुस्कान के साथ बीड़ी बुझने से होता है। यह अंत रामधन और बैलों के भविष्य का संकेत है।

आदिवासी समाज : नैतिक अनैतिक के बीच स्त्री

स्त्री के प्रति किसी भी समाज में प्रगतिशील दृष्टिकोण नहीं रहा। वह सभ्य समाज से लेकर आदिवासी समाज तक में पिसती ही रही है। सभ्य समाज में वह अपने परिवार की मर्यादा और सम्मान के लिए हर अत्याचार झेलती रही है तो आदिवासी समाज में परिवार के भरण-पोषण के लिए। हमारे समाज में जिस प्रकार गालियों के लिए स्त्री के अंगों को माध्यम बनाया गया है उसी प्रकार तमाम तरह की मर्यादाओं की रक्षा का जिम्मा भी स्त्री के सुपुर्द कर दिया गया है। सारे व्रत, उपवास, धर्म, पूजा, रीति-रिवाज तथा परिवार की अखंडता के लिए किये जाने वाले लोक अनुष्ठान भी स्त्री ही संभालती रही है। जबकि यह सत्य है कि इन सबको करने के बाद भी उसे कुछ नहीं मिलता, सारी चीजों पर पुरुष का कब्जा सहज ही मान लिया गया है। हमारी सामाजिक व्यवस्था पुरुष केंद्रित है इसलिए कि उत्पादन के साधनों पर पुरुष का कब्जा है। मातृ सत्तात्मक व्यवस्था की दुहाई तो एक उदाहरण के रूप में दी जाती रही है लेकिन यदि वह व्यवस्था मजबूत होती और पुरुष के मन में स्त्री के प्रति इतना ही सम्मान होता तो वह व्यवस्था समाप्त क्यों हो जाती? आदिम समाज में लाखों साल पहले वह व्यवस्था थी लेकिन अब उसका नामोनिशान तक नहीं है। पुरुष ने उत्पादन के साधनों पर कब्जा करने के साथ ही स्त्री को भी अपनी संपत्ति मानना शुरू कर दिया। अपनी संपत्ति को दुनिया की नजरों से बचाने के लिए तरह-तरह की बंदिश लगाई गयीं, जिन्हें सामाजिक मर्यादा के लिए जरूरी बताया गया। कुल मिलाकर स्त्री की गुलामी उसके जन्म से लेकर मृत्यु तक उसका पीछा नहीं छोड़ती। आज भी जब हम स्त्री की स्वतंत्रता की बात करते हैं तो उस उच्च मध्य वर्ग की स्त्री को ध्यान में रखते हैं जो भारत की अधिकांश स्त्रियों से बेहतर जीवन जी रही है। जिसके पास आर्थिक संसाधन पर्याप्त मात्रा में हैं। जो बहुत सारे अर्थों में स्वतंत्र है। लेकिन ग्रामीण समाज या समाज के निम्न मध्यवर्ग तथा मध्यवर्ग में स्त्री की स्थिति आज भी अच्छी नहीं है। वह सारा जीवन अपने परिवार के

भेम का भेरू मांगता कुल्हाड़ी ईमान—सत्यनारायण पटेल

पालन-पोषण तथा उसकी मर्यादा की रक्षा के लिए ही न्योछावर कर देती है। दलित समाज जिसमें स्त्री पुरुष के कंधे से कंधा मिलाकर मजदूरी करती है, उसके बारे में यह भ्रम है कि वहां स्त्री स्वतंत्र है पर ऐसा है नहीं। कुछ दलित समाजशास्त्री जिनमें कांचा इलैया प्रमुख हैं, यह मानकर चलते हैं कि दलित स्त्री भद्र समाज की स्त्री से स्वतंत्र है। यदि पुरुष उसे पीटता है तो वह भी उसे पीट सकती है क्योंकि दोनों मजदूरी करके अपना पेट भर रहे हैं या परिवार चला रहे हैं। यह वास्तविकता नहीं है। हिंदी या मराठी में जो दलित स्त्रियों की आत्मकथाएं आयी हैं, वे दलित स्त्रियों के शोषण के दस्तावेज हैं। दलित पुरुष भी घर में उतना ही सामंत है, जितना सवर्ण। दलित पुरुष स्त्री के प्रति उतना ही निर्मम है जितना सवर्ण। यह बहस का हिस्सा इसलिए नहीं है कि दलित स्त्रियां स्वयं अपने त्रासद जीवन की वास्तविकता को अपनी आत्मकथाओं में रेखांकित कर रही है। यह विडंबना ही है कि जो पुरुष सवर्ण समाज के अत्याचारों को निरंतर झेल रहा है, वह घर आकर अपनी स्त्री के प्रति वैसा ही निर्मम व्यवहार करता है। जिसका शोषण हो रहा है, उसके मन में शोषण के प्रति घृणा होनी चाहिए। यह घृणा दूसरे पर अत्याचार करने से तो रोक ही सकती है। पर ऐसा है नहीं इसका कारण वे संस्कार हैं जो स्त्री को अपनी संपत्ति मानकर चलते हैं। स्त्री की यह पीड़ा भयावह है। वैवाहिक संबंधों में स्त्री और पुरुष का जोड़ा सनातन है पर यह सनातनता बराबरी पर आधारित नहीं है। स्त्री को चाहे कितना ही घरवाली या मालकिन कहकर संबोधित किया जाता रहा हो पर घर के बड़े निर्णयों में वह अपने पति की ओर देखने को विवश है। उसे प्रसन्न करने के लिए भले ही रोजमर्रा की सुविधाएं दे दी गई हों लेकिन किसी भी सामाजिक निर्णय में उसकी भूमिका नगण्य है।

सत्यनारायण पटेल की कहानी 'भेम का भेरू मांगता कुल्हाड़ी ईमान' में यह पीड़ा विस्तार के साथ रेखांकित की गयी है। आदिवासी समाज में स्त्री की जो स्थिति है, उसे जानकर डर लगता है। जिस समाज के पास अपना कहने लायक कुछ भी नहीं है, जो मांगकर खाता है और खुली बंजर जमीन पर डेरे में सोता है, वह भी अपनी स्त्री के प्रति इतना निर्मम हो सकता है, यह कहानी स्त्री की उस त्रासद स्थिति को बताती है। पुरुष से अधिक काम करने वाली तथा समाज का शोषण सहने वाली इस स्त्री की पीड़ा अनंत हैं। सत्यनारायण पटेल ने कालबेलियों की स्त्रियों के शोषण को उसकी सामाजिक दयनीयता के बीच से उभारा है। कालबेलियों की अभाव भरी जिंदगी में ऐसा कुछ भी नहीं है जो रेखांकित करने योग्य हो। एक समय नटों के जीवन पर रांगेय राघव का 'कब तक पुकारूं'

उपन्यास पढ़ते हुए नटों और उनकी स्त्रियों की अंतहीन अपमानभरी जिंदगी ने बेचैन किया था, उसी तरह सत्यनारायण पटेल की कहानी 'भेम का भेरू मांगता कुल्हाड़ी ईमान' पढ़ते हुए हतप्रभ रह गया। कहानी कालूनाथ और सकीना पर केंद्रित है, जो बचपन से साथ खेले और बड़े हुए हैं लेकिन अब पति-पत्नी हैं। 'कालू और सक्कू छुटपन से एक डेरे में पले-बड़े हुए थे। साथ खेले थे। जब वे तेरह-तेरह, चौदह-चौदह बरस के थे तब कुनबे में कालू, सक्कू, रती और गजा जैसे आठ-दस छोरे और छोरियों की टोली थी, जो कभी नदी में साथ-साथ तैरते थे। वहीं मछलियां, केंकड़े और झींगे पकड़ते, जगरा जलाते और भूंजकर खाते। कालू को मछलियां भूंजे हुए रतालू लगतीं। सक्कू को झींगे हरे चने का भूंजा हुआ होला लगते। कभी जंगल में शिकार करने निकल जाते। रती और गजा के साथ उनके पालतू कुत्तों का झुंड चलता। कालू और दो-तीन छोरे हाथ में लाठी, डंडे थामे। बेर, बबूल के छोटे-छोटे जाल्यो में और खाड़ों-खोदरों में छुपे खरगोश, सियाल, जरख, गोह, गोहरा आदि ढूंढ़ते। एक बार जिसे देख लेते, तो एक तरफ से उसे घेरकर पकड़ने को कुत्तों के साथ-साथ खुद दौड़ते। दूसरी तरफ सक्कू और एक दो छोरियां जाल लगाये होतीं। फिर खरगोश होता या सियाल, जो नजर आ जाता, बचकर नहीं जा पाता। कभी-कभी तो वे एक से ज्यादा शिकार पकड़ने में कामयाब हो जाते और पूरे कुनबे की सब्जी का इंतजाम कर लाते। वे जब बरसात के दिनों में जंगल में जाते, शिकार के पीछे दौड़ते भागते भूख लग आती, तो मछली, झींगा और केकड़ा तो खाते ही पर इसके अलावा सेमल की जड़, खिल्ली खोड़ा, सफेद मूसली जैसे तरह-तरह के कंद मूल खोज लेते। उन्हें डंडों से खोद लेते, डोबने-पोखर में धोते और खाते।'

यह लंबा उदाहरण इसलिए कि इसमें कालूनाथ और सकीना के बचपन का पूरा ब्योरा मिलता है। सत्यनारायण पटेल एक साथ उनके बचपन, उनकी आत्मीयता और अपने परिवार के प्रति जिम्मेदारी का चित्र प्रस्तुत कर देते हैं। कहानी में आगे जो परिवर्तन आते हैं वे इन्हीं पात्रों पर केंद्रित रहते हैं। जो रती और गजा कालूनाथ तथा सकीना के अलावा आये हैं वे ही उन दोनों के बीच कलह का कारण बनते हैं। बचपन की दोस्ती आगे जाकर क्या रंग लेती है, इसे कहानीकार इस समय बताना जरूरी नहीं समझता लेकिन उन पात्रों के साथ आत्मीयता दिखाकर उनकी भविष्य की भूमिका के प्रति घृणा जरूर पैदा कर देता है। कहानी परिचय से आरंभ नहीं होती। कहानी का आरंभ सकीना की पिटाई से होता है, ऐसी पिटाई से जिसे पढ़कर रूह कांप जाय 'ले... ले... छिनाल, थारा मूत का डोबना में बहुत खुजाल मची है, तो ले...। एक से इकी

खुजाल नी मिटती है, तो ले... और ले... और ले.... सकीना के नंगे बदन पर कालूनाथ कभी डंडे और कभी रस्सी से मारता, कचकची खाता बड़बड़ा रहा था। कालूनाथ ने ऐसी वहशियाना हरकत पहले कभी नहीं की थी। वह सकीना से खूब प्रेम करता था। लेकिन उस दिन जब उसके भेजे में भेम का भेरू बैठा था, उसकी आंखों के सामने अपना बहनोई बनानाथ और अपनी घरवाली सकीना ही नजर आ रहे थे।' कहानी का आरंभ कालूनाथ के भेजे में भेम का भेरू बैठने और सकीना की निर्मम पिटाई से होता है, जो कहानी के भविष्य के प्रति उत्सुकता जगाता है पर यह वर्णन करते-करते सत्यनारायण पटेल को अचानक लगता है कि पिटाई ने उत्सुकता तो जगा दी अब विस्तार से कहानी कहने की आवश्यकता है। इसलिए वे कहते हैं 'जरा रुकें, मैंने कहानी यहां से शुरू कर तो दी, पर कहानी यहां से शुरू होती नहीं। यहां से आगे की कहानी जानने से पहले पीछे की कहानी जानना जरूरी है...।' यह कथन एक ओर लेखक पाठक के बीच संवाद कायम करता है तो दूसरी ओर कहानी के प्रति जिज्ञासा बढ़ाता है। कहानीकार को शायद यह लगता रहा हो कि कालबेलियों पर लिखी इस कहानी को पाठक समुदाय सच मानेगा कि नहीं, इसलिए वह शुरू में यह भी स्पष्ट कर देता है 'मैं, जो आप तक कहानी को पहुंचाने की जिम्मेदारी निभा रहा हूं। मैं, जो कहानी और पाठक के बीच का बिचौलिया हूं। अगर आपको लगता है कि मैंने कहानी को ठीक से आप तक पहुंचाने में मक्कारी की है, तो जरूर मेरे कान मरोड़ें। लेकिन मैं बता दूं कि इस कहानी के पात्रों की तरह मैं भी कच्ची-पक्की समझ का साधारण आदमी हूं। न भाषा पर मेरी खास पकड़ है, न कहानी कहने का चमत्कारी शिल्प है मेरे पास। बस यूं समझ लो कि कहानी कहने की खुजाल है, सो कह रहा हूं।' विनम्रता के साथ आत्मस्वीकृति कहानी पढ़ने के प्रति ललक पैदा करती है। यह ललक तब और बढ़ जाती है जब कहानी नयी जमीन को तोड़ते हुए उस पर मानवीय संबंधों की हरी-भरी फसल लहलहा देती है। इस कहानी का वैशिष्ट्य यह है कि अपरिचित समाज की दैनंदिन जिंदगी को व्यापक सामाजिक सच के रूप में निरूपित किया गया है। कहानी में बहुत लंबी-चौड़ी जिंदगी या जिंदगी के सच को बताने से बेहतर है कि छोटे-छोटे घटनाक्रमों से बड़ी सचाई को उद्घाटित किया जाये। सत्यनारायण पटेल ने ऐसा ही किया है, इसलिए वे कालबेलियों के अंतरंग जीवन पर मार्मिक कहानी लिख सके हैं।

कहानी कालबेलियों के बच्चों के अल्हड़ जीवन की जरूरतों को पूरा करने की भटकन से आरंभ होती है। कहना न होगा कि हमारे देश में सरकारें बच्चों

की पढ़ाई पर अरबों रुपये खर्च कर आराम से यह कहती रहती हैं कि हमने सबको शिक्षा उपलब्ध करा दी है और अब तो सबको अनिवार्य शिक्षा का बिल भी पारित हो चुका है तब यह कहानी उस सच को रेखांकित करती है, जिसमें कालबेलियों जैसे आदिम धंधे से जुड़े लोगों के बच्चे अपना पेट भरने की जुगत में रात-दिन भटकते रहने को विवश हैं। उन्हें न तो शिक्षा की उपयोगिता के बारे में कुछ पता है और न सरकार द्वारा उपलब्ध कराये गये संसाधनों के बारे में मालूम है। दरअसल, सबसे बड़ी जरूरत तो पेट भरने की है। सरकारी साधन जब तक पेट भरने और परिवार को पालने की अनिवार्यता को नहीं समझेंगे तब तक कालबेलियों जैसे अनेक समुदाय शिक्षा से वंचित ही रहेंगे। सरकार यह कह सकती है कि हमने स्कूलों में मिड डे मील योजना ऐसे ही बच्चों के लिए चलाई है, जिस पर करोड़ों रुपये खर्च किये जा रहे हैं पर यह भी सचाई है कि मिड डे मील योजना कुछ लोगों के व्यापार का हिस्सा बनकर रह गयी है। ऐसे लोग सरकारी संरक्षण में मजे से सर्व हितकारी योजना को व्यर्थ सिद्ध कर रहे हैं। इसका ज्वलंत उदाहरण महाराष्ट्र में मिलावटी तेल माफियाओं की दादागिरी में देखा जा सकता है। माफियाओं को सरकारी संरक्षण प्राप्त है इसलिए वे अधिकारियों की कोई चिंता नहीं करते। पिछले दिनों मालेगांव के पास एक अतिरिक्त जिलाधीश ने जब पेट्रोल में मिट्टी के तेल की मिलावट करने वालों की वीडियो फिल्म बनाने की कोशिश की तो उसे जिंदा जला दिया गया तथा बाद में पुलिस दल पर हमला कर उन्हें भगा दिया गया। यह जंगलराज है, जिसे रोकने की सरकार में भी ताकत नहीं है। सरकार के मंत्री और अधिकारी ही इस प्रकार की अवैध गतिविधियों को संरक्षण दे रहे हैं इसलिए एकाध ईमानदार अधिकारी की माफिया चिंता नहीं करते। मिड डे मील भी ऐसे ही माफियाओं के संरक्षण में चलने वाली एक सरकारी योजना है, जो लाभ का सौदा सिद्ध हो रही है। इसलिए इस प्रकार की किसी योजना की कोई जानकारी न तो कालबेलिया समाज को है और न सरकार की ओर से जानकारी देने का कोई प्रयास ही किया जा रहा है। भारत में ऐसे उपेक्षित समाज हजारों की तादाद में होंगे, जिनके पास सिर ढंकने के लिए न तो कोई छत है और न भविष्य की कोई योजना। इसलिए इनके बच्चे परंपरागत पेशे में निष्णात होने को अपना गौरव समझते हैं। विडंबना यह है कि आजादी के चौंसठ वर्ष बाद भी हमने ऐसे समाज की आंखों को भविष्य के सपने नहीं दिखाये। जिसकी वजह से न तो मां-बाप और न बच्चे शिक्षित होने के महत्त्व को समझ पाये हैं। कालू और सकीना भी ऐसे ही आम बच्चे हैं, जिनके पिता स्वयं सांप दिखाकर पेट भरते हैं और वे भी इसी पेशे में पारंगत होने को अपनी

सार्थकता समझते हैं। सत्यनारायण पटेल ने उनकी खुशी के बहुत छोटे-छोटे क्षणों को रूपायित किया है 'बिच्छू और सांप के बिल तो उनकी आंखों में हमेशा छपे रहते। सांप दिख जाता, वे सांप को पकड़ सबसे पहले उसका मोरा यानी विषग्रंथी को निकाल लेते ताकि कभी भूल से सांप डस ले तो जहर न चढ़े। ... वह मोरा हरेक सांप में नहीं, केवल जहरीले सांपों में पाया जाता है। इसलिए कालू और सकीना जहरीले सांप को ही पकड़ते और पकड़कर उमरावनाथ और रामनाथ के हवाले कर देते। बिच्छू पकड़ना उनको कभी-कभी खेल का मजा देता था। बिच्छू के बिल दिखते, उसे दर से बाहर निकालने में जुट जाते। अगर उनके पैरों में जूते होते, तो आसपास के खाड़े-खोदरे, डोबने से जूतों में पानी भरकर लाते और बिच्छू के बिल में डालते, बिच्छू भड़भड़ाकर ऊपर आ जाता और वे पकड़कर उसे धागे में बांध लेते। कई बार ऐसा भी होता कि किसी के पैरों में जूते नहीं होते थे। नंगे पैर ही जंगल में चले जाते, लेकिन तब भी बिच्छू का दर यानी बिल दिख जाता तो उसे निकालते। तब क्या करते कि कालू, गजा, रती और जो भी साथ में होता बारी-बारी से बिच्छू के दर में पेशाब करते और बिच्छू को बाहर आने पर विवश कर देते। वे बिच्छुओं को पकड़कर कभी उनकी माला बना लेते, कभी अपनी हथेली पर खिलाते, कभी बिच्छुओं को आपस में कुश्ती लड़ाते और आखिर में जब बिच्छू कुश्ती लड़ते-लड़ते लस्त-पस्त हो जाते, अपने डंक की हेकड़ी बनाकर भी नहीं रख पाते तब वे सभी बिच्छुओं के डंक तोड़कर ले आते थे।' यह उनका शौक था जो पेट भरने की विवशता से उत्पन्न हुआ था।

कालबेलिया समाज और उसमें कालू, सकीना, गजा तथा रती जैसे बच्चों का शिक्षा और विकास से अपरिचित होकर बड़ा होना, केवल कहानी का आरंभिक परिचय है। लेकिन कहानीकार इतने विवरण दे रहा है तो इसका मतलब यह भी है कि वह यह भी बताना चाहता है कि अपने परंपरागत समाज के आसपास डेरों में रहने वाले इन बच्चों की परवरिश एकदम अलग प्रकार से हो रही है। इनके लिए आजादी और उसके बाद मिलने वाली तमाम सरकारी सुविधाओं का कोई मतलब नहीं है। दुखद यह कि दोनों ओर से कोई कोशिश दिखाई नहीं देती – न तो सरकार इस समाज को मुख्य धारा में लाने का कोई प्रयत्न करती दिखाई देती है और न यह आदिम समाज मुख्य धारा से जुड़ने के लिए बेचैन दिखाई देता है। यह एक प्रकार का नंगा सच है जो इस कहानी के माध्यम से प्रगट हुआ है कि अरबों रुपये खर्च करके भी हम बहुत से ऐसे आदिम समाजों को मुख्य धारा में शामिल नहीं कर पाये। इसलिए इनका परिचय विस्तार से दिया गया है ताकि इस उपेक्षित समाज से परिचित हुआ जा सके 'उन संपेरों के बारे

में एक कहानी यह भी है कि जब रियासतें थीं, तब उनके बाप-दादा रियासतदारों के लिए मुखबिरी भी किया करते थे। अब रियासतें तो रही नहीं। इसलिए जो पुश्तैनी काम में माहिर थे, उन्होंने पुश्तैनी काम करना शुरू कर दिया। जो पुश्तैनी काम में कच्चे थे, वे चोरी-चकारी करके पेट भरने लगे। जो इन दोनों कामों को नहीं अपना सके, वे आसपास के गांवों में पटेलों के यहां खेती-बाड़ी में दाड़की करते। उनके डेरे में कुल तीस-चालीस टापरे थे। उमरावनाथ उस डेरे का सबसे बुजुर्ग मुखिया था। उनका डेरा कभी एक जगह स्थायी टापरे नहीं बनाता। एक जगह उनके डेरे होने पर पुलिस ज्यादा आने लगती। कहीं भी चोरी या कोई अपराध होते, उन्हीं के माथे मढ़े जाने लगते। वे अपनी टीन-टप्पर उठाते और दूर के किसी और गांव किनारे पहुंच जाते। वे हमेशा सरकारी जमीन पर अपना डेरा डालते। डेरा डालने से पहले जंगल और नदी का ध्यान रखते। अपने कुनबे के साथ सकीना और कालू ने भी कई गांव देखे, कई शहरों में घूमे और मांगा।' पूरे परिचय में कालबेलियों के जीवन में अस्थिरता तथा समाज और पुलिस की नजरों में सनातन अपराधी बने रहने की छवि उभरती है लेकिन एक बार फिर मैं यहां रांगेय राघव के उपन्यास 'कब तक पुकारूं' का जिक्र करूं तो यह स्पष्ट है कि उसमें सुखराम की पीड़ा बार-बार उभरती है पर इस कहानी के पात्रों ने अपनी नियति को स्वीकार कर लिया है। इसलिए कालू, सकीना या गजा, रती कोई भी अपनी इस स्थिति से बेचैन नहीं है। बेचैनी इसलिए भी नहीं है कि किसी भी पात्र में देश और समाज की प्रगति, शिक्षा या रोजगार के बढ़ते अवसरों को जानने की ललक नहीं है। सभी पात्र जैसे अपनी नियति को स्वीकार कर लेते हैं और अपने पेट भरने तक सीमित रहते हैं। बाद में सकीना जरूर किसी एन.जी.ओ. की लेडी डॉक्टर से परिचित होती है, उसके प्रभाव में वह अपने बच्चों को पढ़ाती भी है लेकिन समाज की विडंबनाओं के आगे उसके सपने न जाने कहां बिला जाते हैं? इसलिए बाद में उन बच्चों का कोई जिक्र करना कहानीकार ने उचित नहीं समझा। सत्यनारायण पटेल का एक उद्‌देश्य यह भी हो सकता है कि वे बताना चाह रहे हों कि इस समाज में किसी के लिए अपने बच्चों को पढ़ा पाना या समाज की धारा से अलग होकर जी पाना कठिन है। जिनके पास अपना कहने को कुछ भी नहीं है, जो मांगकर खाने को विवश हैं, उनकी नियति से सहज ही परिचित हुआ जा सकता है। हिंदी या अन्य भाषाओं में आदिवासी विमर्श के नाम पर जिस प्रकार पैसा लुटाया जा रहा है, जिस प्रकार के आदिवासी पंडित रातोंरात पैदा हो गये हैं, उन्हें इस कहानी को बार-बार पढ़ना चाहिए। यह भी देखना चाहिए कि ऐसे कितने समाज हैं जो आज भी उखड़ी-बिखरी जिंदगी

जी रहे हैं, यदि वे मंच पर भाषण देने की अपेक्षा इन लोगों के लिए कुछ सपने संजो सकते तो बड़ा काम होता।

कालबेलिया समाज की स्त्रियां रात-दिन मेहनत कर पेट भरती हैं। कहानी में कहीं ऐसा प्रसंग नहीं आया कि वे अपना शरीर बेचकर धंधा करने को अपनी परंपरा मानती रही हों। केवल रामकला के बारे में सूचित किया गया है कि वह कबीले में ठावी औरत है। यदि कालबेलिनें इस प्रकार से संबंध बना रही होती तो केवल रामकला के बारे में लिखने की जरूरत नहीं थी। सकीना भी कालू के भेम को दूर करने के लिए कहती है 'उससे मेरा कोई गलत रिश्ता नहीं था कि मुझे ऐसा करना ही होता, तो अकेला बनानाथ ही क्यों? गांव में कई पटेल हैं। बनानाथ चोरी के सौ दो सौ रुपये से ज्यादा क्या दे सकता है? कि सरपंच के नीचे सोती तो पट्टा और कूपन मिलने की उम्मीद रहती।' सकीना की यह सफाई नहीं है बल्कि उसका ईमानदार वक्तव्य है, गलत धंधे में लगी कोई औरत इस प्रकार का वक्तव्य नहीं दे सकती। प्रलोभन में आकर कितनी महिलाएं इस प्रकार के संबंध बनाती हैं लेकिन घोर अभावों में रहने वाली सकीना ऐसा नहीं करती। यह उसकी दृढ़ता का परिचायक है। सकीना का ईमान जांचने की बात पर रामकला को भी अपने अतीत से घृणा होती है इसलिए वह पंचायत में सबसे पहले उस पंच का ईमान जांचने की मांग करती है जिसने उसके साथ अनैतिक संबंध बनाये थे। 'ईमान जांचना है तो इस मुच्छड़ पंच का जांचो। इसने मेरा ईमान खराब किया। पूरा परगना में ठावी की। डेरा की कितनी औरतों का ईमान बिगाड़ा। इसका ईमान जांचो।' किसी भी समाज में औरतों के द्वारा इस प्रकार की चुनौती देना सहज नहीं है, रामकला अपने अतीत से जितनी दुखी रही होगी उससे अधिक वह इस बात से दुखी है कि सकीना को ईमान देने के लिए पंचायत में खड़ा किया जा रहा है। यह सकीना के लिए अपमानजनक स्थिति है। उसका पति ही सार्वजनिक रूप से उस पर अनैतिक होने का आरोप लगाये तो यह और भी दुखद है। सत्यनारायण पटेल यह बताना भी नहीं भूलते कि 'कालबेलियों में ईमान देने का तरीका चुनने का हक औरत को नहीं था। उसे बस ईमान देना था, तरीका जो भी तै किया जाये। वह ईमान देने से मना नहीं कर सकती। मना करने पर बगैर ईमान जांचे ही वह दोषी मान ली जाती। दोषी माने जाने पर पंचायत जो भी दंड मुकर्रर करे उसे भोगना होता।' यह पुरुष प्रधान समाज की संरचना है, जो आदिम समाज में भी मान्य है। स्त्रियों को दोयम दर्जे का मानकर ही इस प्रकार के नियम बनाये जा सकते हैं। सत्यनारायण पटेल चूंकि वैचारिक कहानीकार हैं इसलिए सकीना को बराबरी का हक दिलाना चाहते हैं। वे चाहते

हैं कि समाज में दूसरों से संबंध रखने पर सजा का प्रावधान हो तो वह दोनों के लिए हो। पति और पत्नी दोनों नैतिक रहें तो समाज के नियमों की सहज नैतिकता स्थापित होगी इसलिए वे सकीना से कहलवाते हैं 'ईमान म्हारी एकली को नी, कालूनाथ को भी जांचो।.. यो भी तो दो-दो, तीन-तीन महीना बाहेर रेवे है, किके मालूम कि यो अपनो ईमान खराब नी करे।' यह सामान्य प्रश्न नहीं है, किसी स्त्री का पंचायत में खड़े होकर अपने पति पर इस प्रकार का आरोप लगाना निश्चय ही पति और पूरी पंचायत के अस्तित्व पर प्रश्नचिह्न लगाना है। परंपरागत समाज इस प्रकार के प्रश्नों के लिए कभी भी तैयार नहीं होता। सारे नियम तो औरतों के लिए बनाये गये हैं, चूंकि उनकी ओर से कोई प्रतिवाद नहीं होता और चोरी-छुपे कभी होता भी है तो उसे बलपूर्वक दबा दिया जाता है। सकीना की मांग को दबाने के लिए बूढ़ा पंच सकीना को डपटते हुए कहता है 'पंचायत में औरत को बोलने को हक नी है और आदमी लोगों को ईमान, उनकी मर्जी के बगैर नी जांचो जावे है।'

दरअसल, यह बड़ा प्रश्न है जिसे कहानीकार उठाना चाहता है। कालबेलिया समाज जब काम धंधे के लिए औरत और आदमी में कोई फर्क नहीं करता तब ईमान जांचने और जंचवाने का अधिकार आदमी को ही क्यों ? हमारे परंपरागत भद्र समाज में औरतें घर के अंदर रहती हैं, आदमी काम धंधे के लिए बाहर निकलता है, कई बार तो औरतों को यह भी मालूम नहीं होता कि जो पैसा घर में आ रहा है वह कहां से आ रहा है। उसे घरवाली कहकर अंदर की दुनिया में समेट दिया गया है। पर कालबेलिया समाज तो ऐसा नहीं है। कहानी में जिस प्रकार आरंभ से ही सकीना को कालू, गजा और रती के साथ सांप-बिच्छू पकड़ने के लिए जंगलों में भटकते दिखाया गया है और मेले-तमाशों में जिस प्रकार वह कालू के साथ जाती है उससे स्पष्ट है कि कालबेलिया समाज आदमी और औरत को बराबरी का अधिकार देता है। इस समाज में वह छद्म नैतिकता नहीं होनी चाहिए जो परंपरागत समाज में है। हर समाज स्वयं को बड़ा और नैतिक सिद्ध करने के लिए भद्र समाज की नकल करता है, यह नकल आदमी को गर्व करने का अधिकार देती है कि वह औरत को दबाकर उसे अपने अधीन रखता है। उससे बराबरी का काम भी करवाता है और उसे अपने नियंत्रण में भी रखता है। यह एक प्रकार की गुलामी है, जो पुरुष प्रधान सामाजिक व्यवस्था ने औरतों के ऊपर लादी है। अब पढ़ी-लिखी औरतें इस गुलामी के विरुद्ध आवाज उठा रही हैं लेकिन राजनीतिक दल इस आवाज को लगातार दबा रहे हैं इसलिए समाज में कोई परिवर्तन नहीं हो रहा है। जाति और खांप पंचायतों से लेकर संसद तक में

औरतों को बराबरी के अधिकार के लिए लड़ना पड़ रहा है। सकीना और रामकला भी अपने स्तर पर इस इकतरफा पंचायती नियम के विरुद्ध तनकर खड़ी हैं लेकिन उन नियमों में कोई परिवर्तन करा सकने की ताकत अभी भी उनमें नहीं है।

क्या कोई कहानी इस प्रकार के आमूल परिवर्तन दिखाकर बड़ी कहानी मानी जा सकती है ? यदि कहानियों में क्रांतिकारी निर्णय दिखाकर समाज को बदला जा सकता था तो समाज अब तक बदल गया होता। समाज के रूढ़ और मनुष्यता विरोधी नियमों को बनाते समय यह चालाकी भी बरती गयी थी कि वे केवल औरतों के लिए हों और समाज को बचाये रखने की दुहाई देते हों। ईमान जांचने का पंचायत का यह यातनाभरा नियम भी इसी मनुष्य विरोधी असमान सामाजिक व्यवस्था का ही एक अंग है, जिसे सत्यनारायण पटेल ने बड़ी ईमानदारी से उठाया है।

भरभराकर गिरते सपनों का आख्यान

'तुम मुझ पर शक करो इससे मुझे एतराज नहीं है। मैं मान के चलती हूं कि तुम ऐसा करोगे। आज नहीं तो कल।' यह एक ऐसी स्त्री का सच है जिसने कई साल पहले अपनी इच्छा से प्रेम विवाह किया था। यह केवल प्रेम विवाह की असफलता का सच नहीं है। उस स्त्री ने ऐसे युवक से विवाह किया था जो शुरू से दो नावों में पैर रखकर चल रहा था। जो आई.ए.एस. में चयन और नेहा से विवाह करने को अपने जीवन का लक्ष्य मानता था। यह संयोग मात्र नहीं है कि उसने दोनों में सफलता पाई। मानस के इस लक्ष्य से नेहा परिचित थी फिर भी उसने विवाह किया क्योंकि उसके लिए आई.ए.एस. लड़का मिलना, बड़ी उपलब्धि थी। नेहा और मानस विवाह से पहले एक दूसरे को कितना प्यार करते थे इसको बताने की कोई जरूरत नहीं है, बस इतना साफ यह है कि दोनों एक दूसरे को चाहते थे और दोनों एक दूसरे के लक्ष्यों से भलीभांति परिचित थे। यह शादी उन्हीं लक्ष्यों में से एक लक्ष्य था, जो पूरा हुआ। भारतीय परिवारों में इस प्रकार की शादियां अब आम हो गयी हैं। अब नजर लड़के की नौकरी पर रहती है, उसको मिलने वाले पैकेज पर रहती है, बाकी आगे देखा जायेगा यानी बहुत मामूली बातें हैं जिन्हें शादी के बाद निपटा लिया जाता है। यह विश्वास लड़की में भी होता है और उसके माता पिता में भी। इसी विश्वास के साथ शादियां हो जाती हैं और यह भ्रम भी बना रहता है कि दोनों एक दूसरे को प्रेम करते हैं।

चंदन पांडेय युवा कथाकार हैं। उनकी नजर इक्कीसवीं सदी के समाज पर है, जो अप्रत्याशित रूप से बदल रहा है, इस बदलाव में वह कितना परंपरावादी है, कहना मुश्किल है। दरअसल, अब हमारी युवा पीढ़ी परंपरा के नाम पर पूजा-पाठ और ज्योतिष इत्यादि अवैज्ञानिक परंपराओं को तो मानती है लेकिन उसके साथ चालाकियों और बदमाशियों को लेकर भी चल रही है। यही कारण है कि विवाहेतर संबंधों को लेकर अब कोई बहुत नाक-भौं नहीं सिकोड़ता। अच्छी और आभिजात्य जीवन शैली को अपनाने के लिए किये जा रहे प्रयत्नों में कितने ही समझौते, कितने ही अनैतिक लाभ-लोभ तथा कितने गलत काम शामिल हैं,

सुनो - चंदन पाण्डेय

जिन्हें बड़े उत्साह के साथ किया जाता है। उद्देश्य सिर्फ यह है कि बड़े आदमियों की तरह जीवन जिया जाये, गरीबी और अभावों से दूर रहा जाये तथा देश के हित, सामाजिक शर्म और बड़ी-बड़ी नैतिकताओं को अपने बीच बातचीत में कभी नहीं लाया जाये। यह मानकर चला जाये कि एक जीवन मिला है, जिसे अच्छी प्रकार भोगने के अवसर तलाशे जायें। यह मानसिकता हमारे नये मध्यवर्ग की है, जिसे चंदन पाण्डेय ने अपनी कहानी 'सुनो' में भलीभांति रेखांकित किया है।

कहानी का आरंभ सपने से होता है। जिसे यह कहकर स्वीकार किया गया है कि 'किसी का भी सपना, मेरा या तुम्हारा, अपना ही है।' यह आदर्श स्थिति है। सपने ही हमें जीवित रखते हैं सपनों का मर जाना तो मृत्यु है। कहानी फ्लेशबैक से शुरू होती है यानी जो घट चुका है उसकी परिणति को पहले रखा गया है। यह कहानी कहने का ढंग है, जिसे चंदन पाण्डेय अपनी तरह से प्रयोग करते हैं। नेहा और मानस का विवाह जिस प्रकार से हुआ था, उसे वे धीरे-धीरे खोलते हैं। एक साथ खोलने से कहानी बिखर सकती थी या कहानी में तनाव के शिथिल होने की गुंजाइश थी इसलिए वे बहुत संयम के साथ चलते हैं और उतना ही बताते हैं, जितना जरूरी समझते हैं। मानस ने जीवन में जितना पाया, उस पाने में नेहा उसके साथ थी। उसका एक ही एतराज था कि रिश्वत को वह अपनी आदत न बनाये और घर को घर मानकर चले, नौकरी में की जा रही डील का हिस्सा नहीं। पर मानस नहीं माना और अंत में जब बिखरने लगा तो नेहा ने ही उसे सहारा दिया। उस सहारे में आस्थाविहीन मानस की मनःस्थिति ने नेहा को अंदर से कितना तोड़ा कहानी का आरंभ यहीं से होता है। एक गहरी टीस और वेदना नेहा को मथ रही है 'पर मैं अब तुम्हारे सपनों का भी एहसान नहीं लेना चाहती हूं। लगता है जैसे तुम्हारे सपने भी कहीं रिश्वत से आये हों।'

मानस के पिता उसे रिश्वत देकर आई.ए.एस. परीक्षा में पास कराना चाहते हैं क्योंकि वे निचले पायदान से चढ़ते हुए यहां तक पहुंचे हैं लेकिन अपने बेटे को आरंभ से ही भारत की उच्च सेवा में पहुंचाने का निश्चय करते हैं। इस निश्चय में जितने रुपये खर्च होंगे, उन्हें वे शैलजा के पिता यानी शर्माजी से दिलवाना चाहते हैं। इस डील में मानस की पूरी स्वीकृति है। 'पापा भी जाने क्या-क्या समझाते रहते हैं? सीधे यू.पी.एस.सी. के चेयरमैन से कान्टैक्ट किया है। अब तक आठ लाख खर्च कर चुके हैं। प्रिलिम्स में कोई मेरे बदले परीक्षा दे आया था और मैं पास हो गया। अब किसी दूसरे आदमी ने 'मेंस' दिया है और पिता जी को पूरी उम्मीद है कि मैं पास हो जाऊंगा। समस्या इंटरव्यू की है। मैं महाभोंदू हूं। इसलिए शर्मा जी, शैलजा के पापा ने इस बार पेपर आउट करने वालों से नहीं

बल्कि सीधे यू.पी.एस.सी के चेयरमैन से कान्टेक्ट किया है। दस लाख पर बात टूटी है। फिर मैं फर्स्ट क्लास आफिसर हो जाऊंगा। सोचकर जरा अच्छा लगता है। लेकिन ये शर्मवा साला अपनी बेटी की रस्सी मेरी कमर में बांधना चाहता है। शैलजा गोरी है, खूबसूरत है और मुझे नापसंद है। कालेज तो खुले, फिर बताता हूं, कहां यू.पी.एस.सी. का चेयरमैन, कहां शर्मा हरामी और कहां शैलजा। पहले तो नेहा को मनाऊंगा, उसके बिना अब मेरा कुछ नहीं हो सकता, इस बार खून से एक चिट्ठी लिखूंगा तब तो मानेगी। ना कहेगी तो भी उसमें डूब जाऊंगा।' यह मानस का कथन है। इससे कई बातें स्पष्ट होती हैं यथा, आई.ए.एस. परीक्षा में पास होने के लिए उसके पापा और शैलजा के पापा जो प्रयत्न कर रहे हैं, रिश्वत से लेकर चेयरमैन को पटाने तथा परीक्षा और साक्षात्कार में दूसरे आदमी को बैठाने तक को लेकर जो बेशर्म चालाकियां कर रहे हैं, उसमें मानस की स्वीकृति है क्योंकि वह आई.ए.एस. बनना ही चाहता है, लेकिन वह शर्माजी की खूबसूरत और गोरी बेटी शैलजा के साथ शादी नहीं करना चाहता। शैलजा के पापा की रिश्वत और संबंधों के बल पर वह आई.ए.एस. तो बनना चाहता है पर उनकी बेटी से शादी नहीं करना चाहता, जबकि शर्माजी से उसके और कोई संबंध नहीं हैं, शर्माजी उसे आई.ए.एस. इसलिए बनवाना चाहते हैं क्योंकि वे उसके साथ अपनी बेटी शैलजा की शादी करना चाहते हैं। विवाह संबंधों में मानस की यह चालाकी सर्वविदित है, वह नेहा से प्यार करता है और शादी भी उसी से करना चाहता है लेकिन इस रहस्य को खोलना भी नहीं चाहता। इसलिए कि रहस्य के खुलते ही शैलजा के पापा क्यों चाहेंगे कि वह उनके पैसों के बल पर आई.ए. एस. बने। कहानी मानस की बेईमानी को तो खोलती ही है साथ ही यह भी कि देश की सर्वोच्च परीक्षा में भी कितनी बेईमानी चलती है, जिसके चलते मानस जैसा सामान्य युवा भी चयनित हो जाता है। कहानी पढ़ते समय लगा कि यह कहानी का सच है लेकिन जहां करोड़ों-अरबों के घोटाले आम हो गये हों, वहां इस प्रकार की बेईमानी पर शक करना पीछे लौटना है। पर इस सच को मेरे जैसा मध्यवर्गीय संस्कारों का आदमी एकदम स्वीकार नहीं कर सकता, देश की सारी तस्वीर हमारे सामने हैं, इक्कीसवीं सदी का पहला दशक जिन घोटालों के लिए याद किया जायेगा, उस पर सहसा विश्वास कर पाना किसी के लिए भी कठिन होगा, पर यह हमारे ही समाज का सच है, यह हमारे ही सामने घटित हो रहा है इसलिए मानस की चालाकियां भी स्वीकार करनी होंगी। कहानी इन्हीं चालाकियों के बल पर आगे बढ़ती है।

मानस या मानस जैसे परिवार अब जीवन में कोई जोखिम मोल लेना नहीं

चाहते, उनका रास्ता सीधा और सपाट है जो बिना किसी अवरोध के निर्धारित लक्ष्य तक जाता है। उस रास्ते में उनके सामने कोई द्वंद्व नहीं रहता, यह द्वंद्वहीन दुनिया है जो निपट स्वार्थों पर टिकी हुई है। इसलिए मानस के मन में किसी प्रकार की दुविधा नहीं है, वह स्पष्ट है 'मुझे दोनों चाहिए। तुम और आयोग। दोनों।' यानी नेहा और आयोग की नौकरी, बाकी सब व्यर्थ हैं। पढ़ाई में कमजोर मानस जीवन-जगत की चालाकियों में उतना ही होशियार है। अंततः वह दोनों स्तरों पर सफल होता है। यह सफलता उसका लक्ष्य थी। शैलजा के पापा इस तथ्य से भलीभांति परिचित थे इसलिए मानस उनके बारे में कहता है 'शर्मा अंकल को भी मैं बहुत अच्छे से जानता हूं, उतना हरामी पीस मैंने आज तक नहीं देखा। बीस फरवरी को शादी और दस मार्च को इंटरव्यू।' यानी पहले शादी और बाद में इंटरव्यू। चालाकी और होशियारी दोनों तरफ से की जा रही हैं पर मानस का दिमाग इनसे भी ज्यादा तेज है, वह अपनी धूर्तता से इन पर विजय पा लेता है। यह युवा पीढ़ी की सोच का नायाब नमूना है जो शादी जैसे नितांत निजी निर्णय में भी किसी प्रकार की नैतिकता को नहीं मानता। मानस जैसे युवकों के लिए शादी, संबंध और परिवार अपना स्वार्थ सिद्ध करने के साधन मात्र रह गये हैं। वह अपने स्वार्थ के लिए किसी को भी छोड़ सकता है और किसी को अपना कह सकता है। यह तेजी से बदलती हुई दुनिया का सच है, इस दुनिया का प्रतिनिधि चरित्र है मानस।

मानस की दोनों इच्छाएं पूरी हुईं– आई.ए.एस. में चयन भी हुआ और नेहा से शादी भी हो गयी। कहना न होगा कि दोनों उपलब्धियों के पीछे छल और कपट है। शैलजा के पापा को अंधेरे में रखकर आई.ए.एस. में चयन का मार्ग प्रशस्त किया और चयन के बाद चुपचाप नेहा से कोर्ट मैरिज। मानस को अपने ही लोगों के साथ किये छल-कपट पर बिल्कुल भी शर्म नहीं है बल्कि वह स्वयं को गौरवान्वित अनुभव कर रहा है। वह जो चाहता था, उसने पा लिया। जीवन में हम जिसे पाना चाहते हैं, उसे पाने पर शर्म कैसी ? यह मानस का सोच है और नेहा उसके साथ है, वह भी नहीं सोच पा रही है कि जो मानस नौकरी और शादी के लिए इतने नीचे उतर सकता है वह आगे कहीं भी जा सकता है। जिसके स्वभाव में नैतिकता नाम की कोई चीज न हो, उसके स्तर की कोई सीमा नहीं हो सकती। नेहा अपनी शादी से खुश है इसलिए शैलजा के साथ किये छल पर इस समय कोई बात नहीं करना चाहती। शैलजा के प्रति नैतिकता का अर्थ था कि शादी उसी के साथ हो, नेहा यह बात अच्छी तरह जानती है इसलिए वह भी इस प्रकार की थोथी नैतिकता का रोना नहीं रोना चाहती। मानस और नेहा दोनों

की नैतिकता का अर्थ एक ही है, अपनी उपलब्धियां। दोनों अपनी उपलब्धियों पर प्रसन्न हैं। चंदन पाण्डेय को लगा कि यहां दोनों की मानसिकता को स्पष्ट किया जाना जरूरी है, ताकि पाठक उनके चरित्र से अच्छी तरह परिचित हो सकें। इसलिए उन्होंने दोनों के बारे में लिखा है। मानस को लगता है 'ये बहुत दिनों बाद होगा कि कोई परिचित मुझे मिलेगा, मुझे बतायेगा कि मेरी शादी से पापा को अटैक आया था, शर्मा अंकल उन्हें तंग करेंगे, ये इल्जाम लगायेंगे कि जान बूझकर बेटे को भगा दिया और दोनों मिलकर उस डाक्टर के नर्सिंग होम का लाइसेंस रद्द करवाने में लग जायेंगे जहां मैं पैर टूटने को लेकर भर्ती था।' तथा नेहा को लगता है 'आज तो मैं सातवें आसमान पर हूं। सब मेरे मुताबिक हो रहा है। नेहा दमक रही है, शर्मीली है और आश्चर्यचकित है, उसके आश्चर्य में कुछ ऐसा भाव है कि मेरा लल्लू, लल्लू तो बिल्कुल नहीं है, जैसा कि उसके बारे में सुनती आयी हूं और ये मेरे लिए कितनी बड़ी बात है।'

यहां तक कहानी सीधी-सपाट है– बिना किसी तनाव के उपलब्धियों के रास्ते पर चलती हुई। यह मानस और नेहा की उपलब्धियों की कहानी हो सकती है पर यह कहानी की उपलब्धि तो कदापि नहीं है। कोई भी कहानी बगैर तनाव और द्वंद्व के बड़ी नहीं बनती। चंदन पाण्डेय ने सोचा होगा कि आरंभ में कहानी को सीधे-सीधे लिखा जाये, सीधेपन से पाठक कहानी के साथ बंध जाता है, उसे कोई गुणा-भाग नहीं करना पड़ता पर इस प्रकार की स्थितियां कहानी के प्रति उत्सुकता भी नहीं जगा पाती। यह कहानी का खोट है। इस खोट के बारे में चंदन पाण्डेय को पता है इसलिए वे तुरंत चौकस होकर कहानी को दूसरी ओर मोड़ देते हैं। दूसरी ओर यानी उसके गंतव्य की ओर। यह कैसे संभव है कि चालाक और छली लोगों की दुनिया में द्वंद्व न हो, घात-प्रतिघात न हो और जो आदमी अब तक किसी के साथ नहीं चूक रहा है वह अपनी पत्नी के प्रति ईमानदार बना रहे। कहानी यहीं से बड़ी होती है। यह मानवीय जीवन का सच है, मानव जीवन सीधा-सरल नहीं होता, नहीं हो सकता। इसलिए मानस का वह रूप भी सामने आता है जिसको जानने की इच्छा स्वाभाविक थी।

मानस की पोस्टिंग डिफेंस मिनिस्ट्री में होती है, जहां तरह-तरह की डील लगभग रोज होती हैं। इन डील्स में अनाप-शनाप रिश्वत का कारोबार होता है, यहां कोई नैतिकता नहीं है। हर आदमी अपनी तरह से देश की सुरक्षा को ठेंगा दिखाता पैसा बना रहा है। मानस अपने आरंभिक दिनों के बारे में बता रहे हैं 'एक बात तुम्हें बताऊं, शुरुआती रिश्वती दिनों में मैं उल्लास और विजय की बातें सोचता था और अब मैं इतने भीतर तक इस खेल में धंस आया हूं कि इन

सबके खिलाफ मुझे कुछ सूझता ही नहीं है। लेकिन बीच के एक दौर में मुझे लगने लगा था, बिल्कुल तुम्हारी तरह ये सब गलत है, यार। रिश्वत का एक जो सिस्टेमेटिक आडर है वो भले सही हो पर जो मेरे अतिरिक्त प्रयास हैं उसमें मुझे नीचता की गुंजाइश दिखती थी। पर मैंने इसका बहाना भी ढूंढ़ लिया। वो थे कि शुरुआती दौर में ही मैंने इतना जीत लिया था कि मेरे पास इतना समय होता था जहां मुझे भजन, कीर्तन, पाप पुण्य माडल की बातें सूझने लगती थीं पर जब मैंने अपने आसपास, अपने कलीग्स पर नजर दौड़ाई तो लगा कि मैं कितना गलत था।' इस धंधे में सारे लोग ऐसे ही हैं, ये बड़े परिवारों से हैं लेकिन इनकी कोई नैतिकता नहीं है। मानस अपने आसपास के लोगों के बारे में भी बताता है 'ये भी तो देखो, मेरे साथ इसमें कौन-कौन लगा हुआ है। अरुण सिंह– गांधीयन और नेहरूवियन मॉडल की दाहिनी बांहें माने जाने वाले श्री रामाश्रय सिंह का बेटा। अभिषेक वर्मा, जो जयकांत वर्मा का बेटा है। जयकांत वर्मा की कविताएं हमने कोर्स में देखी थीं। कवि थे फिर बहुत बड़े सांसद हुए, उनकी पत्नी सितार वर्मा तो अब भी सांसद हैं। किसी भी राज्य के मुख्यमंत्री या ऐसे ही लोगों के रिश्तेदार हमारे साथ होते हैं। बीसियों तो रिटायर्ड और वर्किंग आर्मी आफिसर्स की संतानें हैं ये मैं तुम्हें अपनी शक्ति नहीं, ये बता रहा हूं कि देखो ऐसे ऐसे लोग मेरे साथ हैं, जिनके खानदान से किसी गलती की उम्मीद भी हम नहीं करते। और इसमें गलत है भी क्या?' मानस की इस सफाई से नेहा की चिंता कम नहीं होती। वह मानस को रोज देख रही है, नौकरियों में पैसे की इतनी आवक उसने कभी न देखी और सुनी थी। उसके मध्यवर्गीय संस्कार एक तरफ मानस को पाकर खुश हैं तो दूसरी ओर मानस को इस प्रकार रिश्वत लेते देखकर चिंतित भी है, जिसे वह छुपाती भी नहीं है। उसकी चिंता में वह डर है, जो कभी भी प्रगट होकर अनिष्ट कर सकता है 'ये कौन कहता है मानस कि तुम गलत करते हो या सही? मैं तो यह कहती हूं कि कहीं तुम्हें कुछ हो न जाये। मुझे हमेशा यह डर बना रहता है मैं तुम्हें बताऊं, ये डर ऐसा नहीं होता कि तुम्हारे बाद मेरा क्या होगा या तुम्हारे बाद अपनी बेटू जान का क्या होगा, बस इतना डर होता है कि कहीं तुम्हें कुछ न हो जाये। इसके बाद जो वाक्य सूझता है वो ये कि कहीं तुम्हें कुछ न हो जाये– फिर वही वाक्य– फिर वही वाक्य। लगातार।' यह एक पत्नी की चिंता है, जो भारतीय परिवारों की अपनी निजी विशेषता है। नेहा की इस चिंता में मानस के अनिष्ट की चिंता है। वह अपने या बेटी के बारे में कम मानस के बारे में अधिक सोच रही है। वह रोजाना देख रही है बड़ी-बड़ी डील्स हो रही हैं, घर में ढेरों रुपये आ रहे हैं, ये रुपये वेतन के तो नहीं ही हैं फिर

इतने रुपये कमाकर कोई सकुशल कैसे रह सकता है? कहानी के आरंभ में पति पत्नी का अकूत प्रेम दिखाया गया है। नेहा स्वयं उस प्रेम के बारे में बताती है 'मुझे पता है कि मानस को आफिस जाना एक निहायत ही घटिया काम लगता है। जबकि उसे चार साढ़े चार तक आ जाना होता है, फिर भी वह अक्सर ही उदास हो जाता है। आफिस के लिए अगर उसे साढ़े नौ बजे निकलना हो तो जरूर नौ पैंतीस या नौ चालीस कर देता है और इस बीच करता कुछ नहीं बस मेरे चारों तरफ घूमते रहता है, अब एक बेटी का बाप हो चुका है फिर भी उड़ी बहकी बातें करता रहता है।... बहुत मजबूरी हुई तो किसी का फोन रिसीव करता है। अगर मैं रिसीव करूं तो वह वहीं खड़ा रहता है, कभी मेरे बालों से खेलता है, उन्हें लपेटता है, जूड़े बनाता है, कभी उंगलियों से खेलता है, कई-कई बार तो रिसीवर पर हाथ रखके मुझे ही चूमने लगता है, फिर मुझे भी घुल जाना होता है।' यह एक बेटी का बाप बनने तक का प्रेम है, जाहिर है रिश्वत तब भी आती होगी, पर वह तब आदत नहीं बनी होगी। शुरू-शुरू में पैसा आना अच्छा लगता है, नेहा को भी अच्छा लगा होगा पर अब जब रिश्वत लेना मानस की आदत बन चुकी है तो नेहा की चिंता बढ़ रही है।

आरंभिक दिनों में मानस और उसके दोस्तों की जिन आदतों को नेहा चुपचाप सहन कर जाती थी, अब वे ही उसे सता रही हैं। यह एक स्वाभाविक प्रक्रिया है। नेहा जैसी कितनी औरतें परिवार में सामंजस्य बनाये रखने के लिए पति की बुरी से बुरी आदतों को सहन करती रहती हैं पर इस सबकी एक सीमा होती है। सीमा के पार जाने पर सब कुछ बिखरने लगता है, नेहा की सीमा भी अब टूटने लगी हैं। उसकी दो शिकायतें मानस से हैं—एक, जिसे तुम डील कहते हो मानस, वो दरअसल मुझे डील या रिश्वत भर नहीं लगती, मुझे यह एक आदत की तरह लगती है। जिससे तुम्हें लगने लगता है कि दुनिया में जो कुछ है, तुम्हारा अपना है सब कुछ अपना ही है वाला यह कान्सेप्ट ही गलत है— एक सीमा रेखा जरूरी होगी, जिसके आगे हमारा कुछ भी नहीं होना चाहिए। अगर हमारा है तब भी हमारा नहीं होना चाहिए। तथा दो, तुमने देखा है, तुम्हारे नये दोस्त, मुझे छू लेने की कोशिश करते हैं जब तुम्हारे पंड्या सर मुझे आशीर्वाद देते हैं तो मिनटों तक अपने हाथ से मेरे कंधे को दबाये रहते हैं, उनका अंगूठा फिसलने की कोशिश करता है। मुझे पसंद नहीं है। तुम शायद देखकर भी नहीं देखते, क्योंकि तुम्हें आगे इनसे काम लेना है और दूसरे ये कोई बड़ी गलती नहीं है, ऐसा तुम सोचते हो। और तुम्हारा यही सोचना मेरा डर है। यह पत्नी की शिकायत-भर नहीं है बल्कि उसकी पीड़ा है, जिसे वह अपने पति से कहना चाहती है इसलिए कि इस

पति को उसने स्वीकार किया था। यह स्वीकार एक बेईमान, आदतन रिश्वती और पत्नी के सम्मान के आगे लल्लू बने रहने वाले पति का तो बिल्कुल भी नहीं था। अब वह देख रही है कि जिस मानस ने आई.ए.एस. की नौकरी रिश्वत देकर, पूरी बेईमानी से प्राप्त की वह मानस रिश्वत के बिना रह नहीं सकता, अब रिश्वत उसकी आदत बन गयी है। इस रिश्वत के लिए वह कोई भी समझौता करने के लिए तैयार रहता है, चाहे उसकी पत्नी का स्वाभिमान ही क्यों न हो। नेहा और मानस अब दो अलग-अलग ध्रुवों पर खड़े हैं, नेहा को इस प्रकार की दुनिया पसंद नहीं है और मानस इस प्रकार की दुनिया के बगैर रह नहीं सकता। वह जिस बात पर घमंड करता है, वही बात नेहा के लिए शर्म की है। अपनी मनःस्थिति के बारे में मानस कहता है 'अब तो सालों बीत गये हैं। पापा मान भी गये हैं और खुश भी हैं कि मैं नाम कर रहा हूं और उनके सोचे जितना मूर्ख नहीं हूं। पर वो सावधान भी रहते हैं, कहते हैं डिफेंस मिनिस्ट्री के लोग, एक दूसरे के बारे में इतना कुछ जानते हैं कि किसी को किसी से भी खतरा नहीं है। मैं बस इतना करता हूं कि पहले के लोगों ने जो खरीद फरोख्त की सीमा तान रखी थी, उसके पार निकल जाता हूं।' बेईमानी में सराबोर हुए मानस का यह कथन नेहा को परेशान करता है। कहानी की खासियत यह कि एक-दूसरे से अपार प्रेम करने वाले पति पत्नी एक दूसरे की भावनाओं से सर्वथा अनजान हैं अथवा अनजान बने रहना चाहते हैं। मानस यह समझने में असमर्थ हैं कि नेहा उसकी इन आदतों को पसंद नहीं करती—वह नहीं चाहती कि रिश्वत एक आदत का रूप ले ले और मानस उसके बिना रह भी नहीं सके तथा यह भी कि उसके साथी नेहा को बुरी आंखों से देखें और मानस ऐसा होते देखता रहे। पत्नी के रूप में वह इतना तो चाहती ही है कि इस प्रकार की बुरी हरकतों पर मानस का गुस्सा फूटे, वह घर को घर ही समझे और परिवार के निजी जीवन की सुरक्षा करे। नेहा अपना दुख व्यक्त करते हुए कहती है 'मैं ऐसा बिल्कुल नहीं चाहती कि हमारे बीच अर्थ का कोई किरदार हो— पर ये इतना ज्यादा होता है कि, बस मैं मना नहीं कर पाती हूं कई सालों से मना करने की कोशिश भी कर रही हूं तो पूरी बात बाहर ही नहीं आ पाती है। जैसे प्रेम के सघन क्षणों में, जब मेरी इच्छा सर्वोपरि होती है, उस समय भी अगर कहती हूं कि ये सब क्यों करते हो? तो इस वाक्य को कहते हुए पहला हिस्सा तो खूब बलाघात लिए होता है पर क्यों करते हो वाला हिस्सा मेरे होठ वापस पी जाते हैं या कि मानस मेरे होठों के इतने करीब होता है कि शायद वही सोख लेता हो।'

यह पति पत्नी के रिश्तों में ही तनाव का कारण नहीं है बल्कि कहानी भी

आगे बढ़ती है। चंदन पाण्डेय की नजर इस ओर पूरी तरह रहती है कि जो बात वे पहले कह चुके हैं उसके समांतर वह उन परिवर्तनों को रखें, जो परिवार के निजीपन के लिए खतरे बन गये हैं। मानस इस नयी दुनिया में इस तरह रम गया है कि अब उसके सामने परिवार, पत्नी और बेटी का होना, या उसका परिवार का मुखिया होना या पत्नी या बेटी का निजी जीवन होना कोई अर्थ नहीं रखता। इसका सीधा-सादा अर्थ यह कि जो घर मानस और नेहा ने मिलकर बसाया था, वह घर अब नहीं रह गया है, अब यह घर एक ऐसे रिश्वतखोर भ्रष्ट अफसर का घर हो गया है, जिसके लिए सारी नैतिकताएं पैसे के आगे दम तोड़ देती हैं। नेहा का डर और घृणा लगातार बढ़ रहा है, वह मानस को भी अपनी इस मनःस्थिति के बारे में बताती है लेकिन मानस जिस अंधेरी और बेईमान दुनिया में चला गया है, वहां से निकल पाना कठिन है। यह सही है कि वह नेहा और बेटू से बहुत प्यार करता है, नेहा की चिंता के मूल में भी उसका प्यार ही है पर नेहा आदतन रिश्वती होने तथा घर पर ऐसे लोगों को इकट्ठे करने से दुखी होती है। उसने उन लोगों की आंखों में दुष्टता देखी है इसलिए मानस से कहती है 'वो तुम्हारे नये दोस्त, कलीग्स, सीनियर आफिसर्स, उनके रहने में, जीने में ही, एक पाप घुला दिखता है, तुमने उनकी निगाहें नहीं देखी हैं, वे अपनी निर्मिति में ही पापी, घृणित, चालबाज और मक्कार दिखते हैं।' ऐसे लोगों का साथ और घर पर पार्टी करना नेहा को बिल्कुल भी नहीं सुहाता।

शादी की वर्षगांठ मानस को भावुक करती है। नेहा का बार-बार का दुख उसे मथता है, अचानक इस गंदी दुनिया से बाहर निकलने का निर्णय लेता है– बगैर यह सोचे कि बेईमानी की दुनिया के रास्ते ईमानदारी के दरवाजे से जाते जरूर हैं पर लौटते नहीं। वह लौटना चाहता है, यह उसका विद्रोह नहीं है बल्कि परिवार के प्रति निष्ठा है। यह निष्ठा ऐसे धंधों के लोग नहीं करते, वहां यदि किसी के प्रति निष्ठा है तो वह है पैसा कमाने के लिए किये गये गलत कामों के प्रति निष्ठा। मानस की बेचैनी साफ झलकती है, वह नेहा के अकूत प्रेम को जानता है और यह भी जानता है कि उसका इस धंधे में लगे रहना नेहा को बिल्कुल पसंद नहीं है। इसलिए वह अचानक निर्णय लेता है 'नेहा की बातों का असर है या मेरे भीतर पका हुआ कुछ कि मैं ताजा ताजा लग रहा हूं। सब कुछ आसान और उजाला दिख रहा है। एक झेंप भी है। हम बीस लोग साथ बैठे हैं और बात औपचारिक बंटवारे की है। पंड्या मेरी तरफ ही देख रहा है फिर अचानक मेरे मुंह से निकल पड़ा– आज की डील में मेरा हिस्सा लगाया ही नही जाये। जितना यह मेरा वाक्य मेरे लिए अप्रत्याशित था उतना ही अप्रत्याशित

मेरे लिए उन लोगों का बुरी तरह चौंकना है। उनकी चौंक से मुझे बहाना ढूंढ़ना पड़ा है कि आज मेरी शादी की वर्षगांठ है और आज का दिन मैं ईमानदारी से बिताना चाहता हूं। ईमानदारी—बीस लोगों के लिए मैं एक बार फिर अप्रत्याशित और अचंभित करने वाला शब्द इस्तेमाल कर गया हूं।' उस दिन मानस ने तीन गलतियां कीं- ईमानदारी शब्द का इस्तेमाल, डील में अपना हिस्सा न लगाना तथा पंड्या को कॉलर पकड़कर घर से बाहर करना। ये तीन गलतियां बड़ी थीं, इन तीनों का दुष्परिणाम मानस को भुगतना ही था। सामने वाले लोग इतने घाघ थे कि वे एक पल को भी ऐसे आदमी को मुक्त छोड़ना नहीं चाहते थे जो अब तक उनके धंधे में साथ रहा हो और अब अचानक सीधा तनकर ईमानदारी की बात कर रहा हो। ईमानदारी ऐसे धंधों में नहीं होती, पता नहीं मानस ने कैसे यह मान लिया कि वह जिस दिन चाहेगा उस दिन इस धंधे से बाहर निकल आयेगा। यह उसकी हिम्मत नहीं बल्कि बचकानापन है, जिसकी सजा उसे भुगतनी ही होगी। परिणामस्वरूप रात को घर पर छापा पड़ा और मानस को देशद्रोह के आरोप में गिर—तार कर लिया गया। परेशान नेहा ने पंड्या से बात की। पंड्या ने साफ कहा 'हमने जो किया वो इसलिए नहीं कि मानस ने हमारे साथ बदतमीजी की और घर से निकाल दिया, बल्कि इसलिए कि उसने 'मेरा हिस्सा न लगाया जाये' और 'ईमानदारी' जैसे शब्दों का इस्तेमाल किया। इन सब शब्दों से हमारी रूह कांपने लगती है। नेहा, हम एक सिस्टम, एक चेन या कह लो सड़े हुए पानी के तालाब में जलकुंभी की तरह हैं। तालाब में रहो, दिन दूनी रात चौगुनी बढ़ो, पर यहां से अलग हट के नहीं। हमें डर लगता है। दिक्कत आती है। सोचो कि एक आदमी के लिए अनेक आदमी तकलीफ क्यों लें? आज मानस कल कोई और फिर हमारा क्या होगा, हम सबका क्या होगा जो इस देश में लाखों की संख्या में हैं और इसी तालाब में रहना चाहते हैं। हम सभी को गरीबी से घिन आती है और कितनों को ऐसा करने का मौका मिलता है। रही बात मानस की तो हम उसके बहाने पूरी आयोग बिरादरी को यह संदेश देना चाहते हैं कि हमसे अलग कोई रास्ता कहीं नहीं जाता है। मानस से कहना कि हम उसे किसी भी तरह की छूट मुहैया नहीं कराने जा रहे हैं।'

ये लोग थे मानस के आसपास। जिनके बारे में नेहा दुखी होकर कहती है 'तुम कैसे लोगों से घिरे थे मानस।' नेहा का दुख और एतराज सही था, वह रिश्वत से नहीं बल्कि उसकी आदत से परेशान थी और मानस को इसमें आनंद आ रहा था। वह पूरी तरह उसमें रम गया था। वह सोच भी नहीं सकता था कि अचानक विरोध का मतलब देशद्रोह की सजा और घर पर छापा भी हो सकता

है। जो मानस आज से पहले स्वयं को बहुत चतुर और होशियार समझता था वह आज चारों खाने चित पड़ा है, कोई उसके बचाव में नहीं आ रहा है, सारे दोस्त उससे किनारा काट चुके हैं। नेहा की परेशानी लगातार बढ़ती जा रही है। जिस भद्र समाज में वे ठसके से रहा करते थे आज उसी समाज में थूथू हो रही है। अजमेर शरीफ की सुरक्षा के गोपनीय दस्तावेज बेचे जाने का मतलब देशद्रोह नहीं तो क्या है, यह बात सबकी समझ में आ रही है। इसलिए वकील जैसेलानी कहते हैं 'मामला गोपनीय दस्तावेज और देश के आंतरिक सुरक्षा मामलों से नहीं जुड़ा होता तो सिर्फ यह साबित करना कोई मुश्किल नहीं होता कि इतनी चल-अचल संपत्ति कहां से आयी और सच यार तुम सिविल सर्वेंट लोग देश को दोनों हाथ-दोनों पैर से नोचते हो क्या? हद से हद नौ दस साल की तुम्हारी सर्विस है और दुनिया में मौजूद कई देशों के बजट जैसी सम्पत्ति तुम्हारे सीनियर्स कैसे होगे, खैर छोड़ो– तो सिर्फ सम्पत्ति कहां से आयी साबित करना होता तो उस केस को मैं इतना लंबा खींचता कि मेरे मरने के बाद मेरी बेटी भी इसी केस में बूढ़ी हो जाती। पर तुम्हारी गलती भी तो भयानक है। वैसे मुझ पर दबाव बनाया जा रहा है कि मैं ये केस छोड़ दूं– पर अब मुझे यह केस इंटरेस्टिंग लगने लगा है।' जैसेलानी अर्थात जेठमलानी जैसे वकील का यह कहना निश्चित ही गंभीर सवाल उठाता है। प्रशासनिक पदों पर बैठे लोग देश को कैसे नोच रहे हैं और देश की सुरक्षा से कैसे खिलवाड़ कर रहे हैं– वह सब पंड्या और मानस के कार्यकलापों से स्पष्ट हो जाता है। हमारा मीडिया रात-दिन राजनेताओं की बेईमानी का तो रोना रोता रहता है पर प्रशासनिक पदों पर बैठे लोगों के बारे में एक शब्द भी कभी नहीं लिखता। मानस जैसे लोग इसी व्यवस्था ने पैदा किये हैं, इसी व्यवस्था की खामियों ने उन्हें रिश्वत के बल पर आयोग में चयनित कराया और इसी रिश्वत ने नौ दस साल की सर्विस में अनाप-शनाप सम्पति का मालिक बनाया।

कहानी का एक मोड़ और है और वह मोड़ निश्चित ही बहुत खतरनाक है। वकील जैसेलानी नेहा से कहते हैं 'नेहा, तुम्हें अदालत को बस इतना बताना होगा कि ये सारी चल अचल संपति तुमने जमा की है। सारे कागजात तुमने ही अपने और अपने पति के नाम करा रखे हैं, तुम्हारे पति को इसका कोई अंदाजा नहीं है। देखो, तुम दोनों पढ़े-लिखे लोग हो, चीजों को उनकी बारीकी में समझते हो, मुझे कहने में झेंप आ रही है, थोड़ी शर्म भी हो सकती है। हो सकता है तुम लोग नाराज भी हो जाओ पर मैं ये तुम सबकी भलाई के लिए कह रहा हूं। तुम्हें अदालत को बताना होगा कि ये सारी संपति तुमने अपने धनी मित्रों से अर्जित की है और चूंकि देशद्रोह जैसे केस को अटकाना है, पटरी से उतारना है तो तुम्हें

अदालत को सीधे-सीधे बताना होगा कि यू हैव बीन इन दिस प्रोफेशन आफ प्रास्टिच्यूशन फार लांग लांग इयर्स।' मतलब साफ है कि नेहा को अपने पति को बचाने के लिए भरी अदालत में यह सिद्ध करना है कि उसने सारी सम्पति वेश्यागीरी से अर्जित की है। कहानी का पाठक अचंभित है, वह मानस के साथ तो बिल्कुल भी नहीं है पर वकील जैसेलानी के साथ भी नहीं है। वह नेहा के साथ सांस रोककर खड़ा है। वह यह भी जानता है कि पुरुष प्रधान समाज में स्त्री सारे अपराध स्वयं कबूल करके अपने पति को बचाती रही है, नेहा भी ऐसा ही करती है। हम जो स्त्री विमर्श का बहुत डंका पीटते हैं, वह विमर्श यहां आकर पछाड़ खाता है और एक चरित्रवान स्त्री अपने बेईमान पति को बचाने के लिए मीडिया, समाज और अदालत के सामने स्वयं वेश्या होना स्वीकार करती है। पूरी कहानी में नेहा का जो चरित्र उभरकर आता है, वह बहुत साफ-सुथरी और घर गृहस्थी की सुरक्षा और शांति को समर्पित स्त्री का चरित्र है। कहानी में नेहा बार-बार मानस की आदत को लेकर सवाल भी खड़े करती है और अपना एतराज भी दर्ज कराती है। पर मानस ने वही दुनिया देखी थी इसलिए वह पूरे आत्मविश्वास के साथ रिश्वत भी लेता है और उन लोगों के साथ भी रहता है, जिनके लिए देश, राष्ट्रीयता या परिवार की सुख-शांति के सवाल डील्स में बदलते रहते हैं। मानस की दुनिया ऐसे लोगों से घिरी थी, जिनके लिए परिवार की स्त्री और वेश्या में कोई अंतर नहीं था, जो हर चीज को पण्य वस्तु मानकर चले उनके लिए नेहा का सवाल कोई अर्थ नहीं रखता। अब नेहा चौराहे पर खड़ी है, वह या तो पति को छोड़े या पति का साथ देने के लिए दुनिया को बताये कि यह सारी संपति उसने बनाई है– अपना शरीर बेचकर। किसी भी स्त्री के लिए यह शर्मनाक घटना है, लेकिन नेहा ने मानस पर विश्वास किया है इसलिए वह विश्वास की कीमत भी चुकाना जानती है। यही कारण है कि लोगों के कहने पर मानस भी जब उस पर शक करने लगता है तो वह दुखी होकर कहती है 'मैं तुमसे कहती थी कि रिश्वत का सबसे गलत पक्ष है उसकी आदत हो जाना। तुम्हें उसकी आदत हो गयी है, तुम रिश्तों को भी ईमानदारी से नहीं देखते। जैसे मुझे आदत हो गयी है तुम पर विश्वास करने की।... तुमने जो एक आदत मुझमें डाली है, विश्वास की उसके अवशेष बाकी हैं। मुझे तकलीफ पहुंचाने के अवशेष। ये जानते हुए कि मैं एक पल में तुम्हारी दुनिया, तुम्हारा शिराजा एक ठोकर में बिखरा सकती हूं। क्यों फिर वही बात। विश्वास करती हूं। क्यों कि एक शख्स है मानस जिससे मैं प्यार करती हूं।'

यह नेहा का विश्वास है, जिसकी कीमत मानस ने हमेशा चाही और नेहा ने

हमेशा चुकाई भी। यह स्त्री विमर्श का नया अध्याय है। प्रेम विवाह और अपनी अलग दुनिया बसाने के बाद भी स्त्री के दुखों में कोई परिवर्तन नहीं आया। परिवार के लिए जब भी त्याग करने की बारी आती है तो स्त्री ही त्याग करती है। हमारा समाज स्त्री से ही अपेक्षा रखता है कि अपने परिवार को बचाने के लिए सब कुछ को दांव पर लगा दे– नेहा यही करती है। कहना न होगा कि नेहा के इस निर्णय ने परंपरागत दाम्पत्य जीवन को मजबूती दी है।

अपने समय और इतिहास की पहचान

राकेश मिश्र अपनी युवा पीढ़ी के निराले कहानीकार हैं। उन पर जो आरोप लगाया जाता है, वही उनकी विशेषता है। इस आरोप और विशेषता से वे परिचित भी हैं इसलिए किसी के कहने और किसी के आरोप लगाने से वे और अधिक गंभीर होकर अपने रचनाकर्म में जुटते हैं। मसलन उन पर आरोप है कि वे एकेडेमिक्स या अपने विश्वविद्यालय तक सीमित होकर रह गये हैं। उनकी अधिकांश कहानियों में या तो एकेडेमिक्स के लोग आते हैं या उनका अपना विश्वविद्यालय पूरे परिवेश के साथ सजीव हो उठता है। मैं नहीं मानता कि यह राकेश मिश्र की कहानियों का कमजोर बिंदु है। लेखक का निजी परिवेश कलात्मक रूप में कहानियों में आकर उन्हें सजीव और कालांकित करने योग्य बनाता है। यदि ऐसा नहीं होता तो प्रेमचंद, रेणु और अमरकांत कब के खारिज कर दिये गये होते, वे बड़े कहानीकार इसलिए बन पाये कि उन्होंने अपने परिवेश और वहां के लोगों को ईमानदारी के साथ कहानियों में सजीव किया। जिन कहानीकारों ने ऐसा नहीं किया, वे अपने समय और परिवेश की अच्छी कहानियां भी नहीं लिख सके। राकेश मिश्र की खूबियों को उनकी कमजोरियां कहकर इसलिए प्रचारित किया जा रहा है कि उनकी पीढ़ी के अन्य कहानीकारों की तरह उनके यहां भाषाई या शैल्पिक चमत्कार कम हैं, वे जो भी लिखते हैं उसके प्रति पूरी तरह जवाबदेह भी बने रहते हैं। इसलिए परिवेशगत ईमानदारी का जो रूप उनके यहां मिलता है, वह उनकी अपनी विशेषता है। इसके लिए राकेश मिश्र अपनी पीढ़ी में अलग से जाने और पहचाने जाते हैं।

मैं यहां राकेश मिश्र की 'शह और मात' कहानी पर बात करना चाहता हूं। इस कहानी में न एकेडेमिक्स की दुनिया के लोग हैं और न उनका विश्वविद्यालय। यह अपने समय को जानने की जिज्ञासा की कहानी है। बिल्कुल अलग प्रकार की कहानी। बचपन में एकसाथ बैट-बॉल खेले दो युवक अलग-अलग परिस्थितियों में बड़े हुए, दोनों रिश्ते में ममेरे-फुफेरे भाई। मामा की जल्दी मृत्यु हो जाने के कारण

शह और मात – राकेश मिश्र

ममेरे भाई आलोक ने बी.कॉम की अधूरी पढ़ाई बीच में छोड़ लखनऊ के निट में डिप्लोमा में प्रवेश ले लिया था। यह उसकी मजबूरी थी लेकिन लखनऊ में पढ़ना और वह भी अपने बल पर यह बात उसके रिश्तेदारों में इस प्रकार प्रचारित की गयी कि सबको लगा आलोक बिना बाप के भी तरक्की कर रहा है। यहां तक कि उसके फूफा भी यही मानकर चलते थे 'आलोक के पिता की असमय मृत्यु के बाद अनुराग के पिता को हमेशा महसूस होता था कि उसका जीवित रहना कहीं न कहीं अनुराग को अतिरिक्त फायदा पहुंचायेगा।' अतिरिक्त फायदे का गणित सीधे-सीधे दुनिया की दौड़ में आगे बढ़ने से है। हम जिस समय में रह रहे हैं, उसमें तरक्की का आशय केवल आर्थिक दौड़ तक सीमित होकर रह गया है। पहले लोग पढ़-लिखकर नौकरी भी करते थे और साहित्यिक-सांस्कृतिक मूल्यों से भी जुड़े रहते थे। इसलिए वे संपूर्ण जीवन जीते थे, जिसमें किसी प्रकार का प्रायश्चित्त नहीं होता था। लेकिन अब विशेषरूप से भूमंडलीकरण के बाद जिस प्रकार का वातावरण निर्मित किया गया है, उसमें प्रगति बहुत नपी-तुली रह गयी है। हम यदि प्रगति कर रहे हैं तो हमारा मूल्यांकन हमारे पैकेज से होगा, पैकेज देने वाली कंपनी से होगा और पैकेज देने वाली कंपनी के शहर से होगा। यह समय का बदलाव है, समय ने हमें भारत में रहते हुए भी अमरीका में रहने के सपने दिखाये हैं, सुबह से शाम तक भूखे-प्यासे खटते हुए भी करोड़पति बनने के सपने हमारी आंखों में उतार दिये गये हैं, दिमाग में यह भर दिया गया है कि जो लंबी दौड़ दौड़ सकता है वही आगे जा सकता है और जो मंथर गति से चलकर अपने परिवेश और सांस्कृतिक विशेषताओं के साथ आगे बढ़ना चाहता है, उसके लिए इस दौड़ में कोई जगह नहीं है। राकेश मिश्र ऐसे ही दो युवाओं को कहानी में लाते हैं या इस बहाने अपने समय की दौड़ की कहानी कहना चाहते हैं।

मुझे लगता है कि राकेश मिश्र ने आलोक और अनुराग– जो ममेरे-फुफेरे भाई हैं, को कहानी का पात्र जानबूझकर बनाया है और यह उल्लेख भी सायास किया है कि 'मतलब अनुराग और आलोक बचपन में एक ही साथ खेलकर बड़े हुए थे' यानी एक साथ बड़े हुए दोनों रिश्ते के भाइयों के विकास और जीवन-दृष्टि में कितना परिवर्तन है, इसे बताना राकेश जरूरी समझते हैं। कहना न होगा कि आलोक और अनुराग इस पीढ़ी के प्रतिनिधि पात्र हैं। वे प्रतिनिधित्व अपना या अपने परिवार-परिवेश का नहीं बल्कि पूरी पीढ़ी का कर रहे हैं। पिता की मृत्यु के बाद सामान्य मध्यवर्गीय परिवारों की स्थिति अच्छी नहीं रहती, बच्चों की पढ़ाई भी आर्थिक संकट या पिता का साया उठने के बाद बाधित होती है, पर आलोक के साथ ऐसा नहीं हुआ। वह उस दौड़ में शामिल हो गया जो तथाकथित प्रगति

की ओर तेजी के साथ ले जाती थी। अनुराग के पिता यानी आलोक के फूफा के लिए यह एक चुनौती थी, वे मानकर चल रहे थे कि अनाथ आलोक जीवन में कुछ नहीं कर सकता। उसने करके दिखा दिया तो उन्हें इसमें अपनी पराजय दिख रही है। इसी बीच एक दूसरा कारण भी उन्हीं के घर में और उन्हीं के बेटे के साथ घटित हुआ कि अनुराग ने इंटर साइंस करने के बाद बी.ए. करने का निर्णय लिया। साइंस नयी पीढ़ी की जीवनी शक्ति है, अब हर लड़का सोफ्टवेयर इंजीनियर बनने के बाद अमरीका जाना चाहता है, अनुराग के पिता की भी यही इच्छा रही होगी पर अनुराग ने उनके इस सपने की भ्रूण हत्या ही कर दी – बी. ए. में प्रवेश लेकर। इसके साथ उसका दूसरा अवगुण भी उसके पिता को दिखाई दिया कि वह अब साहित्य में रुचि रखने लगा है। वे अनुराग को डांटते हुए कहते हैं 'क्या कमी रखी थी मैंने तुम्हारे लिए? एक साला वो बिना बाप का बच्चा आज इतनी तरक्की कर रहा है, और साहबजादे साहित्य बांच रहे हैं।' साहित्य बांचना अब अच्छी बात नहीं मानी जाती, एक समय था जब कहा जाता था कि साहित्य, संस्कृति और कलाओं के बिना आदमी बिना पूंछ का जानवर है पर अब पूंछ तो पैसे से लग जाती है। उन्नीसवीं-बीसवीं शताब्दी में साहित्य और अन्य कलाओं को महत्त्व दिया जाता रहा होगा, होंगे वे लोग जो राजनीति भी करते थे और लिखते-पढ़ते भी थे– पंडित जवाहरलाल नेहरू ही इसके बड़े उदाहरण हैं, पर अब इस प्रकार के पढ़ने-लिखने को अच्छा नहीं माना जाता। अनुराग के पिता की शिकायत और नाराजगी का कारण यही है। इसीलिए उन्होंने अनुराग को लखनऊ जाने के लिए कहा। कहानी के आरंभ में अनुराग के लखनऊ आने के कारणों को स्पष्ट किया गया है 'अनुराग तीन कारणों से लखनऊ आया था और तीनों ही कारण अपने कार्य से तादात्म्य स्थापित करने में असफल रहे। पहले दो कारण जो निज़ी होते हुए भी सार्वजनिक और परिवारहित किस्म के थे, उसमें फेल हो जाने का उसे कोई अफसोस नहीं था बल्कि उसमें से एक कारण तो वह चाहता ही था कि फ्लाप हो जाये।'

अपने पिता के आदेश पर लखनऊ आने के साथ तीन स्पष्ट कारण और थे, जिनके कारण अनुराग लखनऊ आया था। पहला कारण, वह लखनऊ के तमाम ऐसे संस्थानों में अपना भविष्य तलाशे, जो इस राष्ट्र का भी भविष्य थे। दूसरा कारण, वह यह देखे कि ऐसे कौन-से कारण रहें जिनके रहते आलोक ने यह प्रगति का मार्ग चुना। ऐसा मार्ग जिसे वह नहीं चुन सका। तीसरा कारण, वह नवाबों के लखनऊ को देखना चाहता था, वहां के पूरे वैशिष्ट्य के साथ। एक कारण तो मुख्य था कि वह ऐसे किसी संस्थान की खोज करे जिसमें पढ़कर

वह भी इस प्रगति की दौड़ में शामिल हो सके लेकिन अन्य दो कारण अनुराग के साथ कहानीकार के भी थे। राकेश अनुराग के साथ हैं इसलिए वे ऐसे किसी आदमी की कल्पना नहीं कर सकते जो अपने विपुल साहित्य और विशद इतिहास के ज्ञान के अभाव में आगे बढ़ जाये। यदि आदमी भौतिक विकास भी करता है तब भी उसके मानसिक विकास के लिए साहित्य और इतिहास की जानकारी होना आवश्यक है। यह बात राकेश मिश्र मानते हैं, उन्हीं के साथ पढ़े आलोक जैसे युवा कितना मानते हैं, यह उनसे छुपा नहीं है। नयी पीढ़ी केवल कंप्यूटर के ज्ञान को सब कुछ मानती है और यह भी मानती है कि कंप्यूटर में दुनिया का सारा ज्ञान समाहित है। यह उत्तर-आधुनिकतावादियों का सोच है कि इतिहास नष्ट हो गया है और स्मृति का लोप। पर क्या यह वास्तविकता है। अमेरिका का अपना कोई इतिहास नहीं है इसलिए वह यह कह सकता है लेकिन भारत जैसा देश जिसका हजारों साल का सामासिक इतिहास है, वह कैसे उसे नष्ट हो जाने देगा। और स्मृति ही है जिसके बल पर हमारे पूर्वजों ने अपने आप्त वचनों को सहेज कर एक से दूसरी पीढ़ी तक पहुंचाया। हम कैसे यह स्वीकार कर सकने की स्थिति में होंगे कि इतिहास और स्मृति के बिना हमारा काम चल सकता है। कंप्यूटर में दुनिया भर की चीजें समाहित हैं पर उन्हें जानकर ही तो हम आगे बढ़ सकते हैं।

राकेश मिश्र की यह कहानी एकदम कसी हुई कहानी है इसलिए वे जो कहना चाहते हैं उससे कहानी को भटकने नहीं देते। कहानी का दूसरा पृष्ठ समाप्त भी नहीं होता कि पूरे परिवार और रिश्तेदारों की नजरों में चढ़े आलोक को अनुराग अपने तर्क और मान्यताओं से ध्वस्त कर देता है। आलोक की दुनिया सीमित थी अनुराग की वृहत्। वह लाख कोशिश करता है कि आलोक अपनी दुनिया से बाहर आकर इस बहुरंगी और विविधआयामी दुनिया को देखे पर उसके लिए यह संभव नहीं था 'अनुराग ने लाख कोशिश की कि बातचीत का दायरा निट, नौकरी, भविष्य, कम्प्यूटर से बाहर आये लेकिन आलोक लगभग मुशर्रफ की तरह अपने एजेंडे पर लगातार कायम रहा।' यह आलोक जैसे युवकों की अपनी दुनिया है, जिससे वे बाहर नहीं निकलना चाहते। वे अपनी दुनिया में सुरक्षित अनुभव करते हैं, उन्हें लगता है कि अपने काम से काम रखो, बाकी दुनिया से हमें क्या मतलब। लेकिन बाकी दुनिया भी अस्तित्व में है, वह भी आपकी दुनिया को देख रही है, कब तक इसकी उपेक्षा कर आगे बढ़ सकोगे? आलोक जैसे युयकों को यही बताया और सिखाया गया है। यही नहीं अब तो पत्रकारिता में नये आ रहे युवकों की भी यही स्थिति है। एक जमाने में हिंदी पत्रकारिता का

मतलब साहित्यिक पत्रकारिता हुआ करता था पर नये पत्रकार बड़ी बेशर्मी से कहते हैं हमें साहित्य वाहित्य से कोई लेना-देना नहीं है, हमें तो अपना पेट भरना है इसलिए मालिक जो चाहते हैं, वह करते हैं। यह पत्रकारिता की दुनिया में नहीं चलता था पर अब चल रहा है। अब उनका कोई आदर्श नहीं है, कोई नैतिकता नहीं है। आलोक की इस सीमित दुनिया को देखकर अनुराग को अच्छा नहीं लगा। लखनऊ आने से पहले उसने भी आलोक से ईर्ष्या की होगी पर उसकी इस कोल्हू के बेल जैसी अवस्था को देखकर उसे दुख हुआ। 'दूसरे दिन जब बात बर्दाश्त से बाहर हो गयी तब अनुराग ने अपने ज्ञान और अनुभव का पिटारा खोला। उसने आलोक के रुचि न लेने के बावजूद बताया कि हिंदी साहित्य में उसने क्या-क्या पढ़ रखा है। प्रेमचंद, फणीश्वरनाथ रेणु, यशपाल की कहानियों में क्या जादू है, शमशेर की कविताएं पढ़े बिना कोई किसी से मुकम्मल प्रेम कैसे कर सकता है आदि-आदि। इसमें से कोई भी बात आलोक को उत्साहित नहीं कर सकी थी। इसी क्रम में अनुराग ने अपना तीसरा एजेंडा भी सामने रख दिया जिस पर स्पष्ट रूप से उसकी हाल की रुचियों का प्रभाव था। उसने आलोक को बताया कि लखनऊ वैसा नहीं है, जैसा वह देख या समझ रहा है। उसका क्या है? वह तो कमरे से अपने संस्थान जाने के लिए निकलता है। ऑटो में बैठे पहुंच गये। ज्यादा से ज्यादा मार्केट घूम आये। किसी महंगे रेस्तरां में खाना खा लिया, लखनऊ के दो-चार इलाकों का नाम जान लिया, ये हजरतगंज है, ये अमीनाबाद है, ये रकाबगंज है, बस।' यह अनुराग की अपनी जीवन दृष्टि का विस्तार है, वह चीजों को 'बस यूं ही' की नजर से नहीं देखता, वह किसी पुरानी या ऐतिहासिक वस्तु या शहर को उसकी पूरी परंपरा में देखता है। लखनऊ उसके लिए गोमतीनगर का विस्तार नहीं है, लखनऊ उसके लिए विधान सभा भवन या किसी राज्यपाल, या किसी मुख्यमंत्री या किसी मंत्री से मिलने तक सीमित नहीं है, लखनऊ जिसके कारण जाना जाता है, वह उस लखनऊ को देखना चाहता है। इसलिए बहुत दुखी होकर कहता है 'मैं तो भाई बहुत हसरत लेकर आया था कि लखनऊ जा रहा हूं। नवाब वाजिद अली शाह का लखनऊ, वहां की नवाबी शान, वहां की शाही तहजीब, शामेअवध ... यहां तो वैसा कुछ भी नहीं।' वह लखनऊ के नवाबों को देखने के लिए इस शहर में आया था। लखनऊ वह नहीं है कि इन विशाल इमारतों को देखा जाये, बड़ी-बड़ी दुकानों को अपनी चुंधियायी आंखों से घूरा जाये, सजावटी लट्टुओं की तरह से नियोन बल्बों की रोशनी में नहा लिया जाये, लोगों की भीड़ से अपने कंधे छिल जायें। जनाब इन नकलची, बाजारू और बिकाऊ शामों में हमारा शामे अवध कहीं गुम हो गया-सा लगता है।

आखिर कहां गये नवाब वाजिद अली शाह के वे जीन कसे सफेद अरबी घोड़े। वे इक्के, वे बग्घियां, वे घोड़ों की टापें, वो चाबुकों की फटकार।

आलोक के पास इन तर्कों का कोई उत्तर नहीं है। अब तक आलोक और उसके रिश्तेदार यह मानते आये थे कि आलोक का रास्ता सही है, वह जिस पथ पर जा रहा है वह निरापद है, वहां एक प्रकार की चकाचौंध है, जिसकी ओर सब भागे जा रहे हैं। आलोक भी निट का डिप्लोमा करने के लिए इसी उम्मीद के साथ लखनऊ आया था पर अनुराग ने उसे बता दिया कि वह ज्ञान के मामले में कितना पीछे है। यह किताबी ज्ञान है, इससे नौकरी पाई जा सकती है, आसपास के लोगों और रिश्तेदारों पर रोब गांठा जा सकता है लेकिन असली ज्ञान तो साहित्य, इतिहास और तमाम तरह के अनुशासनों की पुस्तकें पढ़कर ही हासिल किया जा सकता है। यह कहानी नयी पीढ़ी के तथाकथित ज्ञान का उपहास उड़ाती है, वह यह स्थापित करती है कि इस प्रकार के डिप्लोमा करने से अच्छा पैकेज मिल सकता है, जिसके बल पर परिवार और अपना पेट आसानी से भरा जा सकता है लेकिन यह ज्ञान नहीं है यह एक विशेष प्रकार की योग्यता है, जो नौकरी की चमक-दमक तक ही सीमित रहती है। भूमंडलीकरण के बाद शिक्षा के नाम पर इस प्रकार के डिप्लोमा या डिग्री बांटने की दुकानें खुल गयी हैं जिन्हें इंस्टीट्यूट कहा जाता है। ये इंस्टीट्यूट हर बड़े शहर में एक नहीं कई मिलेंगे जिनमें इंजीनियरिंग या मैनेजमेंट की पढ़ाई होती है, उनमें मानविकी या समाजशास्त्र के लिए कोई जगह नहीं है। यही कारण है कि युवा पीढ़ी के पास साहित्य और संस्कृति को समझने का न तो समय है और न साधन। आलोक इसी अधूरी शिक्षा पद्धति के बल पर डिप्लोमा लेने वाले युवकों का प्रतिनिधित्व कर रहा है। अनुराग के ज्ञान और उसके अकाट्य तर्क सुनकर आलोक दुखी हुआ होगा। राकेश मिश्र ने उसकी इस मनःस्थिति का वर्णन करते हुए लिखा है 'रात भर आलोक ने अपने समूचे कम्प्यूटर ज्ञान को खंगाला। अनुराग का यूं मायूस लौटना उसे अखर रहा था। सुबह उठते ही उसके दिमाग में बिल्कुल नया आइडिया था।' और वह आइडिया था लखनऊ के ही एक उप स्टेशन बादशाहनगर पर जाकर शतरंज खेलने का। अनुराग को आज जाना था और रेल बादशाहनगर स्टेशन से ही जानी थी इसलिए उसे यह विचार जम गया। अब तक कहानी दो पात्रों के बीच चल रही थी, अनुराग के पिता थे लेकिन वे अदृश्य थे, दृश्यमान केवल आलोक और अनुराग थे लेकिन अब कहानी में तीसरे पात्र का अवतरण होता है और वह कहानी को नयी दिशा में मोड़ने में सहायक होता है। कहानीकार की यह पैनी नजर है कि वे बहुत सधे हुए ढंग से कहानी

को दूसरी ओर मोड़ देते हैं।

अनुराग के लखनऊ आने का एक कारण पुराने और नवाब वाजिद अली शाह के लखनऊ को देखना भी था। वह लखनऊ अब पूरे शहर में नही है, यह कहानी अकेले शहर की ही नहीं है बल्कि अधिकांश शहरों में वह तहजीब गायब होती जा रही है, जिसके बल पर वे शहर जाने जाते थे। हममें से कितने हैं जो आज भी हैदराबाद, लखनऊ या कलकत्ता को उसी पुराने रूप में देखना चाहते हैं। राकेश मिश्र तीसरे पात्र को लाते ही इसलिए हैं कि वह उस अनदेखे को दिखा सकें। तीसरा पात्र यानी बादशाह खान स्टेशन पर शतरंज खेलने के समय नमूदार होता है। उसे इतिहास और संस्कृति की गहरी पकड़ है, यह वह समय है जब गुजरात में दंगे हो रहे हैं और लखनऊ जैसे अनेक शहर सांप्रदायिक दंगों के मुहाने पर बैठे हुए हैं, कब मौका मिले और अंदर से धधक उठें। बादशाह खान की दुकान भी अहमदाबाद में मोदी सरकार द्वारा ढाये गये अत्याचारों की शिकार हो चुकी है। लेकिन उनकी बातचीत, चेहरे की बनावट तथा व्यवहार में कहीं भी वह दुख नहीं झलकता। वे हिंदुस्तान की गंगा जमुनी तहजीब की जीती-जागती मिसाल हैं। शतरंज के महारथी होने के साथ उन्हें जहांगीरकालीन इतिहास की गहरी पकड़ है, अपनी बातचीत में बार-बार वे उसका उल्लेख करते हैं। शतरंज खेलते हुए इस प्रकार इतिहास से उदाहरण देना कम्प्यूटर ज्ञान के बल पर ऐंठ रहे आलोक जैसे युवकों के लिए संभव नहीं है, यह ज्ञान दूसरे विषयों में पारंगत लोगों के पास ही हो सकता है। अनुराग ऐसे ही ज्ञान को पाना चाहता है, चाहे जीवन में कितना ही पिछड़ जाये। बादशाह खान बताते हैं 'तो जनाब ! इस शतरंज की शुरुआत बेगम नूरजहां ने ही की थी। और पता है आपको, वो हमेशा घोड़े की चाल चलती थीं। जैसे आप...। वैसे खेलते तो बादशाह जहांगीर भी बढ़िया थे लेकिन वे हाथी की चाल चलते थे, बिल्कुल बादशाहों की तरह। ये सामान्य से दिख रहे बादशाह खान का इतिहास ज्ञान है, ये उस आदमी की मस्ती है जिसकी दुकान गुजरात के दंगों में जला दी गयी है, जिस आदमी का रोजगार एक विशेष प्रकार की सांप्रदायिकता में समाप्त कर दिया गया हो वह आदमी अनुराग के साथ यह जानते हुए भी कि वह हिंदू है दरियादिली से मिल रहा है। अपने बारे में पूछने पर बहुत संक्षेप में बताता है 'दरअसल वह गुजरात के अहमदाबाद का रहने वाला है। वहां उसकी लखनवी चिकन का करोबार था। पिछले दिनों की दुर्घटनाओं में उसकी दुकान जला दी गयी थी और फिर से व्यापार संभालने के सिलसिले में वह कुछ मित्रों से मिलने की कोशिश में था। अनुराग को अचानक उस पर तरस आने लगा। उसने कुछ और पूछने की कोशिश की

लेकिन बादशाह भाई बार-बार शतरंज के न रहने पर ही अफसोस करते रहे। अनुराग को हैरत हुई कि ऐसी परेशान स्थिति में आखिर वह आदमी शतरंज खेलने को लेकर संजीदा कैसे है।' राकेश लखनऊ या हिंदुस्तान की तहजीब बताने के लिए केवल बादशाह खान को ही नहीं लाते बल्कि अनुराग जिस डिब्बे में बैठा है, उसके अंदर के दृष्य को भी साक्षात करते हैं। 'इन सबमें एक तुंदियल बनियानुमा चेहरे वाले आदमी की आवाज सबसे तेज थी। उसने भगवा बनियान पहन रखी थी। खिचड़ी दाढ़ी के ऊपर माथे पर लाल टीके ने उसके भरे चेहरे को थोड़ा डरावना-सा बना दिया था। ये लोग किसी एक मुद्दे पर ही जोर-जोर से बोल रहे थे। थोड़ी देर में अनुराग को बातें समझ में आने लगीं। उसे महसूस हुआ कि डिब्बे की गर्मी सिर्फ मौसम के कारण नहीं थी। कल से जिस सुदूर गुजरात में जल रही आंच से पूरा शहर तपता-सा महसूस हो रहा था, वो आंच यहां तेज लपटों के रूप में मौजूद थी। वह डरावना-सा दिखने वाला आदमी जोर-जोर से बोल रहा था, 'भइया! हमने तो अपनी जिंदगी राम के नाम कर दी है। दो बेटे हैं हमारे अभी जीवित। वैसे तीन थे : एक को मैंने घर से भेजा था अयोध्या। कार सेवा करने। वहां वह शहीद हो गया। बिल्कुल इस बच्चे की ही तरह था।' उसने अचानक अनुराग की तरफ इशारा किया तो वह जैसे सकपका गया। बातचीत में शामिल तमाम लोग अनुराग की तरफ उत्सुकता से देखने लगे। वह बनिया लगातार जारी था। 'तो भइये! यह जीवन किसका है? श्रीराम का। मेरे बेटे के शहीद होने पर मुझे गर्व हुआ। अभी तो दो जीते हैं। बीस बेटे भी होते तो मैं उन्हें राम के नाम पर बलिदान करने से नहीं हिचकता।' यह कहानी का कंट्रास्ट है, दो समानांतर स्थितियां पैदा कर यह बताना कि सही क्या है। एक ओर यह बनियानुमा आदमी है तो दूसरी ओर बादशाह खान हैं जो होटल में खाना खाने के पैसे देते हुए कहता है 'क्या बात करते हैं जनाब ! ऐसा भी कहीं होता है? यह तो तहजीब में नहीं है हमारे। बादशाह भाई ने तत्काल तीन सौ निकालकर प्लेट में रख दिये। चलिए चला जाये।' बादशाह भाई बाराबंकी में किसी दोस्त से मिलने चले गये, उस शहर में उनका कोई दोस्त रहता था। कहानी उनकी दरियादिली पर आकर खत्म नहीं होती, कहानी सांप्रदायिक सद्भाव पर आकर भी समाप्त नहीं होती, अभी कहानी में अनुराग का वक्तव्य आना बाकी था, क्योंकि अनुराग ही था जो लखनऊ देखने गया था। वह जब तक नहीं कह दे कि उसने उस लखनऊ को देख लिया, जिसे देखने की उसकी इच्छा थी, तब-तक कहानी पूरी कैसे हो सकती है?

बादशाह खान के साथ खाना खाने के बाद अनुराग अपने डिब्बे में लौटा,

गाड़ी अभी भी खड़ी थी। अनुराग सोच नहीं पा रहा था कि यह सब क्या था 'अनुराग की इच्छा तेज आवाज में रोने की हो रही थी। कौन था यह आदमी। नवाब बादशाह वाजिद अली शाह, जहांगीर या फिर उसके सफर का दोस्त बड़ा भाई। उसका सिर भारी हो गया। थके कदमों से वह वापस स्टेशन पर आया। गाड़ी के अधिकांश लोग प्लेटफार्म पर चहलकदमी कर रहे थे। जितने लोग उतनी चर्चाएं। वह चुपचाप अपनी सीट पर चला गया। वहां वह तिलकधारी यथावत बैठा हुआ भाषण दे रहा था। अनुराग को हैरत हुई कि साला इतना बोलते हुए भी थक क्यों नहीं रहा है? अनुराग को देखते ही वह बोल उठा 'अरे नौजवान! कहां चले गये थे। हम लोग तो भयभीत हो गये थे। वातावरण ठीक नहीं है अभी।' 'क्यों? क्यों भयभीत हो गये थे आप? बताइये कौन हैं आप? अनुराग अचानक चीख उठा। उसके इस कदर चीखने से यह बनियानुमा आदमी थोड़ा सहम गया। आसपास के लोग भी खामोश हो गये।' 'मैं तो पिता समान... पुत्रवत् ...' बनिये की हकलाई-सी आवाज आयी। 'नहीं कोई नहीं। मैं कुछ नहीं हूं आपका और आप भी मेरे कोई नहीं लगते समझ गये।' न जाने अनुराग की आवाज में कौन-सी गुर्राहट थी कि वह आदमी सिटपिटा कर चुप हो गया और खिड़की से बाहर देखने लगा। उस कंपार्टमेंट में काफी देर तक चुप्पी छाई रही यहां तक कि ट्रेन खुलने के बाद तक भी।'

यह कहानी के अंतिम वाक्य हैं, जहां अनुराग की गुर्राहट में कहानीकार भी है और पाठक भी। यह लखनऊ है, यह उसकी गंगा-जमुनी तहजीब है। अनुराग की यात्रा सफल हुई। निट जैसे संस्थान पूरे देश में फैले हैं, उसे देखने के लिए लखनऊ आने की जरूरत नहीं थी, आलोक जैसे युवा हरेक जगह हैं, उसके लिए उससे मिलना कहां जरूरी था? जरूरी जो था, वो राकेश मिश्र ने बता दिया और पूरी गुर्राहट के साथ बताया इसलिए कहानी न केवल बड़ी है बल्कि अपना प्रभाव अक्षुण्ण रखती है। क्या अब भी लोग कहेंगे कि राकेश मिश्र की सीमा अपना विश्वविद्यालय है?

ज़िंदगी के क्विज़

इक्कीसवीं सदी का पहला दशक इसलिए याद किया जायेगा कि अब आधुनिक होने से अधिक आधुनिक दिखने की इच्छाएं प्रबल हो गयी हैं, अब जिस पर अधिक धन है वह धन के पीछे ज्यादा पागलपन के साथ दौड़ रहा है तथा जो ईमानदारी से अपना काम कर रहा है, उससे अधिक उसकी पूछ है जो अपने काम को बेशर्मी के साथ दिखा रहा है। कहना न होगा कि पैसे की चकाचौंध ने इक्कीसवीं सदी के आरंभ को मानवीय तथा सामाजिक मूल्यों से अलग कर दिया है। मानव मूल्यों का नाम लेने वाले तथा ईमानदारी से अपने काम पर भरोसा कर जीवनयापन करने वालों को अब पुराना और पिछड़ा कहा जाने लगा है। जीवन के प्रति यह नया दृष्टिकोण हमें विश्व अर्थव्यवस्था ने दिया है, जिसका लोहा अब सभी मानने लगे हैं या विवश होकर मानने को तैयार हुए हैं। इस नयी अर्थव्यवस्था ने पूरे समाज को बाजार के बीच लाकर खड़ा कर दिया है, इसलिए सबकी मजबूरी है कि बाजार की अनिवार्यता को स्वीकार करें। बाजार पहले भी था लेकिन बाजारवाद नहीं था। बाजार हमारी स्थितियों पर निर्भर करता था लेकिन बाजारवाद हमारी नियति तय करता है। इससे आंख बचाकर न तो भागा जा सकता है और न अलग रहा जा सकता है। पूरे विश्व में विकसित देशों की मंडी बन चुके हमारे जैसे देशों की नियति है कि हम लाख विरोध करके भी उससे अलग नहीं हो सकते। इस बाजारवाद ने अंधी दौड़ शुरू की है, जिसका कोई अंत नहीं है। इस दौड़ में जो दौड़ रहा है, वह भी परेशान है और जो इसे देख भर रहा है वह भी परेशान है। संतोष और सुख जैसे भाव बाजारवाद ने समाप्त कर दिये हैं। यह सुखद है कि बाजारवाद के विरोध में हिंदी की युवी पीढ़ी ने खूब कहानियां लिखी हैं, उनमें से एक महत्त्वपूर्ण कहानी है पंकज मित्र की 'क्विज मास्टर'। कहानीकारों को लगता है कि अपने समय और समाज को बचाये रखने के लिए बाजारवाद के विरोध में खड़ा होना जरूरी है, अपने समय और समाज को निगलते देख चुप तो रहा नहीं जा सकता इसलिए प्रतिरोध जरूरी है। यह

क्विज़ मास्टर – पंकज मित्र

कहानी अपनी पूरी क्षमता के साथ बाजारवाद का प्रतिरोध करती है।

कहानी का प्रारंभ दो प्रकार के परिचय से होता है, एक तो शहर और दूसरा मि. कुमार जिनकी पहचान इस बदलते शहर में क्विज मास्टर की है। पहले शहर को लें, जिसके परिचय में कहानीकार उसके तेजी से बदलते स्वरूप को विशेषरूप से रेखांकित करना चाहते हैं 'वह एक छोटे से शहर का बड़ा क्विज मास्टर था। छोटा इसलिए कि अभी भी इस शहर में अंग्रेजी में बात करने को गिटिर-पिटर करना कहा जाता था और अंग्रेजी बोलने वाले का मुंह भकर-भकर देखा जाता था। हालांकि कुछ वर्षों में हर छोटे शहर की तरह कुछ बदलाव भी आये थे जिन्हें कुछ लोग पॉजिटिव चेंज कहते थे और कुछ का मानना था कि सब कुछ तेलहंडे में जा रहा है। एक भूतपूर्व मुख्यमंत्री के नाम वाले कॉलेज की छात्राएं बातचीत में 'ओ शिट' आदि का प्रयोग करने लगी थीं, शायद बिना शाब्दिक अर्थ समझे, वरना स्नानादि की भी नौबत आ सकती थी। हर बड़े बनते शहर की तरह यहां भी गणेश जी ने दूध पीने की कृपा की थी और इससे साबित हुआ था कि सूचना क्रांति ने अब यहां भी द्वार पर दस्तक दे दी। सूचनाओं के महत्त्व को इस शहर के लोग भी समझने लगे थे – खासकर इंग्लिश मीडियम वाले स्कूलों में पढ़ने वाले बच्चों के माता-पिता और उसकी स्कूल को शानदार और जानदार माना जाने लगा था जिसकी फीस हो तगड़ी और जहां क्विज काम्पीटीशंस में बुद्धि जाती हो रगड़ी।' यह शहर का परिचय है, जो कहने को आधुनिक हो रहा है – देश के अन्य शहरों और कस्बों की तरह। शहर का परिचय देते हुए यह सावधानी बरती गयी है कि वह अपने पुराने रूप में आधुनिक दिखने-सा लगे। हमारे बड़े औद्योगिक शहर भी अभी तक आधुनिक नहीं हुए हैं तब छोटे कस्बों की तो बात ही क्या है? अफवाहों के साथ गणेश जी का दूध पीना और अंग्रेजी स्कूलों के प्रति अनायास प्रेम प्रगट होना कैसी आधुनिकता है, इसे बताने की जरूरत नहीं है। हमारे अधिकांश शहर और कस्बे इसी रूप में आधुनिक होने का भ्रम पाले हुए हैं। दूसरा परिचय क्विज मास्टर का दिया गया है 'तो कुछ ऐसे ही माहौल में उसने यकायक पाया कि उसका नाम शहर के एक प्रतिष्ठित क्विज मास्टर के रूप में स्थापित हो चुका है। लोग कहते हैं; विशेष रूप से उन स्कूलों, कॉलेजों के प्रिंसिपल साहिबान जिन्हें उसमें एक मुफ्त का क्विज मास्टर नजर आता था, कि उसकी अंग्रेजी की फ्लूएंशी के सामने सिद्धार्थ बसु फेल हैं और उसकी अदाओं के सामने ओब्रायन भाई पानी भरेंगे और क्विज के बीच-बीच में पंच किये गये उसके विटी रिमार्क्स, चुटकुलों और सस्पेंस पैदा करने की उसकी क्षमता का तो कोई जोड़ ही नहीं है।... अपना एकमात्र सूट

पहनकर एकमात्र टाई लगाये – ए वेरी गुड इवनिंग टू यू लेडिज एंड जेंटलमैन व फर्राटेदार अंग्रेजी, चुस्त-दुरुस्त उच्चारण वर्षों के अभ्यास से बनाई हुई, साधी गयी और क्विज मास्टर्स डिसीजन इज फाइनल तक आते-आते तो गर्दन तनकर अकड़ जाती थी। लोगों की तालियों के बीच उसे लगने लगता कि बस उसकी बात ही आखिरी बात है। उस शहर के कार्यक्रमों के बीच में अचानक बिजली चली जाना, किराये के माइक में घरघराहट शुरू हो जाना जैसी दुर्घटनायें अक्सर होती थीं, लेकिन जरा भी नहीं घबराता था वह।'

यह परिचय है मि. कुमार का, जिसकी पहचान इस उभरते शहर में क्विज मास्टर की थी। उसके आत्मविश्वास और मंच नियंत्रण को कहानीकार ने विशेषरूप से उभारा है क्योंकि इन्हीं गुणों से कोई क्विज मास्टर बन सकता है। छोटे-से शहर में इस प्रकार की खूबियों का होना भी विशेष उपलब्धि है। ये उपलब्धि जिस कारण मिलीं, उन्हें बताना भी जरूरी है, ताकि कहानी में कोई ऐसी बात छूट न जाये जिसके कारण मि. कुमार का परिचय अधूरा रह जाये। यह परिचय अकेले मि. कुमार का न होकर उन जैसे लाखों युवकों का है, जिनके सपने एक जैसे होते हैं, सपने देखने के स्थान और स्थितियां अलग हो सकती हैं। मि. कुमार के जीवन को एक घटना ने पूरी तरह बदल दिया। घटना अपने आपमें सामान्य है पर उसका प्रभाव असामान्य। 'एक बहुत ही छोटे-से कस्बे से आकर शहर के गौरव एक मिशनरियों के कॉलेज में अंग्रेजी आनर्स में एडमिशन लेने की जुर्रत कर चुका था वह। उस दौर में उस कालेज में विदेशी शिक्षक हुआ करते थे जिनकी अंग्रेजी सुनकर वह भकर-भकर मुंह देखा करता था। न जाने कहां से शेरवुड से कि दून से आकर इंग्लिश डिपार्टमेंट के बेरंग से कैनवस को रंगों से भर दिया था गुरप्रीत कौर ने। पहले से ही अभिजात समझा जाने वाला विभाग उसके आ जाने से अत्याधुनिक भी माना जाने लगा था। जिधर से गुजरती प्रशंसा, आतंक, सवालों के रंगीन बादल लड़कों के बीच छा जाते। यही न है वो? जब तक एक नजर दूसरे को समझाती तब तक वह फुर्र हो चुकी होती थी। अपनी सफेद एंबेसेडर में जिसमें लगी थी लाल बत्ती और जो उसे रोज पहुंचाने आती थी और क्लास खत्म होने तक रुकी रहती।' गुरप्रीत कौर की उपस्थिति से नहीं बल्कि उसके प्रति युवकोचित आकर्षण के कारण मि. कुमार की जिंदगी अचानक बदल गयी। गुरप्रीत जिलाधिकारी की बेटी थी, सुंदर और प्रभावशाली अंग्रेजी बोलने वाली। इन तीनों गुणों ने मि. कुमार को प्रभावित किया था। वह गुरप्रीत को एकतरफा चाहने लगा था, उसके मन में उसे पाने की इच्छा जन्म ले चुकी थी इसलिए उसने सोचा कि वह कुछ बनकर दिखायेगा ताकि गुरप्रीत से अपने मन की बात कह

सके। इसलिए उसी दिन से 'उसके जीवन के दो मकसद हो गये। एक अंग्रेजी को मांज-धोकर चुस्त-दुरुस्त करके गुरप्रीत के बराबर चमकदार बनाना तथा जेनरल नालेज पर ज्यादा से ज्यादा ध्यान देना जिससे भारतीय सर्वशक्तिमान सेवा का सदस्य बनकर गुरप्रीत को दिखा सके और बहुत सारे सवालों को एक झटके में ही हल कर डाले।' यह क्विज मास्टर बनने की पृष्ठभूमि तो है ही साथ ही युवा आकांक्षा का भी महत्त्वपूर्ण अंग है। सुंदर बनने और दिखने तथा बुद्धिमान होने और दिखने की महत्त्वाकांक्षा मनुष्य की जन्मजात प्रवृत्ति है। हर युवा ही नहीं बल्कि प्रत्येक मनुष्य चाहता है कि वह सुंदर और बुद्धिमान बने। जो नहीं बनते वे भी दूसरों के सामने ऐसे ही बनने की कोशिश करते दिखते हैं।

सचमुच क्विज मास्टर बनने के बाद कुमार को खुश होना चाहिए था न केवल अपनी उपलब्धि पर बल्कि शहर में मिली प्रशंसा के आधार पर भी। पर वह खुश नहीं था। जिस गुरप्रीत के कारण वह क्विज मास्टर बना था, वह दूर-दूर तक उसके पास नहीं थी और न भविष्य में कोई उम्मीद थी कि वह कभी उसके पास आ भी सकती है। यह जीवन के सपने हैं जो देखने में तो अच्छे लगते हैं लेकिन सुबह होते ही उड़ जाते हैं। कुमार ने जो सपना देखा था वह भी यथार्थ नहीं था। गुरप्रीत कौर तो मिली ही नहीं साथ ही वह आई.ए.एस. की नौकरी चाहता था, वह भी उसे नहीं मिली लेकिन गुरप्रीत ने किसी आई.ए.एस. से शादी जरूर कर ली। आई.ए.एस. पिता की बेटी गुरप्रीत कौर के लिए किसी आई.ए.एस. युवक से विवाह करना सपना भी था कि नहीं, मालूम नहीं लेकिन कुमार के लिए तो सपना था, जिसे वह हर कीमत पर यथार्थ में बदलना चाहता था। यदि वह आई.ए.एस. परीक्षा में सफल हो जाता तो हो सकता है कि उसे गुरप्रीत कौर या उस जैसी सुदर्शना मिल जाती। कहानीकार ने बहुत सधे ढंग से उसके मन में स्थान बना चुकी गुरप्रीत कौर को देखा और दिखाया है पर उसके लिए रुदन करते कभी नहीं देखा। यह पुरानी भावुकता नहीं है जो प्रेमिका के लिए मरने और मारने पर उतारू हो जाती हो। कुमार के आकर्षण का एक प्रमाण यह है कि जब उसने शादी की तो ऐसी लड़की से की जो गुरप्रीत कौर की तरह नाक सिनकती थी 'नाक सिनकने की उसी अदा - तर्जनी को नाक के ऐन नीचे से हारिजांटली खींचने की आय एम सारी कहते हुए को छोड़कर ऐसा कुछ भी कामन नहीं था गुरप्रीत और प्रीति में जिसे शादी के बाद पंजाबियों की तरह प्रीतो कहने लगा था। विकल्प तो कई थे पर प्रीति की इसी अदा को देखकर उसने निश्चय कर लिया था कि वह प्रीति से ही शादी करेगा। सभी विकल्पों को छोड़कर उसने प्रीतो के नाम पर टिक लगा दी थी।' कुमार के इस निर्णय

के पीछे मनोविज्ञान काम कर रहा था, हम जिसे चाहते हैं उसे उसकी किसी खास अदा के साथ चाहते हैं। गुरप्रीत कौर की इस अदा ने कुमार को प्रभावित किया था और इसी अदा को प्रीति में देखकर उससे शादी के प्रस्ताव को टिक कर दिया था। संयोग यह कि गुरप्रीत कौर और प्रीति दोनों को उसकी लेक्चररशिप की नौकरी पसंद नहीं थी। गुरप्रीति कौर को ऊंचे ओहदेदार न होने के कारण और प्रीति को कम पैसे मिलने के कारण। एक दिन गुरप्रीति कौर सपने में आयी थी और 'उसके चेहरे पर वही च्च...च्च...च्च... का भाव था—वही पुअर चैप वाला।' प्रीति चाहती थी कि लेक्चररशिप की नौकरी में इतना कम पैसा मिलता है तो वह ट्यूशन करने लगे लेकिन कुमार अतिरिक्त समय में क्विज मास्टर का काम करते। घर में पैसों का अभाव हमेशा बना रहता। प्रीति इस अभावग्रस्त जीवन से दुखी रहती थी। इसलिए एक दिन उसने कह ही दिया 'उनका स्कूल तो तरक्की कर रहा है, स्टूडेंट बढ़ रहे हैं। आपको क्या मिलता है। कभी अठन्नियो मिला है। इतना समय जो देते हैं इस सबमें। ...उसने हैरत से प्रीति को देखा।... ऐसे क्या देख रहे हो। कुछ गलत कहा? ...देखो प्रीति; उसने प्रीतो नहीं कहा, ये नोट किया उसने ये सब पैसे के लिए थोड़े करता हूं। शौक है बस।... शौक बड़े लोगों के लिए होते हैं। दस लोगों ने वाह वाह कर दी, बस कुमार साहब फूल के कुप्पा। बहुत बड़े क्विजमास्टर हो गये। पता भी है, पिछले हफ्ते से दूध वाला पैसा मांग रहा है। टरका रही हूं किसी तरह, कुछ होश है?'

कहानी में यहां तनाव है। तनाव से कहानी बड़ी बनती है। मानवीय संबंधों की परख ऐसे क्षणों में होती है। कुमार ने प्रीति में गुरप्रीत कौर की जिस अदा को देखकर विवाह प्रस्ताव पास किया था, वह अदा न जाने शादी के बाद कहां गायब हो गयी। प्रीति को देखकर अब गुरप्रीत कौर की याद नहीं आती, वह पूरी तरह सनातन पत्नी बन चुकी है। वह चाहती है कि पड़ोसी शर्माजी की तरह कुमार भी ट्यूशन करें, पैसा कमायें और घर गृहस्थी की समृद्धि में सहायक बनें। यानी वह सपनों की भावुक दुनिया न जाने कब की उड़ चुकी थी पर कुमार अब भी वैसा ही मानकर चल रहे थे इसलिए क्विज कराने में उनका मन रम रहा था। पर स्त्रियां जल्दी ही प्रौढ़ हो जाती हैं और जिम्मेदार भी—इसलिए प्रीति ने जिंदगी के असली सवाल को पहले पढ़ लिया था। जिस सवाल को प्रीति ने पढ़ लिया था उससे कुमार भी कभी न कभी रूबरू हुए ही होंगे पर वह उसे हल करना नहीं चाहते थे। हम जिसे हल करना नहीं चाहते उस पर कभी ध्यान भी नहीं देते। कुमार के सामने दो परेशानियां थीं।

पहली, गुरप्रीत कौर के कारण वह क्विज मास्टर बना था इसलिए वह उससे अलग होना नहीं चाहता था तथा दूसरी, वह कहा करता था 'ट्यूशन स्पायल्स इन्टूशन। इस प्रकार का व्यक्ति ट्यूशन नहीं कर सकता, उसका मानस पैसे कमाने के लिए नहीं बना था, वह मंच पर जाकर अपनी सारी अधूरी इच्छाओं को तृप्त करता था, उसे लगता था कि वह इस शहर का ही नहीं बल्कि दुनिया का बहुत योग्य आदमी है, वह जितना जानता है उतना बहुत कम लोग जानते हैं। यह एक प्रकार का सुख है जो अतृप्त इच्छाओं को तुष्ट करता है।' कहना न होगा कि कुमार को ऐसी ही तुष्टि क्विज कराते हुए होती थी।

जीवन कभी भी अपनी इच्छाओं से नहीं चलता। जीवन में हम जैसा चाहते हैं वैसा हो नहीं पाता। इसलिए मनुष्य का जीवन जो नहीं है उसे पाने के संघर्ष में ही बीत जाता है। क्या कुमार का जीवन संघर्ष भी वैसा ही नहीं है? उसने जो हुनर गुरप्रीत कौर के लिए सीखा था, वह उसे कभी नहीं मिली। उसकी मानसिकता का वर्णन करते हुए पंकज मित्र लिखते हैं 'आक्सफोर्ड, वेब्सटर, बी. बी. सी. के इंग्लिश लेशंस, कोट्स, शेक्सपियर, इलियट, एन.सी. ई.आर.टी. बुक्स, डी.डी. बसु, रायचौधुरी, बाघम, रोमिला थापर सभी सवाल पूछते रहे, वह हल करता रहा, करता, पर सभी मिलाकर भी उसके इस सवाल का जवाब नहीं दे पाये कि सेशन के ऐन बीच में ही गुरप्रीत कहां गायब हो गयी। जवाब दिया तो डी.डी. साहब के चपरासी ने – बेबी का तो बियाह हो गया। लड़का भटिंडा में एस.डी.ओ. है। वहीं चंडीगढ़ से ही हुआ। उसी दिन सारे चैम्बर्स, आक्सफोर्ड, शेक्सपियर, डी.डी. बसु, रोमिला थापर, बाशम सभी किनारे हो गये। अब आप लोगों से सवाल जवाब का क्या मतलब है। वही डिफेट तो रहिये गया ना। लोहासिंह की नकल पर वही जुमला कभी उसका प्रिय जुमला हुआ करता था और वह आश्चर्यचकित था कि पिछले एक साल से वह इस जुमले को भूले हुए था।' यह तैयारी थी कुमार की गुरप्रीत कौर को पाने के लिए। वह जानता था कि एक आई.ए.एस. की सुंदर और प्रतिभाशाली लड़की किसी आई.ए.एस. से ही शादी करेगी। पर कुमार की नियति देखिये कि इतना सब कुछ करने के बावजूद वह आई.ए.एस. परीक्षा में पास नहीं हो पाया। लेकिन मन के किसी कोने में बैठी अतृप्ति ने उसे सफल क्विज मास्टर बना दिया। क्विज मास्टरी से सफल जिंदगी नहीं जी जा सकती, इस यथार्थ का अहसास उसकी पत्नी प्रीति कराती है। वह जिस हुनर पर इतराता था उसी हुनर से उसकी पत्नी दुखी थी। घर गृहस्थी चलाने के लिए रुपये चाहिए। पड़ोस के शर्माजी जो रात-दिन ट्यूशन करते थे, प्रीति ने उन्हें और

उनकी गृहस्थी को सुविधा से चलते हुए देखा था इसलिए वह चाहती थी कि उसका पति भी बेकार की क्विज मास्टरी को छोड़कर नौकरी के साथ ट्यूशन करे और पैसा कमाये। कुमार की यह विडंबना है कि उसे वही करना पड़ा जिसका वह मजाक उड़ाया करता था। कई बार जीवन ऐसे मोड़ पर ले जाया करता है जहां पहुंचकर पीछे मुड़ने का अवकाश नहीं मिलता। कुमार भी ऐसे ही मोड़ पर खड़ा है। उसके पास ट्यूशन करने के अलावा और कोई उपाय नहीं बचा है। पहला ट्यूशनिया या कस्टमर आता है तो 'जोर से चौंका था कुमार। लड़का बेखबर था, शेक्सपियर, इलियट से लेकर अरुंधती राय तक सर पीट रहे थे। विक्षण्ण हंसी थी कुमार के चेहरे पर। अब तो इस तरह की दुर्घटनायें झेलनी ही पड़ेंगी। कालेजिया दिनों का मुहावरा भी सामने था– जब नाम लिखा ही लिया तो मोटा पतला से क्या डरना। वह खुद से, प्रीति से, सबसे नाराज था मगर प्रीति खुश थी। बार-बार लक्ष्मी गणेश की तस्वीर के सामने हाथ जोड़ रही थी।'

कुमार इस धंधे में गया नहीं था बल्कि धकेला गया था इसलिए वह नाराज है। लेकिन उसकी पत्नी खुश है, वह ईश्वर की इस कृपा के लिए उनके सामने हाथ जोड़ रही है। और सबसे अधिक खुश हैं ट्यूशनिया शर्मा जी। उनकी इच्छा आज पूरी हुई है। अब तक कुमार उन्हें हिकारत की दृष्टि से देखता था, वह इस धंधे को अच्छा नहीं मानता था। जाहिर है कि शर्मा जी को यह अच्छा नहीं लगता होगा लेकिन कुमार के ट्यूशन करने के निर्णय से वे बेहद खुश हैं। इसलिए उसका स्वागत करते हुए कहते हैं 'क्यों कुमार साहब! स्वागत है, स्वागत है हमारे यूनियन में। आखिर आप भी बन ही गये अंग्रेजी डॉक्टर। हें... हें.... अच्छा है, अच्छा है और हम तो पहले ही बोलते थे कि क्विज़ फ्युज कराते रहते हैं फ्री का। अरे पैसा वैसा कमाने का जुगाड़ लगाइये, पैसा।' शर्माजी इसलिए प्रसन्न नहीं हैं कि कुमार की गृहस्थी अब अच्छी चलेगी बल्कि इसलिए प्रसन्न हैं कि कल तक कुमार जिस ट्यूशन की वजह से उन्हें घृणा की दृष्टि से देखता था आज वही उसे अपना रहा है। कल तक कुमार की नजरों में वे घृणा के पात्र थे लेकिन आज दोनों बराबर हो गये। अब उन्हें किसी की घृणा और उपहास झेलने की आवश्यकता नहीं होगी। आज के बाद मुहल्ले और पड़ोस में वे भी सम्मान के साथ जीने लगेंगे। कुमार के निर्णय ने जैसे उनके निर्णय को सही साबित कर दिया था। धन की इच्छा अनंत है, यह ऐसी प्यास है कि जितना पियो उतनी ही बढ़ती है। प्रीति और शर्माजी इसके शिकार हैं। कुमार के ट्यूशन करने से प्रीति की प्यास बुझी

नहीं बल्कि वह और बढ़ गयी। अब उसकी इच्छा है कि कुमार के.बी.सी. में भी हाथ आजमाये। इसलिए एक दिन रात को ढाई बजे कुमार से कहती है 'सुनो न! आज से तीन दिन के लिए केबीसी में फोन लगाने का खुला है। शर्माजी भी बोल रहे।' कहना न होगा कि शर्मा ने इस काम के लिए प्रीति को मोबाइल भी दिया था।

यह धन की अंधी दौड़ है। पहले नौकरी पाओ, फिर ट्यूशन करो और फिर केबीसी, जमीन की खरीद फरोख्त, शेयर मार्केटिंग तथा ब्याज पर पैसा उठाने जैसे धंधों में जाने की अनंत यात्रा। नौकरी के साथ सीधे-सादे जीवन, घर-गृहस्थी और अपने एक चहेते शौक के साथ जिंदगी जीने की कला को अब लोग भूल चुके हैं। बहुत कुछ पा लेने की इच्छा ने लोगों का सुख चैन छीन लिया है और लोग हैं कि दौड़े जा रहे हैं। प्रीति और शर्माजी जैसे लोग मध्यवर्ग की इसी दुनिया के हैं, जिनके लिए पैसा ही सब कुछ है लेकिन मि. कुमार सामान्य आदमी नहीं है। वह नौकरी के साथ अपने एकमात्र शौक क्विज को जिंदा रखना चाहता है, इसलिए भी कि इसके पीछे गुरप्रीत कौर की याद जुड़ी हुई है पर उसकी पत्नी और पड़ोसी शर्माजी उसे ऐसा करने नहीं देते। यह कहानी सामान्य जीवन जीने की इच्छा लिए मध्यवर्गीय चरित्र की कहानी है, जिसे उठाकर दौड़ में खड़ा कर दिया जाता है। रुपये कमाने की यह अंधी दौड़ हमारे आसपास रोज दौड़ी जा रही है, वे भाग्यशाली हैं जो आज भी दर्शक बने इसे देख रहे हैं। कुमार ऐसे भाग्यशाली अब नहीं रहे।

□□